In unseren Veröffentlichungen bemühen wir uns, die Inhalte so zu formulieren, dass sie allen Menschen gerecht werden, dass sich alle Geschlechter angesprochen fühlen, wo alle gemeint sind, oder dass ein Geschlecht spezifisch genannt wird. Nicht immer gelingt dies auf eine Weise, dass der Text gut lesbar und leicht verständlich bleibt. In diesen Fällen geben wir der Lesbarkeit und Verständlichkeit des Textes den Vorrang. Dies ist ausdrücklich keine Benachteiligung einzelner Geschlechter.

Für in diesem Titel enthaltene Links auf Websites/Webangebote Dritter übernehmen wir keine Haftung, da wir uns deren Inhalt nicht zu eigen machen, sondern sie lediglich Verweise auf den Inhalt darstellen. Die Verweise beziehen sich auf den Inhalt zum Zeitpunkt des letzten Zugriffs: 01.07.2023.

Impressum

ejw Evangelisches Jugendwerk in Württemberg

Praxisverlag buch+musik bm gGmbH, Stuttgart
www.praxisverlag-bm.de
ISBN Buch 978-3-86687-306-3
ISBN E-Book 978-3-86687-307-0

Calwer Verlag GmbH Bücher und Medien, Stuttgart
www.calwer.com
ISBN Buch 978-3-7668-4557-3
ISBN E-Book 978-3-7668-4558-0

RPE Religion-Pädagogik-Ethik GmbH, Stuttgart
www.rpe-online.com
ISBN Buch 978-3-938356-71-5

Lektorat: buch+musik – Tamara Röse, Stuttgart
Umschlaggestaltung: buch+musik – Daniela Buess, Stuttgart
Satzprogrammierung: X1-Publishing, Stuttgart
Satz Downloads: buch+musik – Daniela Buess, Stuttgart
Bildrechte Umschlag und Inhalt: iStock: alexey_boldin, BrianAJackson, demarco-media, Fototocam, Fourleaflover; Unsplash: Julie Molliver, Joanna Kosinska; Pixabay: stux
Bildrechte Inhalt: Unsplash: Charles Deluvio, Jess Bailey, KOBU Agency, Marcus Urbenz
Bildrechte Autorenfotos: bei den Autorinnen und Autoren
Druck und Gesamtherstellung: Gutenberg Beuys Feindruckerei GmbH, Langenhagen

Thomas Ebinger | Judith Haller | Stephan Sohn
unter Mitarbeit von Tobias Kenntner | Tobias Thiel | Friederike Wenisch | Jan Witza

TOOL POOL

200 bewährte und neue Methoden für die Konfi- und Jugendarbeit

inkl. **digitaler** Datenbank

buch + musik
RPE
calwer

VORWORT UND DANK

Methodensammlungen gibt es wie Sand am Meer. Allerdings eher für den schulischen Unterricht. Für die Konfi- und Jugendarbeit muss man sich diese aus verschiedenen Quellen mühsam zusammensuchen. Gerade Berufsanfängerinnen und Berufsanfänger haben immer wieder den Wunsch nach einer solchen Sammlung geäußert.

Dass es vor unserem kein Buch gab, liegt sicher auch daran, dass viele gute Anregungen online verfügbar sind. Wer aber einmal gezielt angefangen hat zu suchen, macht oft die Erfahrung: man versandet im Halbgaren und schlecht Sortierten.

Was wir uns vorgenommen haben, klang damals fast schon halsbrecherisch: Wir wollten die gleichen Inhalte als Buch und Internetseite zugänglich machen. Jedes Medium hat seine Vorteile und seine Fans. Wir danken dem Verlag buch+musik, dass er sich auf dieses Wagnis eingelassen und bei diesem Projekt nicht nur auf die Zahlen geschielt hat, sondern tatsächlich den Nutzen für die Leute vor Ort im Blick hatte. Der Verkaufserfolg des Buchs hat uns nachträglich Recht gegeben und freut uns sehr.

Bei der Konzeption des Projektes und dem Aufbau der ersten Internetseite hat uns Jörg Lohrer von rpi virtuell sehr unterstützt und zwei Methoden beigesteuert: „Bibelfußball“ und „Vertrauenslauf – Schilfmeerdurchquerung“. Herbert Kolb hat uns freundlicherweise seine umfangreichen Materialien zum Theologisieren mit Konfis zum Download zur Verfügung gestellt.

Ein herzliches Dankeschön auch an unsere Lektorinnen Mirja Wagner und Tamara Röse, die aus dem, was wir uns von der Seele geschrieben haben, gute Texte gemacht und in einer riesigen Fleißarbeit die Register erstellt haben. Außerdem freuen wir uns sehr, dass Calwer Verlag GmbH Bücher und Medien und RPE Religion – Pädagogik – Ethik GmbH als Kooperationspartner das vorliegende Buch in ihre Programme aufgenommen haben.

Inzwischen sind drei Auflagen unseres Werkes erschienen und nach vier Jahren ist die Zeit für eine überarbeitete Neuauflage gekommen. Wir stocken zudem mit der Unterstützung neuer Fachleute auf 200 Methoden auf, verstärken die Methoden zum „Digitalen Arbeiten“ (ehemals Kategorie „Computer“), deren Bedeutung in der Pandemie-Zeit deutlich wurde, und fügen Methoden aus der Kategorie „Demokratiebildung“ als neuen Schwerpunkt hinzu.

Gewidmet ist dieses Buch allen, denen eine abwechslungsreiche und gleichzeitig inhaltlich gefüllte Konfi- und Jugendarbeit am Herzen liegt.

Thomas Ebinger, Judith Haller und Stephan Sohn im März 2021

INHALTSVERZEICHNIS

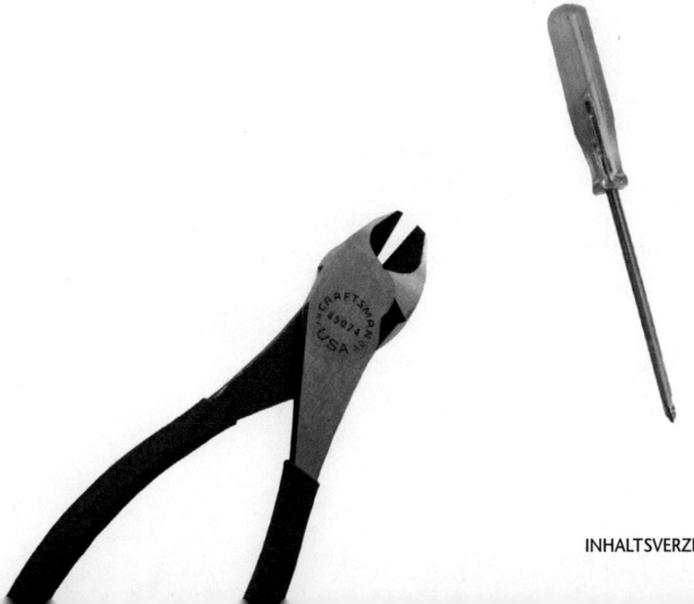

EINLEITUNG

Für wen haben wir dieses Buch geschrieben?

Studien bei Lehrerinnen/Lehrern zeigen, dass man in den ersten fünf Praxisjahren auf einen Stand der Fähigkeiten kommt, der dann lange Zeit stabil bleibt und sich kaum noch ändert. Deshalb lohnt es sich, hier früh zu investieren und das eigene Handlungsrepertoire zu erweitern. Und darum haben wir auch die aus unserer Sicht seit langer Zeit bewährten Methoden aufgenommen. Wie Jugendliche leben, hat sich durch den digitalen Wandel in letzter Zeit extrem schnell verändert. Seit über zwanzig Jahren gibt es das Smartphone, heute hat praktisch jede Konfirmandin / jeder Konfirmand eines, viele sind „always on", ständig virtuell vernetzt. Welche Folgen das für eine Konfi- und Jugendarbeit hat, die zu Recht auf Face-to-Face-Kommunikation setzt, lässt sich heute noch nicht absehen. Vielleicht gewinnen die „alten" Methoden gerade dadurch wieder an Charme, dass sie ganz andere Spaß- und Lernerfahrungen ermöglichen als die neuen. (Gegen die wir übrigens gar nichts haben, auf die wir während der Pandemie-Zeit besonders angewiesen waren und die sich als sehr wertvoll erwiesen haben, da so Kontakt zu Jugendlichen gehalten werden konnte und Jugendarbeit zumindest teilweise noch möglich war.)

Etwas Besonderes und Einmaliges ist die Kombination von Methoden für die Konfi-Arbeit und die Jugendarbeit. So etwas wäre früher undenkbar gewesen. Konfirmandenunterricht orientierte sich methodisch stark am Religionsunterricht und war stark vom Katechismus geprägt, Jugendarbeit setzte schon immer mehr auf Spaß und Mitbestimmung, kreative und erlebnispädagogisch orientierte Methoden. Doch in den letzten Jahren hat sich die Konfi-Arbeit deutlich auf die Jugendarbeit zubewegt. Es ging weg von kognitiv orientierten Methoden hin zu einem ganzheitlichen Ansatz, der viele Arbeitsformen der Jugendarbeit aufgegriffen hat und so viel wie möglich mit der Jugendarbeit vor Ort kooperiert. Eine zweite Entwicklung verläuft parallel: Selbstständige Jugendarbeit ist in den letzten Jahren unter Druck geraten. Die zeitliche und mentale Belastung durch die Schule hat zugenommen. So gibt es leider weniger selbstständige Gruppen als früher. Oft ist die einzige Jugendarbeit, die in vielen Gemeinden existiert, die Konfi-Arbeit mit einer gut aufgestellten Konfi-Teamerarbeit. Auch diese Konfi-Teamerinnen und Konfi-Teamer haben wir mit unserem Buch im Blick.

Methoden aus einem Buch kennenzulernen, ist immer nur die zweitbeste Lösung. Viel besser ist es, selbst einmal mitgemacht zu haben, bevor man andere anleitet. Dabei bekommt man das beste Gespür für Stärken und Schwächen einer Methode. Deshalb empfehlen wir allen, an Fortbildungen teilzunehmen und unser Buch im Rahmen von Fortbildungen einzusetzen.

Was ist eigentlich eine (gute) Methode?

Der Begriff „Methode" geht auf das Griechische zurück. Im Wort steckt die Vorsilbe „meta", die „hinter, nach" bedeutet und „hodos", „der Weg". Von daher könnte man sagen, eine Methode ist ein zielgerichteter Weg. Und tatsächlich lassen sich viele Unterrichtende von diesem Bild leiten: Zuerst überlegt man sich ein – meist durch Inhalte definiertes – Ziel. Und im zweiten Schritt geht man auf die Suche nach der passenden Methode. Und so wie es auf der Landkarte meist einen idealen Weg zum Ziel gibt, denkt man dann, auch beim Unterrichten gäbe es die eine ideale Methode, und meist landet man so bei den immer gleichen. Wenn es also um das Leben nach dem Tod geht, lesen wir gemeinsam eine Bibelstelle und dann reden wir darüber.

Wer Pädagogik studiert, muss sich auch mit der Didaktik beschäftigen, der Wissenschaft von Lehr-Lern-Prozessen. Wie verhält sich Didaktik zu Methodik? Wie verhält sich die Frage, was wir warum lernen sollen, zur Frage, wie wir lernen und wie Wissen und Kompetenzen vermittelt werden? Zwei Antworten sind denkbar (nach: Kron, Friedrich W. / Jürgens, Eiko / Standop, Jutta: Grundwissen Didaktik, Reinhardt, München/Basel ^{6}2014, S. 31). Die erste sagt: Die Methodik ist ein relativ selbstständiges Teilgebiet der Didaktik. Wenn es um Methoden geht, wird es konkret. Die andere sagt im Anschluss an Wolfgang Klafki: Es gibt ein Primat der Didaktik gegenüber der Methodik. Die grundsätzlichen Überlegungen bestimmen darüber, mit welchen Methoden anschließend gearbeitet wird. Das klingt sehr danach, dass das Ziel den Weg bestimmt, als könnte man aus dem Lernziel schon ableiten, wie es am besten erreicht wird.

Wir schließen uns mit unserem Methoden-Tool-Pool eher der ersten Meinung an. „Methoden haben eine eigene ‚innere' Zielorientierung", sagt der Schulprofi Hilbert Meyer (nach: Unterrichtsmethoden. In: Kiper, Hanna / Meyer, Hilbert / Topsch, Wilhelm: Einführung in die Schulpädagogik, Cornelsen, Berlin ^{6}2011, S. 109 – 121; S. 110). Auch die Hirnforschung hat festgestellt, dass die Stimmung, in der man etwas lernt, deutlich dazu beiträgt, wie man etwas behält und in das eigene Verhaltensrepertoire übernimmt. Das gilt erst recht für Fragen des Glaubens. Wer die Beschäftigung mit ihnen als langweilig und dröge erlebt, wird kaum sein Leben danach ausrichten und selbst auf dem zunächst gemeinsam eingeschlagenen Weg weitergehen. Zwischen Ziel und Methode gibt es eine Interdependenz, eine wechselseitige Abhängigkeit. Und deshalb ist es nicht nur legitim, sondern oft sogar geboten, bei den Methoden anzufangen, die Spaß und Sinn machen, und dann zu schauen, welcher Inhalt, welches Ziel sich mit ihnen verbinden lässt. Genau das soll unser Buch ermöglichen. Deshalb haben wir nicht nur nackte Methoden aufgeführt, sondern immer auch inhaltliche Spuren gelegt durch die Anwendungsbeispiele und die vorgeschlagenen Themen.

In letzter Zeit wird viel über Methodenkompetenz geredet. Methodenvielfalt ist ein Merkmal guter Lernprozesse, weil sie die Aufmerksamkeit hochhält. Wer methodenkompetent ist, kann aus vielen selbst erlebten und erprobten Methoden qualifiziert eine Auswahl treffen und wird dann auch das treffen, was zur Situation der Gruppe, zum Lernziel, zu den Inhalten passt, mit denen jede/jeder sich auseinandersetzen soll. Wer methodenkompetent ist, muss also immer auch eine Antwort wissen auf die Frage: Welches Ziel willst du mit dieser Methode erreichen?

Wer übrigens wissenschaftlich sauber wissen will, welche Methode die erfolgreichste ist, wird ziemlich allein gelassen. Selbst John Hattie hat darauf keine Antwort (siehe das Interview mit ihm im Friedrich Jahresheft 2016, S. 30 f.), obwohl er alle verfügbaren empirischen Studien zum Unterricht in einer gigantischen Meta-Analyse untersucht hat. Zwei Dinge sind auf jeden Fall bemerkenswert: Gruppenarbeit ist der Einzelarbeit überlegen. „Kooperatives und kompetitives Lernen sind effektiver als individuelle Methoden. Dies zeigt erneut die Stärke von Peers in der Gleichung des Lernens auf“ (Hattie, John: Lernen sichtbar machen, Schneider Verlag, Hohengehren 2013, S. 251). Außerdem ist Hatties ständiges Mantra, dass Feedback im Prozess des Lernens extrem positive Auswirkungen hat. Und hinter die Ohren schreiben sollte man sich schließlich diesen Satz von ihm: „Nicht das Wissen oder die Ideen, sondern die Konstruktion dieses Wissens durch die Lernenden sind entscheidend“ (Ebd., S. 280 f.). Das heißt: Die Auswahl der richtigen Methoden führt zum Erfolg. Bitteschön, hier hast du die Tools dazu übersichtlich aufgereiht. In die Hand nehmen und gebrauchen musst du sie aber selbst.

Zur Auswahl der Methoden

Wo haben wir Schwerpunkte gesetzt bei der Auswahl der Methoden? Für die Konfi-Arbeit gibt es eine große empirische Untersuchung (Schweitzer, Friedrich / Maaß, Christoph H. / Lißmann, Katja / Hardecker, Georg / Ilg, Wolfgang: Konfirmandenarbeit im Wandel – Neue Herausforderungen und Chancen: Perspektiven aus der zweiten bundesweiten Studie, © 2015, Gütersloher Verlagshaus, Gütersloh, in der Verlagsgruppe Random House GmbH, S. 179, zitiert werden nur 13 von 25 Items, Abdruck mit freundlicher Genehmigung), die zeigt, welche Methoden tatsächlich eingesetzt werden. Wir glauben, da ist bei der Methodenvielfalt noch ziemlich viel Luft nach oben ... Leider liegt eine ähnlich fundierte Analyse für die Jugendarbeit nicht vor.

Die Untersuchung liefert folgende Ergebnisse:

Wie oft wurde eine Methode und Handlungsform beim aktuellen Konfi-Jahrgang eingesetzt?	**nie**	**selten**	**manchmal**	**häufig**
Leiterin/Leiter spricht bzw. erzählt über ein Thema	1%	7%	34%	58%
Rollenspiel und Theater	9%	39%	41%	11%
Lernstraßen	42%	33%	18%	7%
Zeichnen, Malen und kreatives Gestalten	3%	27%	47%	24%
mit Bibeltexten arbeiten	1%	9%	49%	41%
auswendig gelernte Texte aufsagen	11%	29%	42%	18%
Gruppenarbeit	1%	8%	32%	60%
gemeinsam singen	6%	28%	20%	46%
Erkundungsgänge und Exkursionen	10%	39%	45%	6%
Gespräche mit Expertinnen/Experten	34%	42%	22%	2%
Meditation/Stille-Übungen	20%	44%	28%	8%
Erlebnispädagogische Übungen	22%	41%	29%	7%
mit dem Internet arbeiten	65%	30%	6%	0%

Zuerst einmal fällt vielleicht auf, dass es in unserer Sammlung viele Text-Methoden gibt. Dabei geht es meist um die Bibel. Wir sind überzeugt davon, dass sie die Grundlage unseres Glaubens ist und auch in der Konfi- und Jugendarbeit eine zentrale Rolle haben muss, auch wenn „Text" vielleicht zuerst nach Schule klingt. Auch Methoden zur Spiritualität kommen zahlreich vor. Jugendliche haben heute oft kaum noch eigene Erfahrungen mit positiv erlebter Spiritualität. Der klassische Gottesdienst am Sonntagmorgen ist ein großes Problem und passt in der Regel nicht für Jugendliche. Umso wichtiger ist es, hier im geschützten Rahmen der Gruppe oder auch in größeren Zusammenhängen positive Erfahrungen zu machen, die Lust machen auf mehr.

Ein weiterer Schwerpunkt sind kreative Methoden. Diese werden zumindest in der Konfi-Arbeit immer noch viel zu wenig eingesetzt, weil sie in der Regel aufwendiger vorzubereiten sind als ein paar kopierte Blätter. Wer aber gute Argumente dafür sucht, stärker kreativ und produktorientiert zu arbeiten, sollte unbedingt den Artikel „Didaktik und Konfi-Arbeit" von Hans-Ulrich Keßler und Kai Steffen im Handuch Konfi-Arbeit lesen (Keßler, Hans-Ulrich, / Steffen, Kai: Didaktik und Konfi-Arbeit, in: Handuch Konfi-Arbeit, hrsg. v. Thomas Ebinger, Thomas Böhme, Matthias Hempel, Herbert Kolb, Achim Plagentz, Gütersloher Verlagshaus, Gütersloh ^{2}2018). Sie empfehlen auf Seite 159 eine Didaktik, die sich am Dreischritt von Produkt, Botschaft und Öffentlichkeit orientiert: Eine Gruppe oder jede/jeder Einzelne erstellt in der Auseinandersetzung mit Inhalten ein kreatives Produkt, verbindet dies mit einer persönlich gefärbten Botschaft. Und dieses Produkt wird anschließend einer größeren Öffentlichkeit vorgestellt, die durch ihr positives Feedback dazu beiträgt, dass der ganze Prozess als lohnend erlebt wird.

Dann gibt es viele erlebnispädagogische Methoden, allerdings eher die weniger aufwendigen. Erlebnispädagogik ist seit vielen Jahren ein wichtiger Gegentrend gegen die Verkopfung und Digitalisierung unserer Gesellschaft. Welche Rolle spielt das Erleben in unserer Kirche und Konfi-/Jugendarbeit?
Erfahrungen bilden die Grundlage unseres Lebens. Sie ermöglichen Lernen auf unmittelbare Weise. Wir lernen durch das Begreifen von Dingen. Glaube ist nicht nur eine Sache des Kopfes, sondern auch der Hände und des Herzens. Mehr noch, erst durch unser Herz und unsere Hände bekommt das Evangelium Gestalt und wird erlebbar. Deshalb müssen wir jungen Menschen auch persönlichkeits- und glaubensfördernde Erlebnisse ermöglichen. Natürlich lassen sich Glaubenserfahrungen nicht einfach als erlebnispädagogische Übungen konzipieren. Glaube ist etwas, das sich zwischen dem/der Einzelnen und Gott ereignet und letztlich ein Geschenk Gottes ist. Aber es gibt eben doch viele Analogien und Anknüpfungspunkte: Die Erfahrung von Vertrauen, dass ich gehalten werde. Das Ausprobieren von Mut und Verantwortung. Das Gefühl von Sicherheit und Unsicherheit, von Einsamkeit und Gemeinschaft.
Zur Erlebnispädagogik gehört immer auch die Reflexion einer Übung, für die genug Zeit eingeplant werden sollte. Die Methoden unter „Feedback“ eignen sich gut dafür.

Hilfreiche Fragen können sein:

- Wie geht es euch jetzt? Was habt ihr gemacht? Was habt ihr erlebt?
- Was hat euch bei der Übung geholfen?
- Was würdet ihr beim nächsten Mal anders machen?
- Was habt ihr beobachtet und erlebt in Bezug auf ...?
- Was nehmt ihr mit nach Hause und behaltet es in eurer Erinnerung?

Neu sind viele Methoden zur Demokratiebildung, die wir Jan Witza und Tobias Thiel verdanken, die professionell in diesem Bereich arbeiten. Viele Studien zeigen, dass Jugendliche sich wieder stärker für politische Fragen und die Zukunft der Gesellschaft und des Planeten interessieren. Gleichzeitig erleben sie eine populistisch aufgeladene Debatte, die durch die Echokammern sozialer Netzwerke verstärkt wird. Alle Methoden aus diesem Bereich haben gemeinsam, dass sie versuchen, die Perspektive der/des anderen einzunehmen und es möglich zu machen, dass man miteinander und mit anders Denkenden in ein Gespräch kommt. Auch die Methoden aus dem Bereich „Digitales Arbeiten“ sind deutlich stärker ausgebaut worden. Wir danken Friederike Wenisch, die sie als neue und auf diesem Feld sehr kompetente Autorin beigetragen hat. Auch Tobias Kenntner danken wir, der mit seiner Methode dieses Werk bereichert.

Schließlich noch ein Wort zu den inklusiv-basalen Methoden. Immer wieder wird gefragt: Wie gestalte ich eine Konfi- oder Jugendgruppe inklusiv? Wenn das nur so einfach wäre und es dafür ein Patentrezept gäbe ... Es ist ein riesiger Unterschied, ob eine Jugendliche / ein Jugendlicher autistische Verhaltensweisen hat oder ein Downsyndrom, bei dem es oft ein extremes Kontaktbedürfnis gibt. Es gibt körperliche Einschränkungen, die einen Rollstuhl notwendig machen, und kognitive wie eine starke Lernbehinderung oder das immer häufiger werdende ADHS-Syndrom. Die in dieser Kategorie aufgeführten Methoden knüpfen an sehr grundlegende menschliche Erfahrungen an. Das heißt aber nicht, dass sich andere Methoden nicht auch mit wenig Aufwand anpassen lassen. Oft hilft es, verschiedene Rollen zu vergeben, einen Zeitnehmer, einen Schiedsrichter oder einen Materialwart zu ernennen. Dabei sollte man nie bloßstellend vorgehen, sondern die grundsätzliche Verschiedenheit aller Menschen zum Ausdruck bringen, gemäß dem Motto der Inklusion: Es ist normal, verschieden zu sein.

So findest du die passende Methode

- Du planst eine Gruppenstunde und hast noch keine Idee, was du machen willst? Dann geh am besten von der Funktion der Methode aus, ob du etwas für den Einstieg oder den Abschluss brauchst. Hinweise dazu findest du im Verzeichnis der Methoden nach Kategorien. Der Aufbau der Kategorien orientiert sich lose am zeitlichen Verlauf einer Gruppenstunde und an den Phasen einer Gruppe. Mit zwei bis vier Methoden kannst du locker 90 Minuten gestalten.
- Du hast schon ein Thema und suchst eine Methode? Dann schau im Verzeichnis der Methoden nach Themen nach, was passen könnte.
- Du willst mehrere Bedingungen kombinieren, z. B. Gruppengröße, Sozialform und Thema? Dann nutze die Profisuche auf der Internetseite (Hinweise siehe unten).
- Du hast Zeit? Dann blättere das Buch in Ruhe durch und markiere dir das, was du in nächster Zeit einmal ausprobieren willst. Irgendwann kommst du bestimmt bei einem Baumarkt oder dem schwedischen Möbelhaus vorbei.
- Du hast wenig Zeit zur Vorbereitung? Dann schau nach Methoden, bei denen der Vorbereitungsaufwand gering ist und die wenig Material brauchen.
- Du hast gar keine Zeit? Vergiss nicht, dass Konfi- und Jugendarbeit Beziehungsarbeit ist und Zeit für das Ungeplante braucht. Aber wir können dich beruhigen: Du hättest bestimmt nicht dieses Buch in der Hand und so weit gelesen, wenn du bis über beide Ohren verplant wärst. Man hat immer Zeit für das, was einem wichtig ist. Alles andere ist eine Ausrede.

Wie arbeitet man mit diesem Buch?

Schon der große Philosoph Aristoteles hat seine methodischen Schriften als „Organon" bezeichnet und nicht als Methodensammlung. „Organon" heißt auf Deutsch „Werkzeug" und auf Englisch „tool".
Unser Tool Pool ist eine Art Schaufenster für Werkzeuge. Nicht jedes brauche ich, aber mit dem falschen Werkzeug komme ich nicht weit. Und auch, wenn das Werkzeug keine Profiqualität hat und der Akkuschrauber sofort den Geist aufgibt, wenn das Holz härter ist als gedacht, komme ich nicht weit.

Dieses Buch soll also dazu dienen, die eigenen Werkzeuge zu schärfen und neu zu justieren. Dafür ist der Abschnitt **„Variante"** bei vielen Methoden gedacht. Er soll dabei helfen, das eigene Methodenrepertoire zu erweitern. Dafür hilft es, einmal eine ehrliche Bestandsaufnahme zu machen. Welche Methoden habe ich im vergangenen Jahr tatsächlich eingesetzt? Die meisten Leute haben viele Kochbücher mit hunderten Rezepten im Regal. Trotzdem setzen sie im Alltag vielleicht fünfzehn bis zwanzig davon ein. Für den Anfang ist es gar nicht schlecht, zwanzig Methoden zu haben, die man sicher und variabel beherrscht. Wenn dieses Buch dazu führt, dass zehn oder fünfzehn neue Methoden in den Koffer kommen – super! Markiere doch einfach mal alle, die du draufhast, und alle, die du gern ausprobieren möchtest.

Wenn man eine neue Methode ausprobiert, sollte man nicht zu ungeduldig sein. Oft braucht man zwei bis drei Versuche, bis man alles im Griff hat. Hier können die **„Anwendungsbeispiele“** eine Idee geben. Auch jede Gruppe muss eine Methode lernen. Und nicht jede Methode ist für jede Gruppe geeignet. Das haben wir versucht mit den drei Stufen bei **„Anspruch für die Gruppe“** anzudeuten. Es gibt Gruppen, die sehr motiviert sind und selbstständig arbeiten können und wollen, mit denen gehen auch „schwere“ Methoden. Bei anderen sollte man es mit „leicht“ oder „mittel“ versuchen. Auch die eigene Erfahrung spielt eine Rolle. Wenn mich noch jeder Störungsversuch des Spaßvogels aus der Bahn wirft, sollte ich mit den Methoden anfangen, bei denen wir den **„Anspruch für die Leitung“** als „leicht“ eingeschätzt haben.

Obwohl dies ein Buch für die Konfi- und Jugendarbeit ist, sind manche Methoden auch bereits für jüngere oder auch für ältere Teilnehmende geeignet. Hier ist die **„Altersangabe“** dann mit „ab 6“ bzw. „ab 16“ angegeben.
Die Angaben zum **„Zeitaufwand“** und **„Aufwand“** sind Erfahrungswerte und sollen eine grobe Richtlinie geben, damit man die eigene Gruppenstunde besser planen kann.
Ebenso geben die Angaben zur **„Gruppengröße“** und **„Sozialform“** einen Hinweis, ob die Methode für die eigene Gruppe und das Ziel geeignet ist.

Wir haben uns große Mühe gegeben, Ordnung in den Werkzeugkasten zu bringen. Aber oft passt ein Werkzeug in mehrere Schubladen (**„Kategorien“**). Ist das der Fall, ist die Hauptkategorie durch ein Semikolon von den Nebenkategorien abgegrenzt. Auch die **„Themen“** bieten eine Orientierung für die Einordnung einer Methode. Einen Überblick bieten dir hier die beiden Verzeichnisse gleich nach diesem Kapitel. Im Verzeichnis der Methoden nach Kategorien kannst du auf einen Blick Methoden finden, die in bestimmte Kategorien passen, z. B. Einstieg, Abschluss, Spiritualität, Spiel und Digitales Arbeiten. Bei jeder Hauptkategorie sind auch Methoden aufgelistet, die ebenfalls zu der Kategorie passen, in der Hauptkategorie aber eigentlich anders zugeordnet sind. Im Verzeichnis der Methoden nach Themen bekommst du einen Überblick, zu welchem Thema welche Methode passt. Hier siehst du zudem auf einen Blick, für welche Gruppengröße und Sozialform die Methode gedacht ist, wie hoch ihr Aufwand ist und wieviel Zeit sie in Anspruch nimmt.

Downloads zum Buch

Zu diesem Buch können zusätzliche Vorlagen und Präsentationen unter download.praxisverlag-bm.de sowie www.calwer.com/tool-pool als digitale Daten heruntergeladen werden. Der Kauf des Buches berechtigt zum Downloaden, Ausdrucken, Kopieren und Verwenden dieser Daten, sofern sie zur Vorbereitung und Durchführung der Inhalte dieses Buches verwendet werden. Eine Vervielfältigung, Verwendung oder Weitergabe darüber hinaus ist ohne Erlaubnis ausdrücklich nicht gestattet.

Datenbank

Unter www.tool-pool.de hat man außerdem die Möglichkeit, nach Methoden zu suchen und eine Kurzbeschreibung zu bekommen. Meldet man sich kostenlos als Nutzerin/Nutzer an, hat man Zugriff auf die kompletten Beschreibungen der Methoden. Das Passwort für den kostenfreien Zugang zu Tool Pool lautet: e5A8UEyP

UNSERE LIEBLINGSWERKZEUGE

Wir haben uns überlegt, womit wir gern arbeiten. Jetzt bist du dran: Überlege dir, was dein Lieblingswerkzeug ist. Und dann geht's los mit dem Praxistest der von uns vorgestellten Werkzeuge. Über Rückmeldungen, welche Erfahrungen du dabei machst, würden wir uns sehr freuen, am besten zur jeweiligen Methode auf unserer Internetseite.

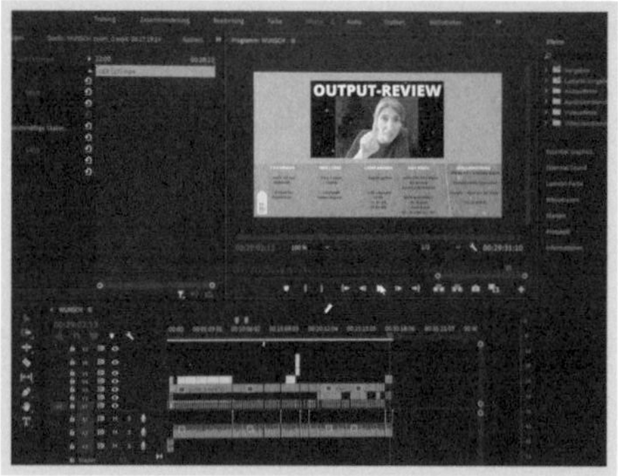

Friederike meint: der PC

Mein Lieblingswerkzeug ist mein PC und besonders meine „AdobeSuite". Mein PC gibt mir die Möglichkeit, das volle Spektrum der Kommunikation und Methodik mit meinen Schülerinnen/Schülern und Kolleginnen/Kollegen auszuprobieren und die Welt immer wieder neu zu entdecken und sich gegenseitig zu berichten und auszutauschen. Meine AdobeSuite hilft mir dabei, Online-Fortbildungen im Videoformat so zu gestalten, sodass sie ansprechend und interaktiv auch Abwesenden im Nachhinein zur Verfügung gestellt werden und somit die Religionspädagogik auch im Nachhinein bereichern können.

Jan meint: der Engländer

Mein Lieblingswerkzeug ist der sog. „Engländer" oder auch Rollgabelschlüssel. Dieser ist verstellbar und kann verwendet werden, um nahezu jede Sechskantschraube oder Mutter zu lösen oder festzuziehen. Diese Flexibilität schätze ich auch in der pädagogischen Arbeit mit Gruppen. Das Handwerkszeug, die methodisch-didaktische Herangehensweise und die pädagogische Haltung bleiben immer die gleiche und werden doch flexibel auf die Gruppe, die Bedarfe der Einzelnen, das Thema und den Moment angepasst.

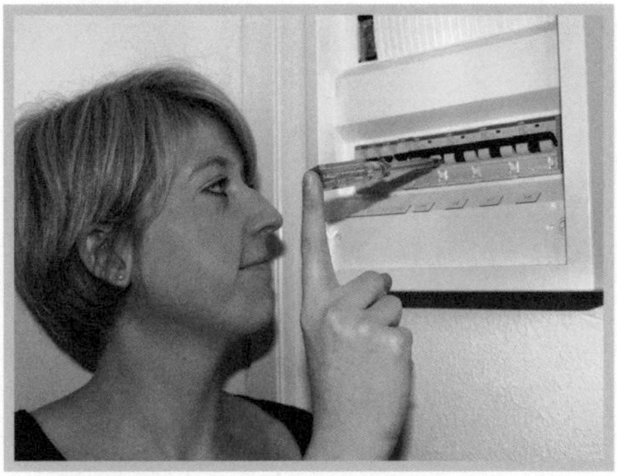

**Judith meint:
der Phasenprüfer**

Konfi- und Jugendarbeit ist elektrisierend. Dabei fließt viel Energie und die ist bekanntlich nicht immer stromlinienförmig. Während manche Jugendliche ziemlich unter Strom stehen, gehen bei anderen Lichter bzw. ganze Kronleuchter auf. Zugegeben, manchmal holt man sich gerade als Leitung einen kleinen bis größeren Stromschlag. Aber das gehört einfach dazu, denn ohne Strom geht es nicht. Daher liegt auch der Phasenprüfer in meinem Werkzeugkoffer ganz oben. Für mich sind Methoden eine Art „Phasenprüfer", an denen sich der Gehalt des Inhalts messen lassen muss. Methoden überprüfen für mich den Inhalt auf seinen elektrisierenden Wert hin, kanalisieren die Energie sinnvoll und sind eng ineinander verschlungen. Daher auf zur (inhaltlichen) Steckdose und Mut zum Phasenprüfer, es ist und bleibt spannend!

**Thomas meint:
die Schlagbohrmaschine**

Manchmal muss man auch mit Jugendlichen dicke Bretter bohren. Themen wie die Bibel oder der persönliche Glaube sind nicht automatisch Selbstläufer. Manchmal hakt es in der Gruppe, man ist hart zueinander, baut Abwehrhaltungen auf. Da muss man oft erst einmal ein Stück ins Innere vordringen. Am Schlagbohrer gefällt mir, dass er hartes Material butterweich macht. Viele unserer Methoden helfen, den anfänglichen Widerstand zu überwinden und Dinge ordentlich im Erleben und damit im Gedächtnis zu befestigen. Dazu gibt es ja dann noch die verschiedensten Sorten Dübel. Übrigens darf man keine zu billigen Schlagbohrmaschinen kaufen. Die haben zu wenig Power und geben schon mal bei einer dicken Betondecke den Geist auf. Außerdem darf es bei der Schlagbohrmaschine auch mal laut und unordentlich werden, wie bei vielen unserer Methoden. Putzen kann man hinterher ja immer noch.

Tobias K. meint:
der Exzenterschleifer

Jugendliche und die Bibel haben eine Gemeinsamkeit: In beiden liegen Schätze verborgen. Diese zu entdecken ist etwas Wunderschönes. Gott lieben und Menschen lieben ist etwas Schönes. Schönheit kommt auch zum Vorschein, wenn man mit dem „Exzenterschleifer" Holz bearbeitet. Durch die rotierende Bewegung des Exzenterschleifers kommt richtig Energie rein und die Schönheit der Holzmaserung kommt zum Vorschein. Wenn Menschen ermutigt werden, in Bewegung kommen und eigene Entdeckungen im Wort Gottes machen, dann wird Kraft Gottes durch den Heiligen Geist spürbar, Menschen kommen in Bewegung und schöpferische Schönheit wird sichtbar. Gern mehr davon.

Tobias T. meint:
alles, was Seifenblasen platzen lässt

Seifenblasen platzen lassen macht mir viel Spaß. Ähnlich ist es, wenn es mir gelingt, meine Filterblase, meinen Wohlfühlraum zu verlassen, um mit Menschen ins Gespräch zu kommen, mit denen ich sonst vielleicht nicht reden würde und sie nicht mit mir. Mit Der Methode „Meine Filter-Bubbles und ich" erkenne ich die Potenziale und Grenzen meiner Blasen. Und wenn ich dann noch die Methode „Bubble-Bingo" anschließe, kann ich z. B. erkennen, dass Bratwurst nicht in meine Kirchen-Blase passt, obwohl ich so gern mal zusammen mit der ganzen Gemeinde ein Grillfest feiern würde.

Stephan meint:
der Meterstab

Kennenlernen, einen Platz finden, Konflikte klären, gemeinsam tätig werden und ein gutes Ende finden – Gruppen bieten sowohl für die Einzelnen als auch für die ganze Gruppe eine Vielzahl an Herausforderungen. Die Gruppe findet sich, wächst gemeinsam und zu guter Letzt löst sie sich auf. Diesen Prozess zu begleiten und das richtige Maß zu finden ist eine große Herausforderung für die Gruppenleitung. Nicht jede gute Methode passt zu jeder Zeit. Deshalb befindet sich in meinem Werkzeugkasten immer ein Meterstab. Er hilft mir, die Gruppe genauer in den Blick zu nehmen, die Lücke zu bemessen und die richtige Methode einzubauen. Und schließlich ist ein Meterstab auch aus vielen Methoden kaum wegzudenken, und es ist immer geschickt, einen dabeizuhaben.

Und was sind deine Lieblingswerkzeuge?

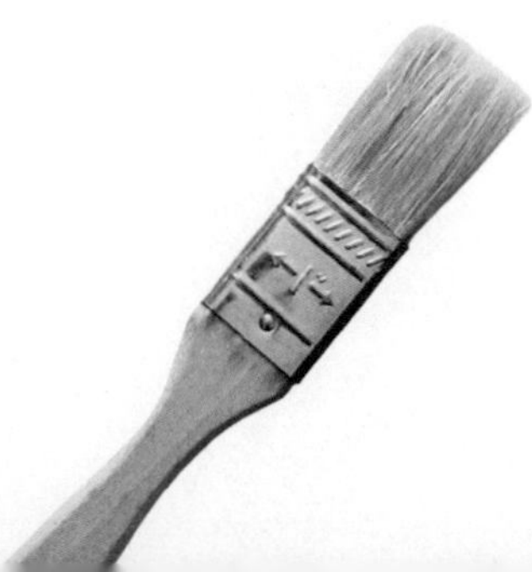

Methoden-
verzeichnisse

VERZEICHNIS DER METHODEN NACH KATEGORIEN

KATEGORIE: **KENNENLERNEN**

Zu dieser Kategorie passt auch:

KATEGORIE: **EINSTIEG**

Zu dieser Kategorie passt auch:

KATEGORIE: **WARM-UP**

Zu dieser Kategorie passt auch:

KATEGORIE: **GRUPPENEINTEILUNG**

KATEGORIE: **GESPRÄCH**

Zu dieser Kategorie passt auch:

KATEGORIE: **KREATIV**

Zu dieser Kategorie passt auch:

KATEGORIE: **SPIRITUALITÄT**

Zu dieser Kategorie passt auch:

KATEGORIE: **SPIEL**

Zu dieser Kategorie passt auch:

KATEGORIE: **OUTDOOR/UNTERWEGS**

Zu dieser Kategorie passt auch:

KATEGORIE: **TEXT**

Zu dieser Kategorie passt auch:

KATEGORIE: **GRUPPENDYNAMIK**

Zu dieser Kategorie passt auch:

KATEGORIE: **ERLEBNISPÄDAGOGIK**

Zu dieser Kategorie passt auch:

KATEGORIE: **INKLUSIV/BASAL**

Zu dieser Kategorie passt auch:

KATEGORIE: **DEMOKRATIEBILDUNG**

KATEGORIE: **ABSCHLUSS**

Zu dieser Kategorie passt auch:

VERZEICHNIS DER METHODEN NACH THEMEN

Zeitaufwand in Minuten, Aufwand: 1 = gering, 2 = mittel, 3 = herausfordernd

Abendmahl

	bis 10 Personen	10 – 20 Personen	20+ Personen	Einzelarbeit	Partnerarbeit	Gruppenarbeit	Plenum	Aufwand	Zeitaufwand	Seite
Eine-Welt-Essen		X	X				X	3	120	96
In Bilder hineinschlüpfen	X	X				X	X	3	30	144
Inszeniertes Essen		X					X	3	80	147
Kreuzmosaik		X	X	X			X	3	60	156
Stationengottesdienst		X	X	X			X	2	60	229

Alle Themen

	bis 10 Personen	10 – 20 Personen	20+ Personen	Einzelarbeit	Partnerarbeit	Gruppenarbeit	Plenum	Aufwand	Zeitaufwand	Seite
Ampelmethode		X					X	1	20	54
Bildbetrachtung	X	X	X				X	1	20	61
Bildkartei		X		X			X	1	30	63
Bildnerisches Gestalten	X	X		X	X	X		3	90	64
Blitzlicht	X	X					X	1	8	68
Bodenbilder	X	X	X	X	X	X	X	2	20	69
Body Percussion		X	X				X	1	15	70
Boomwhackers®		X	X				X	2	30	71
Collage	X	X	X	X	X	X		2	35	76

	bis 10 Personen	10 – 20 Personen	20+ Personen	Einzelarbeit	Partnerarbeit	Gruppenarbeit	Plenum	Aufwand	Zeitaufwand	Seite
Dartscheibe	X	X	X				X	2	10	77
Daumenfeedback	X	X	X				X	1	5	79
Dilemma?! Und jetzt?	X	X	X				X	1	30	87
Doppeln	X	X			X	X	X	1	30	88
Du meinst also …	X	X		X			X	2	60	89
Eins, zwei, drei, Konzentration	X	X					X	1	10	99
Elfchen	X	X	X	X	X			1	10	101
Familie Mayer		X	X		X			1	8	108
Film drehen	X	X				X	X	2	240	110
Fishbowl		X	X				X	1	30	112
Freeze and go! Kurzfilme mit Methode	X	X	X		X	X	X	2	40	117
Gebetsbox	X	X	X	X			X	1	5	122
Geschichte vorlesen		X	X				X	1	20	130
Gruppenarbeiten in Videokonferenzen	X	X	X			X		2	60	133
Händisch auswendig lernen	X	X		X			X	1	15	137
Heißer Stuhl		X	X				X	1	30	138
Ich räume meinen Computer auf	X	X	X	X			X	2	20	141
Impulskarten	X	X	X		X	X	X	1	10	143
Inszenierte Fotografie		X	X	X		X	X	3	180	145
Interviews führen	X	X	X		X	X		1	90	148
Kollaborativ-Texten		X					X	3	60	155
Kugellager		X	X			X	X	1	20	159
Lebendiges Barometer	X	X	X				X	2	15	163
Logicals	X	X	X	X		X		2	45	168
Mein Name und seine Geschichte	X	X	X				X	1	10	171

	bis 10 Personen	10 – 20 Personen	20+ Personen	Einzelarbeit	Partnerarbeit	Gruppenarbeit	Plenum	Aufwand	Zeitaufwand	Seite
Meine Filter-Bubbles und ich	X	X		X	X		X	2	60	172
Memory®-Kennenlernspiel	X	X	X				X	1	20	174
Mindmapping	X	X	X	X	X	X	X	1	10	177
Mission possible	X	X	X	X			X	1	40	179
Mit Speck fängt man Mäuse	X	X	X				X	1	5	180
Ohne Ende schreiben ...	X	X	X	X			X	1	15	183
Perspektivwechsel per Bild	X	X		X			X	2	45	188
Placemat	X	X	X			X	X	2	30	191
Plakat gestalten	X	X	X		X	X		2	30	193
Popsong bearbeiten	X	X	X				X	1	60	195
Position beziehen / Vier-Ecken-Spiel		X					X	1	10	196
Postkarten-Puzzle		X	X				X	1	5	198
Pro- und Kontralisten	X	X	X	X	X		X	1	20	199
Projekt	X	X	X			X	X	3	300	200
Rakete		X	X				X	1	30	201
Rap	X	X			X	X		2	60	202
Sängerwettstreit		X	X				X	1	30	208
Schreibgespräch		X	X	X	X	X	X	1	20	215
Skulpturenbau	X	X	X			X	X	2	45	217
Solo	X	X	X	X				1	30	220
Songtext neu dichten	X	X				X	X	2	60	221
Speeddating		X	X		X		X	1	30	223
Standbilder bauen	X	X				X	X	1	20	227
Stationengespräch		X	X		X	X	X	2	30	228
Stimmenskulpturen	X	X	X				X	3	90	232
Streichholzreflexion		X					X	1	15	235
Stummer Impuls	X	X	X				X	1	5	239
Tape Art	X	X		X	X	X		1	60	241

	bis 10 Personen	10 – 20 Personen	20+ Personen	Einzelarbeit	Partnerarbeit	Gruppenarbeit	Plenum	Aufwand	Zeitaufwand	Seite
Texte eindampfen	X	X	X	X				2	10	243
Think-Pair-Share	X	X	X	X	X		X	1	60	248
Unterschriftensammlung		X	X				X	1	10	252
(Vor)angespielt	X	X		X	X	X	X	2	180	257
Walt-Disney-Methode	X	X	X	X	X	X		2	60	258
Was singst du?		X	X	X		X		2	25	261
Wasserreflexion		X					X	1	15	262
Woche gemeinsamen Lebens		X	X				X	3	7 Tage	268
Wörter raten mit Hindernissen		X	X				X	2	20	271
Zahlenstrahl	X	X	X				X	1	10	273

Bibel

	bis 10 Personen	10 – 20 Personen	20+ Personen	Einzelarbeit	Partnerarbeit	Gruppenarbeit	Plenum	Aufwand	Zeitaufwand	Seite
Antworten geben		X					X	1	30	56
Bibel teilen	X					X	X	1	40	58
Bibelfußball	X	X	X			X	X	1	30	59
Bibliolog	X	X	X				X	3	20	60
Bildergeschichte	X	X			X	X		2	30	62
Entdeckergruppe	X					X	X	1	60	103
Escape Game	X					X		3	30	104
Film drehen	X	X				X	X	2	240	110
Fünf-Finger-Methode	X	X	X			X	X	1	20	119
Gefühlskarten	X	X				X	X	1	20	127

	bis 10 Personen	10 – 20 Personen	20+ Personen	Einzelarbeit	Partnerarbeit	Gruppenarbeit	Plenum	Aufwand	Zeitaufwand	Seite
In Bilder hineinschlüpfen	X	X				X	X	3	30	144
Ja-Nein-Rätsel	X	X					X	1	20	149
Ja-Nein-Stuhl		X	X				X	2	10	150
Kreuzweg gestalten		X	X	X	X	X		3	180	158
Menschen-Memory®	X	X					X	2	20	175
Minecraft®/Minetest	X	X				X	X	3	90	178
Origami-Methode	X	X		X			X	1	30	184
Speakers Corner	X	X	X				X	1	15	222
Stop-Motion-Video	X	X				X	X	3	270	234
Texte um die Wette lesen		X	X			X	X	1	45	244
Textschlange		X	X				X	3	30	245
Theologisieren	X	X				X	X	1	60	246
Västeras-Methode	X	X		X	X	X	X	1	20	253
Verswahl	X	X					X	1	15	254
Wer gewinnt die Million?	X	X	X			X	X	2	30	264
Werbeplakat gestalten		X	X			X		2	60	265
Worte und Wirkung	X	X	X	X		X	X	2	60	269
Wortwolken/Bibelclouds	X	X			X	X	X	2	60	272
Zeuge, Zweifler und ich?	X			X		X	X	1	90	274

Diakonie

	bis 10 Personen	10 – 20 Personen	20+ Personen	Einzelarbeit	Partnerarbeit	Gruppenarbeit	Plenum	Aufwand	Zeitaufwand	Seite
Ein Schritt vor		X		X		X		2	35	94
Eine-Welt-Essen		X	X				X	3	120	96
Elektrischer Draht	X	X					X	1	20	100
Empathieübung	X	X		X	X	X	X	1	20	102
Exkursion	X	X	X				X	2	120	105
Experte als Gast		X	X				X	1	90	106
Gefühl zeigen		X	X				X	1	10	126
Gemeindepraktikum		X	X		X	X		3	480	129
Samen der Demokratie		X				X	X	1	45	206
Ultimatumspiel	X	X					X	1	30	249

Freundschaft

	bis 10 Personen	10 – 20 Personen	20+ Personen	Einzelarbeit	Partnerarbeit	Gruppenarbeit	Plenum	Aufwand	Zeitaufwand	Seite
Alle, die ...		X	X				X	1		53
Bildergeschichte	X	X			X	X		2	30	62
Der geheime Freund	X	X	X	X				2	90	82
Die Notwendigkeit eines Vertrages	X	X	X				X	2	50	84
Ein Schritt vor		X		X		X		2	35	94
Fotostory	X	X				X		3	120	116
Gruppenjonglage		X	X				X	1	15	135
I like!	X	X	X				X	2	15	140
Kartenabfrage		X		X	X	X	X	1	30	152

	bis 10 Personen	10 – 20 Personen	20+ Personen	Einzelarbeit	Partnerarbeit	Gruppenarbeit	Plenum	Aufwand	Zeitaufwand	Seite
Kreuzmosaik		X	X	X			X	3	60	156
Lebendes Pendel		X	X			X		1	10	162
Paracord-Armband	X	X		X				2	45	185
Rollenspiel	X	X				X		2	40	205
So will ich leben – Offline-Minecraft®	X	X	X	X	X	X	X	3	90	218
Unser Vertrag(en)	X	X	X	X	X	X	X	2	30	251
Warme Dusche	X	X	X				X	2	30	260
Worte und Wirkung	X	X	X	X		X	X	2	60	269

Gebet

	bis 10 Personen	10 – 20 Personen	20+ Personen	Einzelarbeit	Partnerarbeit	Gruppenarbeit	Plenum	Aufwand	Zeitaufwand	Seite
Empathieübung	X	X		X	X	X	X	1	20	102
Gebetsmeditation	X	X	X				X	1	10	123
Gebetswand	X	X		X				2	10	125
Händehalten – Gemeinschaft in Videokonferenzen	X	X	X				X	2	5	136
Lernstationen bauen		X	X			X		1	120	164
Minecraft®/Minetest	X	X				X	X	3	90	178
Werkstattgottesdienst		X	X			X	X	1	180	266

Gebote

	bis 10 Personen	10 – 20 Personen	20+ Personen	Einzelarbeit	Partnerarbeit	Gruppenarbeit	Plenum	Aufwand	Zeitaufwand	Seite
Die Notwendigkeit eines Vertrages	X	X	X				X	2	50	84
Fantasiereise	X	X					X	1	15	109
Lernstraße		X	X	X	X	X	X	3	80	165
Planspiel		X	X	X		X		2	120	194
Regel-Spiel		X					X	1	15	203
Rollenspiel	X	X				X		2	40	205
Schminken	X	X			X			3	45	213
Schneeflocke	X	X	X	X			X	1	5	214
Spitzer, Bleistift, Zettel	X	X				X	X	1	25	224

Gemeinde

	bis 10 Personen	10 – 20 Personen	20+ Personen	Einzelarbeit	Partnerarbeit	Gruppenarbeit	Plenum	Aufwand	Zeitaufwand	Seite
Briefdialog mit der Gemeinde		X	X	X				1	30	73
Einfühlungsspiel	X	X					X	1	30	98
Fotosafari		X	X			X	X	2	90	115
Gemeindepraktikum		X	X		X	X		3	480	129
Gruppenbalance		X	X				X	1	10	134
Lebendes Pendel		X	X			X		1	10	162
Minecraft®/Minetest	X	X				X	X	3	90	178
Netzwerk der Gemeinsamkeiten		X	X				X	2	20	182
Planspiel		X	X	X		X		2	120	194

	bis 10 Personen	10 – 20 Personen	20+ Personen	Einzelarbeit	Partnerarbeit	Gruppenarbeit	Plenum	Aufwand	Zeitaufwand	Seite
Schneeflocke	X	X	X	X			X	1	5	214
Spitzer, Bleistift, Zettel	X	X				X	X	1	25	224
Strippen ziehen	X					X	X	2	20	236
Tauschspiel	X	X				X	X	1	90	242
Texte um die Wette lesen		X	X			X	X	1	45	244
Worte und Wirkung	X	X	X	X		X	X	2	60	269

Gerechtigkeit

	bis 10 Personen	10 – 20 Personen	20+ Personen	Einzelarbeit	Partnerarbeit	Gruppenarbeit	Plenum	Aufwand	Zeitaufwand	Seite
Bildergeschichte	X	X			X	X		2	30	62
Die Notwendigkeit eines Vertrages	X	X	X				X	2	50	84
Eichhörnchen im Winter	X	X					X	1	30	93
Ein Schritt vor		X		X		X		2	35	94
Eine-Welt-Essen		X	X				X	3	120	96
Experte als Gast		X	X				X	1	90	106
Fotostory	X	X				X		3	120	116
Inszeniertes Essen		X					X	3	80	147
Mobile	X	X	X	X	X	X	X	3	120	181
Planspiel		X	X	X		X		2	120	194
Samen der Demokratie		X				X	X	1	45	206
Schlimmer geht es immer noch ...		X	X	X			X	2	90	211
Schneeflocke	X	X	X	X			X	1	5	214

	bis 10 Personen	10 – 20 Personen	20+ Personen	Einzelarbeit	Partnerarbeit	Gruppenarbeit	Plenum	Aufwand	Zeitaufwand	Seite
So will ich leben – Offline-Minecraft®	X	X	X	X	X	X	X	3	90	218
Spitzer, Bleistift, Zettel	X	X				X	X	1	25	224
Steine der Herrschaft	X	X					X	1	25	230
Ultimatumspiel	X	X					X	1	30	249
Werbeplakat gestalten		X	X			X		2	60	265

Glaubensbekenntnis

	bis 10 Personen	10 – 20 Personen	20+ Personen	Einzelarbeit	Partnerarbeit	Gruppenarbeit	Plenum	Aufwand	Zeitaufwand	Seite
Actionbound/Geocaching		X	X		X	X		3	60	52
Auswendiglernen mit verschwindendem Text	X	X	X	X			X	2	15	57
Briefdialog mit der Gemeinde		X	X	X				1	30	73
Kreuzmosaik		X	X	X			X	3	60	156
Lernstationen bauen		X	X			X		1	120	164
Perlenband für das Gebet	X	X					X	2	60	187
Speakers Corner	X	X	X				X	1	15	222
Theologisieren	X	X				X	X	1	60	246
Wertepyramide	X	X		X			X	1	30	267

Gott

	bis 10 Personen	10 – 20 Personen	20+ Personen	Einzelarbeit	Partnerarbeit	Gruppenarbeit	Plenum	Aufwand	Zeitaufwand	Seite
10 aus 55	X	X		X			X	2	15	50
Biografiearbeit	X	X					X	1	60	65
Getragen sein		X					X	1	20	131
Kreuzmosaik		X	X	X			X	3	60	156
Labyrinth		X	X				X	3	45	160
Landart	X	X		X	X	X	X	1	45	161
Perlenband für das Gebet	X	X					X	2	60	187
Roboterspiel		X	X				X	1	20	204
Theologisieren	X	X				X	X	1	60	246
Zuckerkreiden-Malerei	X	X	X	X				3	30	275

Gottesdienst

	bis 10 Personen	10 – 20 Personen	20+ Personen	Einzelarbeit	Partnerarbeit	Gruppenarbeit	Plenum	Aufwand	Zeitaufwand	Seite
Andacht/Liturgie	X	X	X				X	2	15	55
Entdeckergruppe	X					X	X	1	60	103
Gebetswand	X	X		X				2	10	125
Ideenwettbewerb		X	X			X	X	1	20	142
Kerzen gestalten	X	X		X	X			3	60	153
Segen empfangen und weitergeben	X	X	X				X	1	3	216

	bis 10 Personen	10 – 20 Personen	20+ Personen	Einzelarbeit	Partnerarbeit	Gruppenarbeit	Plenum	Aufwand	Zeitaufwand	Seite
Stationengottesdienst		X	X	X			X	2	60	229
Stuhl gestalten	X	X		X				3	120	237
Werbeplakat gestalten		X	X			X		2	60	265
Werkstattgottesdienst		X	X			X	X	1	180	266

Gruppe

	bis 10 Personen	10 – 20 Personen	20+ Personen	Einzelarbeit	Partnerarbeit	Gruppenarbeit	Plenum	Aufwand	Zeitaufwand	Seite
Abschiedskette		X	X				X	1	5	51
Blinde Mathematiker		X					X	1	30	67
Der blinde Maler	X				X	X		1	20	80
Der geheime Freund	X	X	X	X				2	90	82
Die Jagd auf den Unbekannten		X	X			X		1	120	83
Die Werwölfe von Düsterwald®		X	X				X	1	60	86
Ego-Shooter offline		X	X			X	X	1	20	91
Eichhörnchen im Winter	X	X					X	1	30	93
Ein Schritt vor		X		X		X		2	35	94
Eine-Welt-Essen		X	X				X	3	120	96
Elektrischer Draht	X	X					X	1	20	100
Entdeckergruppe	X					X	X	1	60	103
Extrem-Erklären		X	X			X	X	2	120	107
Fledermaus und Nachtfalter		X				X		1	15	113
Flussüberquerung		X					X	1	30	114
Gala-Abend		X	X				X	3	120	121

	bis 10 Personen	10 – 20 Personen	20+ Personen	Einzelarbeit	Partnerarbeit	Gruppenarbeit	Plenum	Aufwand	Zeitaufwand	Seite
Gefühlskarten	X	X				X	X	1	20	127
Gordischer Knoten		X	X				X	1	15	132
Gruppenbalance		X	X				X	1	10	134
Gruppenjonglage		X	X				X	1	15	135
I like!	X	X	X				X	2	15	140
In Bilder hineinschlüpfen	X	X				X	X	3	30	144
Karaoke	X	X		X			X	2	45	151
Lebendes Pendel		X	X			X		1	10	162
Mobile	X	X	X	X	X	X	X	3	120	181
Netzwerk der Gemeinsamkeiten		X	X				X	2	20	182
People Bingo		X	X				X	1	20	186
Regel-Spiel		X					X	1	15	203
Schneeflocke	X	X	X	X			X	1	5	214
So will ich leben – Offline-Minecraft®	X	X	X	X	X	X	X	3	90	218
Spitzer, Bleistift, Zettel	X	X				X	X	1	25	224
Stab ablegen	X					X		1	30	226
Steine der Herrschaft	X	X					X	1	25	230
Stühle balancieren		X	X				X	1	15	238
Tanz		X	X				X	1	15	240
Tauschspiel	X	X				X	X	1	90	242
Unser Vertrag(en)	X	X	X	X	X	X	X	2	30	251
Warme Dusche	X	X	X				X	2	30	260
Wege auf dem A zurücklegen		X					X	2	45	263
Worte und Wirkung	X	X	X	X		X	X	2	60	269

Heiliger Geist

	bis 10 Personen	10 – 20 Personen	20+ Personen	Einzelarbeit	Partnerarbeit	Gruppenarbeit	Plenum	Aufwand	Zeitaufwand	Seite
10 aus 55	X	X		X			X	2	15	50
Ja-Nein-Stuhl		X	X				X	2	10	150
Lightpainting	X	X	X			X	X	3	80	166
Segen empfangen und weitergeben	X	X	X				X	1	3	216

Identität

	bis 10 Personen	10 – 20 Personen	20+ Personen	Einzelarbeit	Partnerarbeit	Gruppenarbeit	Plenum	Aufwand	Zeitaufwand	Seite
Biografiearbeit	X	X					X	1	60	65
Brief an mich selbst	X	X	X	X				2	25	72
Bubble-Bingo	X	X					X	2	60	74
Ego-Shooter offline		X	X			X	X	1	20	91
Ein Schritt vor		X		X		X		2	35	94
Einfühlungsspiel	X	X					X	1	30	98
Empathieübung	X	X		X	X	X	X	1	20	102
Fantasiereise	X	X					X	1	15	109
Fotostory	X	X				X		3	120	116
Fußspuren	X	X	X	X		X		1	30	120
Gefühl zeigen		X	X				X	1	10	126
In Bilder hineinschlüpfen	X	X				X	X	3	30	144
Inszenierte Miniatur-Fotografie	X	X	X	X		X		3	90	146
Kisten bauen	X	X	X	X		X		3	60	154
Labyrinth		X	X				X	3	45	160

	bis 10 Personen	10 – 20 Personen	20+ Personen	Einzelarbeit	Partnerarbeit	Gruppenarbeit	Plenum	Aufwand	Zeitaufwand	Seite
Landart	X	X		X	X	X	X	1	45	161
Mein Avatar	X	X	X	X			X	2	20	169
People Bingo		X	X				X	1	20	186
Scherenschnitt		X			X			2	60	210
Schminken	X	X			X			3	45	213
So will ich leben – Offline-Minecraft®	X	X	X	X	X	X	X	3	90	218
Stuhl gestalten	X	X		X				3	120	237
Umriss	X	X				X	X	2	60	250
Wertepyramide	X	X		X			X	1	30	267
Worte und Wirkung	X	X	X	X		X	X	2	60	269

Jesus Christus

	bis 10 Personen	10 – 20 Personen	20+ Personen	Einzelarbeit	Partnerarbeit	Gruppenarbeit	Plenum	Aufwand	Zeitaufwand	Seite
10 aus 55	X	X		X			X	2	15	50
Fußspuren	X	X	X	X		X		1	30	120
Kartenabfrage		X		X	X	X	X	1	30	152
Kreuzmosaik		X	X	X			X	3	60	156
Kreuzweg gestalten		X	X	X	X	X		3	180	158
Texte um die Wette lesen		X	X			X	X	1	45	244
Zeuge, Zweifler und ich?	X			X		X	X	1	90	274

Kirche

	bis 10 Personen	10 – 20 Personen	20+ Personen	Einzelarbeit	Partnerarbeit	Gruppenarbeit	Plenum	Aufwand	Zeitaufwand	Seite
10 aus 55	X	X		X			X	2	15	50
Actionbound/Geocaching		X	X		X	X		3	60	52
Briefdialog mit der Gemeinde		X	X	X				1	30	73
Extrem-Erklären		X	X			X	X	2	120	107
Gemeindepraktikum		X	X		X	X		3	480	129
Inszenierte Miniatur-Fotografie	X	X	X	X		X		3	90	146
Kerzen gestalten	X	X		X	X			3	60	153
Pilgerschritt		X	X				X	1	10	190
Post-it®-Fragen		X	X	X			X	1	30	197
Stuhl gestalten	X	X		X				3	120	237
Wertepyramide	X	X		X			X	1	30	267

Konfirmation

	bis 10 Personen	10 – 20 Personen	20+ Personen	Einzelarbeit	Partnerarbeit	Gruppenarbeit	Plenum	Aufwand	Zeitaufwand	Seite
Brief an mich selbst	X	X	X	X				2	25	72
Ideenwettbewerb		X	X			X	X	1	20	142
Lightpainting	X	X	X			X	X	3	80	166
Ultimatumspiel	X	X					X	1	30	249
Umriss	X	X				X	X	2	60	250
Werbeplakat gestalten		X	X			X		2	60	265

Liebe

	bis 10 Personen	10 – 20 Personen	20+ Personen	Einzelarbeit	Partnerarbeit	Gruppenarbeit	Plenum	Aufwand	Zeitaufwand	Seite
Fotostory	X	X				X		3	120	116
Stop-Motion-Video	X	X				X	X	3	270	234
Tanz		X	X				X	1	15	240
Zuckerkreiden-Malerei	X	X	X	X				3	30	275

Religion

	bis 10 Personen	10 – 20 Personen	20+ Personen	Einzelarbeit	Partnerarbeit	Gruppenarbeit	Plenum	Aufwand	Zeitaufwand	Seite
Exkursion	X	X	X				X	2	120	105
Experte als Gast		X	X				X	1	90	106
Menschen-Memory®	X	X					X	2	20	175
Satzanfänge vollenden	X	X		X			X	2	20	209
Texte um die Wette lesen		X	X			X	X	1	45	244
Theologisieren	X	X				X	X	1	60	246
Wer gewinnt die Million?	X	X	X			X	X	2	30	264

Rituale

	bis 10 Personen	10 – 20 Personen	20+ Personen	Einzelarbeit	Partnerarbeit	Gruppenarbeit	Plenum	Aufwand	Zeitaufwand	Seite
Abschiedskette		X	X				X	1	5	51
Entdeckergruppe	X					X	X	1	60	103
Fantasiereise	X	X					X	1	15	109
Gebetsmeditation	X	X	X				X	1	10	123
Gegenstandsandacht	X	X	X	X			X	1	5	128
Händehalten – Gemeinschaft in Videokonferenzen	X	X	X				X	2	5	136
Hindurchfließender Segen		X	X				X	1	5	139
Kreuzsegen			X				X	1	5	157
Perlenband für das Gebet	X	X					X	2	60	187
Segen empfangen und weitergeben	X	X	X				X	1	3	216
Stille	X	X					X	1	5	231

Schöpfung

	bis 10 Personen	10 – 20 Personen	20+ Personen	Einzelarbeit	Partnerarbeit	Gruppenarbeit	Plenum	Aufwand	Zeitaufwand	Seite
Eichhörnchen im Winter	X	X					X	1	30	93
Fantasiereise	X	X					X	1	15	109
Fotosafari		X	X			X	X	2	90	115
Gebetsmeditation	X	X	X				X	1	10	123

	bis 10 Personen	10 – 20 Personen	20+ Personen	Einzelarbeit	Partnerarbeit	Gruppenarbeit	Plenum	Aufwand	Zeitaufwand	Seite
Kreuzmosaik		X	X	X			X	3	60	156
Landart	X	X		X	X	X	X	1	45	161
Scherenschnitt		X			X			2	60	210
Theologisieren	X	X				X	X	1	60	246

Segen

	bis 10 Personen	10 – 20 Personen	20+ Personen	Einzelarbeit	Partnerarbeit	Gruppenarbeit	Plenum	Aufwand	Zeitaufwand	Seite
Der geheime Freund	X	X	X	X				2	90	82
Händehalten – Gemeinschaft in Videokonferenzen	X	X	X				X	2	5	136
Hindurchfließender Segen		X	X				X	1	5	139
Kreuzsegen			X				X	1	5	157
Labyrinth		X	X				X	3	45	160
Segen empfangen und weitergeben	X	X	X				X	1	3	216

Sterben und Tod

	bis 10 Personen	10 – 20 Personen	20+ Personen	Einzelarbeit	Partnerarbeit	Gruppenarbeit	Plenum	Aufwand	Zeitaufwand	Seite
Ego-Shooter offline		X	X			X	X	1	20	91
Fotosafari		X	X			X	X	2	90	115
Fotostory	X	X				X		3	120	116
Kisten bauen	X	X	X	X		X		3	60	154
Kreuzweg gestalten		X	X	X	X	X		3	180	158
Landart	X	X		X	X	X	X	1	45	161
Pilgerschritt		X	X				X	1	10	190
Theologisieren	X	X				X	X	1	60	246

Taufe

	bis 10 Personen	10 – 20 Personen	20+ Personen	Einzelarbeit	Partnerarbeit	Gruppenarbeit	Plenum	Aufwand	Zeitaufwand	Seite
Biografiearbeit	X	X					X	1	60	65
Getragen sein		X					X	1	20	131
Landart	X	X		X	X	X	X	1	45	161
Lernstraße		X	X	X	X	X	X	3	80	165

Theodizee

	bis 10 Personen	10 – 20 Personen	20+ Personen	Einzelarbeit	Partnerarbeit	Gruppenarbeit	Plenum	Aufwand	Zeitaufwand	Seite
Eine-Welt-Essen		X	X				X	3	120	96
Roboterspiel		X	X				X	1	20	204
Schlimmer geht es immer noch ...		X	X	X			X	2	90	211
Theologisieren	X	X				X	X	1	60	246

Vertrauen

	bis 10 Personen	10 – 20 Personen	20+ Personen	Einzelarbeit	Partnerarbeit	Gruppenarbeit	Plenum	Aufwand	Zeitaufwand	Seite
Blind sein	X	X			X			1	30	66
Blinde Mathematiker		X					X	1	30	67
Bubble-Bingo	X	X					X	2	60	74
Der blinde Maler	X				X	X		1	20	80
Die Notwendigkeit eines Vertrages	X	X	X				X	2	50	84
Die Werwölfe von Düsterwald®		X	X				X	1	60	86
Ego-Shooter offline		X	X			X	X	1	20	91
Einfühlungsspiel	X	X					X	1	30	98
Fantasiereise	X	X					X	1	15	109
Fledermaus und Nachtfalter		X				X		1	15	113
Fotostory	X	X				X		3	120	116
Getragen sein		X					X	1	20	131
I like!	X	X	X				X	2	15	140

	bis 10 Personen	10 – 20 Personen	20+ Personen	Einzelarbeit	Partnerarbeit	Gruppenarbeit	Plenum	Aufwand	Zeitaufwand	Seite
Lebendes Pendel		X	X			X		1	10	162
Lernstationen bauen		X	X			X		1	120	164
Mein Avatar	X	X	X	X			X	2	20	169
So will ich leben – Offline-Minecraft®	X	X	X	X	X	X	X	3	90	218
Stab ablegen	X					X		1	30	226
Unser Vertrag(en)	X	X	X	X	X	X	X	2	30	251
Vertrauenslauf – Schilfmeerdurchquerung		X	X			X	X	1	30	255
Warme Dusche	X	X	X				X	2	30	260
Wege auf dem A zurücklegen		X					X	2	45	263

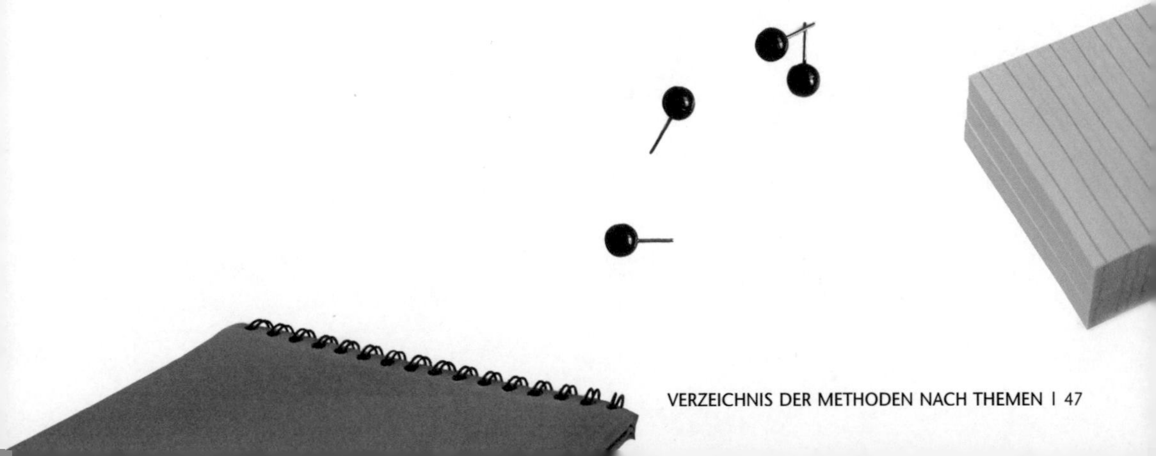

Methoden

10 AUS 55

Themen mit Begriffen charakterisieren.

Kategorie: Einstieg; Gespräch, Spiritualität	**Anspruch für die Leitung:** 1
Thema: Gott, Heiliger Geist, Jesus Christus, Kirche	**Anspruch für die Gruppe:** 1
Zeitaufwand: 15 Minuten	**Aufwand:** 2
Gruppengröße: bis 10, 10 – 20	**Sozialform:** Einzelarbeit, Plenum
Alter: ab 12	

Material: Wahlzettel (s. „Tool-Pool_10-aus-55_Wahlzettel.pdf" im Downloadbereich), 1 Stift pro Person

Beschreibung

Das Gespräch zu einem zentralen Begriff, einem Sachverhalt, einer biblischen Person usw. soll durch Zuordnung von entsprechenden Eigenschaften in Gang gesetzt werden. Diese Methode eignet sich besonders als Gesprächseinstieg.
Die Leitung wählt zum entsprechenden Sachverhalt 55 Eigenschaften aus, die zur Charakterisierung des Begriffes dienen können und füllt damit den Wahlzettel aus. Es ist dabei wichtig, unterschiedliche, auch kontroverse Eigenschaften zu verwenden.

Alle bekommen einen Wahlzettel. Die Wahl kann auch in Kleinstgruppen (zwei bis drei Jugendliche) geschehen. Aus den 55 Möglichkeiten sollen jeweils die 10 treffendsten ausgewählt und angekreuzt werden. Im Plenum werden die Wahlergebnisse vorgestellt und auf einen großen Wahlzettel übertragen.

Anwendungsbeispiele

- Thema: „Kirche heute": Mögliche Eigenschaften: altmodisch, naiv, konservativ, modern, kritisch, autoritär, sparsam, kreativ, eindeutig, fromm, gehorsam, aufrichtig, schwammig, unbequem, angepasst, demütig, perfekt ...
- Mögliche weitere Themen: Glaube, Christinnen/Christen, Umwelt, Verantwortung, Freiheit, biblische Personen

ABSCHIEDSKETTE

Jede/jeder nimmt von jeder/jedem Abschied.

Kategorie: Abschluss
Thema: Gruppe, Rituale
Zeitaufwand: 5 Minuten
Gruppengröße: 10 – 20, 20+
Alter: ab 6
Anspruch für die Leitung: 1
Anspruch für die Gruppe: 1
Aufwand: 1
Sozialform: Plenum

Material: keines

Beschreibung
Die Gruppe steht – vielleicht nach einem abschließenden Segen oder einem gemeinsam gesungenen Lied – im Kreis. Eine/einer beginnt, sich zuerst von ihrem/seinem rechten Nachbarn bzw. seiner/ihrer rechten Nachbarin zu verabschieden und geht dann weiter im Kreis herum. Die zweite Person schließt sich an und geht ebenfalls im Kreis herum. Am Schluss haben sich alle von allen verabschiedet.

Variante
Jede/jeder bekommt den Auftrag, beim Abschied etwas Nettes, Ermutigendes zu jeder Person zu sagen.

Anwendungsbeispiel
Diese Form des Abschieds eignet sich besonders bei großen Gruppen, die etwas Intensives miteinander erlebt haben, z. B. eine Freizeit.

ACTIONBOUND/GEOCACHING

Mithilfe der Handy-App Erlebnistouren durchführen.

Kategorie: Digitales Arbeiten; Erlebnispädagogik, Outdoor/Unterwegs
Thema: Glaubensbekenntnis, Kirche
Zeitaufwand: 60 Minuten
Gruppengröße: 10 – 20, 20+
Alter: ab 12
Anspruch für die Leitung: 2
Anspruch für die Gruppe: 2
Aufwand: 3
Sozialform: Partnerarbeit, Gruppenarbeit

Material: Handys oder Tablets

Beschreibung
Mithilfe der App „Actionbound" lassen sich spannende Rallyes organisieren. Mit wenig Aufwand lässt sich auf der Homepage ein sogenannter Bound erstellen. Dabei kann man GPS-Koordinaten und QR-Codes genauso verwenden wie Multimedia-Dateien, Quizfragen oder Umfragen.

Das Erstellen eines Bounds ist sehr einfach. Am besten benutzen mehrere Gruppen von zwei bis maximal vier Personen jeweils zusammen ein Handy. Alle benötigten Daten können – am besten per WLAN – vorher komplett heruntergeladen werden.
Die Bounds leben von den individuellen Aufgaben, die sich nur vor Ort lösen lassen.

Anwendungsbeispiele
Ein Bound als Kriminalfall aus der Geschichte des Klosters Drübeck:
https://en.actionbound.com/bound/klosterbrand.

Weitere fertige Actionbounds sind zu finden in: Hähnel, Miriam / Rouwen, Katrin: Actionbound. Smartphone-Abenteuer in der Praxis mit Kindern und Jugendlichen – Grundlagen mit 10 fertigen Bounds, buch+musik, Stuttgart 2022.

ALLE, DIE ...

Ein Spiel zum Kennenlernen im Kreis, bei dem Gemeinsamkeiten in der Gruppe deutlich werden.

Kategorie: Kennenlernen
Thema: Freundschaft
Zeitaufwand: 10 Minuten
Gruppengröße: 10 – 20, 20+
Alter: ab 6
Anspruch für die Leitung: 1
Anspruch für die Gruppe: 1
Aufwand: 1
Sozialform: Plenum

Material: Beispielfragen als Kartensatz (s. „Tool-Pool_Alle-die_Beispielfragen.pdf“ im Downloadbereich)

Beschreibung

Alle, bis auf eine Person, sitzen im Stuhlkreis. Die Person, die nicht im Stuhlkreis sitzt, benennt nach dem Schema „Alle, die ...“ Personen, die anschließend den Platz wechseln müssen. Dabei versucht die/der Fragende einen Platz zu ergattern. Wer übrig bleibt, stellt die nächste Frage. Wenn die Ideen ausgehen, kann man auch Beispielkärtchen ziehen. Bei bestimmten Fragen kann man sich auch vorführen lassen, ob jemand das wirklich kann, z. B. einen Handstand.

Varianten

Durch thematisch zugespitzte Fragekärtchen lässt sich das Spiel auch gezielt zum Einstieg in ein Thema verwenden. Bei Gruppen, die sich schon besser kennen, können auch sehr persönliche Fragen gestellt werden, z. B. „Alle, die schon einmal unglücklich verliebt waren ...“. Dann kann sich jeweils eine kurze Gesprächsrunde anschließen.
Die Methode ist auch digital spielbar: Dazu klebt jede Teilnehmerin / jeder Teilnehmer seine Kamera während der Videokonferenz mit einem Klebezettel ab. Trifft eine der Fragen auf sie/ihn zu, entfernt sie/er den Klebezettel von der Kamera.

Anwendungsbeispiel

Für alle Gelegenheiten anwendbar.

AMPELMETHODE

Auf grünen, gelben oder roten Zetteln die eigene Position darstellen.

Kategorie: Gespräch	**Anspruch für die Leitung:** 2
Thema: Alle Themen	**Anspruch für die Gruppe:** 2
Zeitaufwand: 20 Minuten	**Aufwand:** 1
Gruppengröße: 10 – 20	**Sozialform:** Plenum
Alter: ab 12	

Material: mehrere Zettel (DIN A5 oder DIN A4) längs halbiert in grün, gelb und rot

Beschreibung

Die Leitung führt eine strittige Frage ein, zu der man verschiedener Meinung sein kann. Anschließend notiert jede/jeder ihre/seine Meinung auf Zetteln mit der passenden Farbe und schreibt eine Erläuterung oder Begründung dazu. Grün bedeutet: „Da gebe ich grünes Licht, hoffentlich wird das so." Gelb bedeutet: „Da geht bei mir ein Warnlicht an, da habe ich schon Bedenken." Rot bedeutet: „Stopp, das geht gar nicht, auf keinen Fall darf es hier weitergehen."

Die Zettel werden in Ampelform an eine Tafel gepinnt oder auf den Boden gelegt. Bei kleineren Gruppen kann jede/jeder dabei ihre/seine Meinung gleich vortragen, bei größeren werden die Zettel stumm ausgelegt, thematisch sortiert und gemeinsam besprochen.
Es schließt sich eine Diskussion an. Wenn niemand von sich aus etwas sagen will, kann eine Person einen interessanten Zettel auswählen und die Schreiberin / den Schreiber bitten, ihre/seine Meinung noch genauer zu erklären. Spannend ist, dass die gleiche Aussage auf verschiedenfarbigen Zetteln auftauchen kann, dass die gleiche Sache Hoffnungen und Ängste auslösen kann (nach: Kessler, Mathias / Ziener, Gerhard: Kompetenzorientiert unterrichten – mit Methode. Methoden entdecken, verändern, erfinden, Klett Kallmeyer, Seelze 2012).

Variante

Jede/jeder kann verpflichtet werden, von jeder Farbe mindestens einen Zettel zu beschriften. Nach der Diskussion kann es zudem eine zweite Runde geben, in der nur noch ein Zettel zu beschriften ist, auf dem die endgültige Meinung landet. Ergibt sich beim Auslegen jetzt ein neues Bild?

Anwendungsbeispiel

Strittige Fragen eignen sich besonders: Sollen homosexuell empfindende Menschen heiraten dürfen und soll die Kirche ihnen dafür in einer Trauung den Segen spenden? Sollen Muslime in unserem Land völlig gleichberechtigt sein und als Gemeinschaft ebenso behandelt werden wie die christlichen Kirchen?

ANDACHT/LITURGIE

Eine Andacht dient der Besinnung auf Gott und ist eine Kurzform von Gottesdienst.

Kategorie: Spiritualität
Thema: Gottesdienst
Zeitaufwand: 15 Minuten
Gruppengröße: bis 10, 10 – 20, 20+
Alter: ab 6

Anspruch für die Leitung: 2
Anspruch für die Gruppe: 2
Aufwand: 2
Sozialform: Plenum

Material: Liederbücher, Bibeln, Kerzen, Dekomaterial, Musik, 1 Abspielgerät, Gebetsbücher, 1 Klangschale

Beschreibung
Eine Andacht passt an den Anfang oder ans Ende einer Einheit, besonders gut in Kirchenräume. Anders als bei Gottesdiensten bleibt bei Andachten die Gruppe meist unter sich. In diesem geschützten Raum lassen sich leichter Dinge ausprobieren. Besonders gelungen sind Andachten, bei denen Jugendliche selbst die Verantwortung übernehmen.

Variante
Man kann im Rahmen der Andacht auch Bibeltexte fortlaufend lesen.

Anwendungsbeispiele

- Vorbereitung: Wir sitzen im Kreis. Die Kerze wird entzündet. Wir hören auf den Ton der Klangschale.
- Lied: Wir singen ein Lied.
- Psalm/Bekenntnis: Wir sprechen miteinander z. B. Psalm 23.
- Ein Impuls zur Bibel: Wir hören auf den Bibeltext (vorher ausgewählt).
- Kurze Auslegung: Wir hören eine anschließende Erklärung (Warum wurde gerade dieser Text ausgewählt? Was sagt der Abschnitt aus über Gott, Jesus, uns Menschen?).
- Gebet: Wir sprechen ein eigenes Gebet, danach das Vaterunser.

ANTWORTEN GEBEN

Jugendliche formulieren fiktive Fragen zu einer Geschichte, die von anderen beantwortet werden.

Kategorie: Theater; Text	**Anspruch für die Leitung:** 1
Thema: Bibel	**Anspruch für die Gruppe:** 2
Zeitaufwand: 30 Minuten	**Aufwand:** 1
Gruppengröße: 10 – 20	**Sozialform:** Plenum
Alter: ab 12	

Material: 1 Geschichte, farbige Blätter, Stifte, 1 Stuhl

Beschreibung

Eine Geschichte wird vorgelesen oder erzählt. Jede/jeder hat die Möglichkeit, an eine der vorkommenden Personen eine Frage zu stellen. Diese wird auf ein Blatt geschrieben. Die Blätter werden gemischt und wieder ausgeteilt. Jede/jeder versucht, die Frage auf ihrem/seinem Blatt aus der Sicht der/des Befragten zu beantworten. Anschließend werden die Fragen und Antworten mithilfe der Methode „Heißer Stuhl“ vorgestellt.

Anwendungsbeispiel

Gut geeignet sind diese biblischen Texte: Die Taufe Jesu (Mk 1,9-13), Der reiche Jüngling (Mk 10,17-27), Der Kämmerer aus Äthiopien (Apg 8,26-40).

AUSWENDIGLERNEN MIT VERSCHWINDENDEM TEXT

Von einem Text verschwinden immer mehr Buchstaben, bis man ihn auswendig kann.

Kategorie: Auswendiglernen; Digitales Arbeiten
Thema: Glaubensbekenntnis
Zeitaufwand: 15 Minuten
Gruppengröße: bis 10, 10 – 20, 20+
Alter: ab 12
Anspruch für die Leitung: 1
Anspruch für die Gruppe: 1
Aufwand: 2
Sozialform: Einzelarbeit, Plenum

Material: 1 Beamer oder Bildschirm, 1 Computer, PowerPoint-Präsentation

Beschreibung
Mithilfe einer PowerPoint-Präsentation, bei der immer mehr vom Text verschwindet, macht es mehr Spaß, einen Text auswendig zu lernen.
Die Präsentation wird der Gruppe vorgeführt, alle sprechen jede Seite einmal laut mit. Zum Schluss können die Teilnehmenden den Text auch allein aufsagen, dabei können sie den Schwierigkeitsgrad selbst wählen.

Variante
Mit dieser Methode können die Teilnehmenden im Rahmen eines Stationenlernens oder einer offenen Phase Texte auch allein lernen. Dann wird einfach ein Laptop mit der Präsentation aufgebaut.

Anwendungsbeispiel
Mit dieser Methode lässt sich z. B. das Glaubensbekenntnis leichter auswendiglernen (Beispiel: www.thomas-ebinger.de/2014/01/digitaler-credo-lerntrainer).

BIBEL TEILEN

Strukturierte Methode, um sich über einen Bibeltext auszutauschen.

Kategorie: Text; Gespräch
Thema: Bibel
Zeitaufwand: 40 Minuten
Gruppengröße: bis 10
Alter: ab 12

Anspruch für die Leitung: 2
Anspruch für die Gruppe: 2
Aufwand: 1
Sozialform: Gruppenarbeit, Plenum

Material: Bibeln

Beschreibung
Die vollständige Methode, weiterentwickelt von Oswald Hirmer und Fritz Lobinger, umfasst sieben Schritte:

1. Gott begrüßen im Gebet
2. Lesen: Der Text wird von mehreren vorgelesen.
3. Sich ansprechen lassen: Alle, die mögen, sagen ein Wort oder einen kurzen Satzteil aus dem Text, der sie persönlich berührt hat. Es wird nicht kommentiert.
4. Schweigen: In einer Schweigezeit lässt man den Text in der Stille wirken.
5. Mitteilen: Erst jetzt wird aus der Stille heraus den anderen mitgeteilt, welches Wort einen angesprochen hat. Es geht hier nicht um eine Diskussion.
6. Handeln: Wie fordert der Bibeltext zum Handeln heraus?
7. Beten: Zum Abschluss kann jede/jeder Gott sagen, was sie/ihn bewegt.

Anwendungsbeispiel
Die Methode ist für jeden Bibeltext anwendbar. Auch eine Möglichkeit: May, Christopher: Farbe bekennen. Zeig, was du denkst!, buch+musik, Stuttgart 2016.

BIBELFUßBALL

Ein einfaches Quizduell, bei dem zwei Gruppen wie beim Fußball gegeneinander spielen.

Kategorie: Quiz; Spiel, Text
Thema: Bibel
Zeitaufwand: 30 Minuten
Gruppengröße: bis 10, 10 – 20, 20+
Alter: ab 12

Anspruch für die Leitung: 2
Anspruch für die Gruppe: 2
Aufwand: 1
Sozialform: Gruppenarbeit, Plenum

Material: 1 Tafelbild/Plakat mit dem Fußballfeld, 1 Magnetknopf/Reißzwecke, Quizfragen (s. „Tool-Pool_Bibelfussball_Fragen.pdf" im Downloadbereich)

Beschreibung

Das Fußballfeld mit seinen entsprechenden Linien wird an die Wandtafel gezeichnet und der Ball durch einen Magnetknopf symbolisiert (oder ein Fußballfeld als Plakat aufhängen, der Ball ist eine Reißzwecke). Die Leitung stellt eine Frage und nennt eine Bibelstelle, die es nachzuschlagen gilt. Wer die Stelle zuerst findet und die Antwort ruft, dessen Mannschaft darf den Ball eine Linie weiterrücken in Richtung des gegnerischen Tores. Wurde ein Tor geschossen, beginnt das Spiel von neuem an der Mittellinie.

Fußballfeld

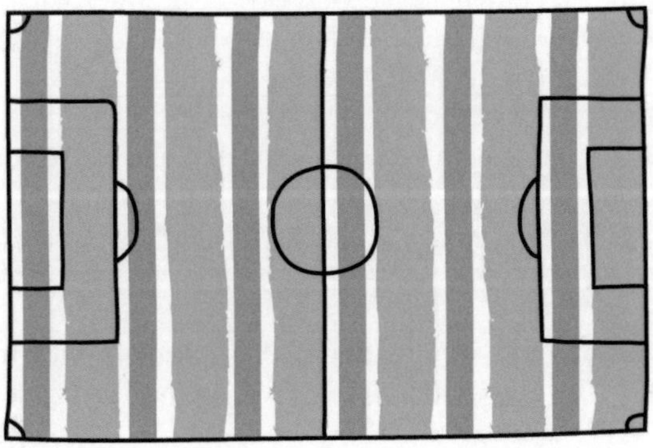

Anwendungsbeispiel

Im Downloadbereich gibt es umfangreiche Fragen mit Bibelstellen, die einfach erweitert werden können (Verwendung mit freundlicher Genehmigung von Kurt Mikula, Wolfgang Franz und 4teachers.de).
Alle Fragen und Antworten sind kostenfrei verfügbar und dürfen auch weiterentwickelt werden. Sämtliche Materialien sind unter der Creative Commons-Lizenz CC BY lizenziert (die Ideen dürfen vervielfältigt, verbreitet, abgewandelt, sogar verkauft werden, solange man den Namen der Autorin / des Autors nennt).

BIBLIOLOG

Die Jugendlichen müssen aus einer Rolle heraus auf einen biblischen Text reagieren.

Kategorie: Gespräch	**Anspruch für die Leitung**: 3
Thema: Bibel	**Anspruch für die Gruppe**: 2
Zeitaufwand: 20 Minuten	**Aufwand:** 3
Gruppengröße: bis 10, 10 – 20, 20+	**Sozialform:** Plenum
Alter: ab 12	

Material: 1 Bibel und 1 vorbereiteter Bibeltext

Beschreibung
Beim Bibliolog werden die biblischen Geschichten nicht nachgespielt, sondern es wird aus bestimmten Rollen heraus gesprochen. Diese Methode sollte man nicht ohne eine ausführliche Schulung anwenden.

Ablauf
Die Leitung führt zum Text hin und beschreibt den Kontext der biblischen Geschichte. Der folgende Teil wird mehrfach mit vorbereiteten Fragen wiederholt.

1. Vorlesen eines kurzen Textabschnittes aus einer Bibel (nicht nur Kopie).
2. „Du bist jetzt ..." Den Jugendlichen wird eine Rolle zugesprochen, aus der heraus sie die Frage beantworten. Als Rolle kann man auch Gegenstände nehmen.
3. Eine/einer antwortet aus der Rolle heraus.
4. Die Leitung antwortet als Echo oder Nachfrage.
5. Der Text wird noch einmal im Ganzen vorgelesen und als Schlusssignal die Bibel geschlossen.
6. Die Jugendlichen werden wieder aus ihrer Rolle entlassen, eine offene Diskussion kann sich anschließen.

(nach: www.bibliolog.de, und Pohl-Patalong, Uta: Bibliolog. Impulse für Gottesdienst, Gemeinde und Schule. Band 1: Grundformen, Kohlhammer, Stuttgart ^{3}2013)

Anwendungsbeispiel
Zur Sturmstillung (Mk 4,35-41) wird nach der Textlesung bis Vers 37 gefragt: „Ihr seid die Jünger. Der Sturm wird immer schlimmer. Was geht euch durch den Kopf?"

BILDBETRACHTUNG

Ein Bild zum Sprechen bringen.

Kategorie: Einstieg
Thema: Alle Themen
Zeitaufwand: 20 Minuten
Gruppengröße: bis 10, 10 – 20, 20+
Alter: ab 6
Anspruch für die Leitung: 2
Anspruch für die Gruppe: 1
Aufwand: 1
Sozialform: Plenum

Material: 1 Bild, ggf. Präsentationsmedium (Beamer/Overheadprojektor)

Beschreibung
In unserer visuell geprägten Zeit stellt es eine gute Gesprächshilfe dar und hilft dabei, zentrale Inhalte und Gefühle zu veranschaulichen.
Das Bild wird der Gruppe möglichst groß gezeigt, am besten mit Beamer oder Overheadprojektor. Man kann das Bild auch für alle kopieren.

Die Erschließung des Bildes erfolgt in drei Schritten:

- Beschreibung: Was seht ihr auf dem Bild? Welche Farben werden verwendet? Wie ist der Aufbau des Bildes? In welchem Stil ist das Bild gemalt? Wie ist es fotografiert worden?
- Gefühle: Welche Gefühle löst das Bild in euch aus? Welche Stimmung transportiert es? Welche Stimmung drücken die dargestellten Personen aus?
- Interpretation: Was wollte der Künstler ausdrücken? Warum ist dieses Bild wohl so beliebt? Warum habe ich es zu unserem Thema ausgewählt? Wie könnte man das Bild verändern, damit es eine andere Aussage bekommt?

Anschließend empfiehlt sich eine kreative Weiterarbeit mit dem Bild, die es verändert, verfremdet. Die Ergebnisse können später parallel zum Original präsentiert werden.

Variante
Besonders anregend ist eine Bildbetrachtung, wenn nicht gleich das ganze Bild gezeigt wird. Mit mehreren Blättern kann man auf dem Overheadprojektor leicht die Teile abdecken, die noch nicht im Fokus sein sollen. Für die Arbeit mit dem Computer kann man hier eine Vorlage finden: www.schule-bw.de/faecher-und-schularten/sprachen-und-literatur/italienisch/informationen-zum-fach/methodik-und-didaktik.

Anwendungsbeispiel
Caravaggios „Gefangennahme Christi" eignet sich gut als Bild (Beispiel: www.thomas-ebinger.de/2014/03/konfi-impuls-laetare-verrat-jesu.

BILDERGESCHICHTE

Mithilfe einer Reihe von Bildern eine Geschichte erzählen.

Kategorie: Text; Kreativ
Thema: Bibel, Freundschaft, Gerechtigkeit
Zeitaufwand: 30 Minuten
Gruppengröße: bis 10, 10 – 20
Alter: ab 12
Anspruch für die Leitung: 2
Anspruch für die Gruppe: 3
Aufwand: 2
Sozialform: Partnerarbeit, Gruppenarbeit

Material: 1 Text, 1 Bildergeschichte, 1 Computer, 1 Beamer

Beschreibung
Bei der praktischen Umsetzung kann man in zwei Richtungen vorgehen:

- Von den Bildern zum Text: Die Gruppe versucht, die Geschichte so anschaulich wie möglich zu erzählen (mit Präsentation).
- Vom Text zu den Bildern: Jede Geschichte kann in eine Bildergeschichte oder einen Comic mit sparsamen Texteinlagen umgesetzt werden.

Variante
Zwei Gruppen entwerfen eine Bildergeschichte zu einem Thema und verfassen einen Text dazu. Die Bilder werden getauscht und die andere Gruppe schreibt ihre Fassung der Geschichte auf. Anschließend wird verglichen.

Anwendungsbeispiel
Unbekanntere biblische Geschichten lassen sich als Bildergeschichte einführen. Die Gruppen erzählen eine Geschichte dazu. Später vergleicht man diese mit der biblischen Fassung. Dabei geht es nicht um richtig oder falsch, sondern um die Fragen: Was ist die Botschaft eurer Geschichte? Was ist die Botschaft der biblischen Geschichte? (Beispiel: www.blobtree.com.)

BILDKARTEI

Aus einer großen Zahl von Bildern werden begründet einzelne ausgewählt.

Kategorie: Gespräch; Einstieg, Kennenlernen	**Anspruch für die Leitung:** 1
Thema: Alle Themen	**Anspruch für die Gruppe:** 1
Zeitaufwand: 30 Minuten	**Aufwand:** 1
Gruppengröße: 10 – 20	**Sozialform:** Einzelarbeit, Plenum
Alter: ab 6	

Material: Bildkartei

Beschreibung

Eine Bildkartei kann man selbst anlegen, indem man Zeitschriften usw. sichtet.
Die ausgeschnittenen Bilder werden mit weißem, festem DIN-A4-Papier hinterlegt und laminiert. Es gibt aber auch thematisch sortierte Bildkarteien zu kaufen.
Die Bilder werden gut verteilt ausgelegt und jede Gruppe oder jede/jeder Einzelne wählt ein Bild aus, das sie/ihn anspricht und zur Aufgabenstellung passt. Die Bilder werden anschließend in Gesprächsform oder als Ausstellung den anderen vorgestellt.

Variante

Man kann auch Sprech- oder Gedankenblasen verwenden, in die man Aussagen oder Gedanken der abgebildeten Personen schreibt.

Anwendungsbeispiele

Für eine Vorstellungsrunde wählt sich jede/jeder ein Bild aus, das etwas mit der eigenen Person zu tun hat.
Die Jugendlichen wählen aus einer Bildkartei mit Personen nach den fünf Arten des Gebetes (Bitte, Fürbitte, Dank, Anbetung, Klage) passende Bilder aus und schreiben ein Gebet dazu (nach: Ebinger, Thomas: In jeder Lage zu Gott beten. In: Anknüpfen – Praxisideen, Stuttgart ^{2}2013, S. 81 – 85).
Passende Bildmotive gibt es z. B. in: Graf, Ulrich / Ilg, Wolfgang: Sinnbildbox. 60 Bildmotive, die tiefer blicken lassen – für Gespräche nicht nur in der Schüler-, Konfi- und Jugendarbeit, buch+musik, Stuttgart ^{5}2023 oder in: Graf, Ulrich / Ilg, Wolfgang: Sinnbildbox 2. 60 Bildmotive für Gespräche, die tiefer blicken lassen, buch+musik, Stuttgart 2020.

BILDNERISCHES GESTALTEN

Mit Ton oder Knete plastisch gestalten.

Kategorie: Kreativ	**Anspruch für die Leitung:** 2
Thema: Alle Themen	**Anspruch für die Gruppe:** 2
Zeitaufwand: 90 Minuten	**Aufwand:** 3
Gruppengröße: bis 10, 10 – 20	**Sozialform:** Einzelarbeit, Partnerarbeit, Gruppenarbeit
Alter: ab 6	

Material: Ton, Knete, Gips, Pappmaché, Salzteig, Modellierwerkzeuge, Unterlagen/ Bretter als Arbeitsfläche, 1 Digitalkamera/Handykamera

Beschreibung
Die Räume, in denen modelliert wird, müssen gut vorbereitet sein, die Tische sind abgedeckt, das Werkzeug liegt bereit.
Die billigste Modelliermasse ist Ton, den es in verschiedenen Farben gibt, allerdings ist Ton brüchig, wenn er nicht gebrannt wird (Kunstwerke fotografieren).
Am besten modelliert jede/jeder einzeln, notfalls sind auch Gruppen von drei bis vier Personen möglich. Ein Brett als Unterlage erleichtert den Transport und die Aufbewahrung. Es kann hilfreich sein, vorher Skizzen anfertigen zu lassen, dann dauert es nicht so lange, bis das Kunstwerk erstellt ist.

Anwendungsbeispiele

- Thema Abendmahl: Man kann mit Jugendlichen gut Abendmahlskelche und -geräte töpfern, die dann für die gemeinsame Abendmahlsfeier verwendet werden.
- Thema Schöpfung: Gott formte den Menschen, als sein Ebenbild, aus Ton.

BIOGRAFIEARBEIT

Beschäftigung mit der eigenen Vergangenheit.

Kategorie: Spiritualität	**Anspruch für die Leitung:** 3
Thema: Gott, Identität, Taufe	**Anspruch für die Gruppe:** 2
Zeitaufwand: 60 Minuten	**Aufwand:** 1
Gruppengröße: bis 10, 10 – 20	**Sozialform:** Plenum
Alter: ab 12	

Material: 1 Seil, Karten (rot/grün), Stifte, alterstypische Gegenstände, Teelichter, 1 Schale mit Wasser

Beschreibung

Mit einem langen Seil wird eine Spirale gelegt und darin typische Lebensabschnitte mit den Karten markiert.

Nun kann jede/jeder auf grüne Karten positive und auf rote Karten schwere Ereignisse schreiben. Diese werden an die passende Stelle der Spirale gelegt. Die Leitungsperson lässt anschließend die Karten vorlesen und fragt, ob jemand etwas zu seiner/ihrer Karte sagen möchte. Ein persönlicher Austausch schließt sich an. Wichtig: Alles, was erzählt wird, bleibt in der Gruppe.

Variante

Die Lebensphasen können auch durch Gegenstände (z. B. Schnuller) markiert werden.

Anwendungsbeispiel

In der „Taufspirale“ wird in die Mitte eine Schale mit Wasser gestellt. Sie steht u. a. für Taufe. Bei welchen Ereignissen in der Spirale war Gott besonders spürbar? An diese Karten wird ein Teelicht gestellt (nach: Hinderer, Martin / Tröndle, Theodor: Taufe – meinem Leben auf der Spur, In: Anknüpfen – Praxisideen, Stuttgart ^{2}2013, S. 213 – 217).

BLIND SEIN

Methode rund um das Thema „ohne Sicht“.

Kategorie: Inklusiv/Basal; Erlebnispädagogik, Spiel
Thema: Vertrauen
Zeitaufwand: 30 Minuten
Gruppengröße: bis 10, 10 – 20
Alter: ab 12

Anspruch für die Leitung: 2
Anspruch für die Gruppe: 3
Aufwand: 1
Sozialform: Partnerarbeit

Material: je 1 Augenbinde pro Paar, 1 Seil, Gegenstände

Beschreibung

Der Verlust des Sehsinns erzeugt eine hohe Unsicherheit und Orientierungslosigkeit. Der Raum wird mit verschiedenen Hindernissen verbaut (z. B. Tische, Stühle, Wassereimer). Ziel ist es, blind und unbeschadet auf die andere Seite des Raumes zu kommen. Die Gruppe wird dazu paarweise aufgeteilt. Die eine Person geht den Parcours blind, die zweite Person dirigiert sie durch Zuruf durch den Raum. Alle Blinden beginnen gleichzeitig auf einer Seite des Raumes. Die Sehenden befinden sich auf der anderen Seite und dirigieren sie. Sind alle angekommen, kann getauscht werden.

Varianten

Der blinde Wurm: Alle „Blinden“ stellen sich hintereinander auf und halten sich an der Schulter der Person davor fest. Nur die letzte Person kann sehen und lenkt den blinden Wurm durch Richtungsansagen.

Erkunden am Seil: Bei dieser Variante folgen die Jugendlichen blind einem Seil, das auf dem Gelände oder im Haus angebracht ist. Unterwegs können Gegenstände zum Ertasten angebunden werden.

Anwendungsbeispiel

Das biblische Motiv „blind sein“ lässt sich mit dieser Methode gut erlebbar machen.

BLINDE MATHEMATIKER

Gemeinsam blind Probleme beackern und spielerisch Lösungen finden.

Kategorie: Erlebnispädagogik; Gruppendynamik	**Anspruch für die Leitung:** 2
Thema: Gruppe, Vertrauen	**Anspruch für die Gruppe:** 2
Zeitaufwand: 30 Minuten	**Aufwand:** 1
Gruppengröße: 10 – 20	**Sozialform:** Plenum
Alter: ab 12	

Material: 20 m fingerdickes Seil (z. B. altes Kletterseil), je 1 Augenbinde pro Person

Beschreibung

Die beiden Seilenden werden zu einem geschlossenen Kreis zusammengeknotet und auf den Boden gelegt. Die Jugendlichen setzten ihre Augenbinden auf. Blind werden sie an das Seil geführt, welches ihnen in die Hand gegeben wird. Die Gruppe bekommt nun die Aufgabe, gemeinsam das Seil in eine geometrische Figur zu legen, z. B. ein Quadrat oder ein gleichseitiges Dreieck. Sie können sich dazu austauschen und mit dem Seil bewegen, dürfen das Seil jedoch nicht loslassen. Wenn die Gruppe der Meinung ist, fertig zu sein, legen sie das Seil ab und öffnen die Augen.

Steuerungsmöglichkeiten für diese Übung:

- Orientierung: Wissen die einzelnen Teilnehmenden, wo sie stehen? Oder werden sie erst zum Seil geführt?
- Das Seil: Liegt das Seil als Kreis auf dem Boden (einfach) oder verdreht als Acht (schwer)?

(nach: Gilsdorf, Rüdiger / Kistner, Günter: Kooperative Abenteuerspiele 1. Eine Praxishilfe für Schule und Jugendarbeit und Erwachsenenbildung, Kallmeyer, Hanover 1995)

Anwendungsbeispiel

Das gemeinsame Suchen nach einer Lösung macht Gruppenprozesse und die verschiedenen Rollen in der Gruppe sichtbar. Diese können im Anschluss weiter bearbeitet werden. Mögliche Fragestellungen dazu könnten sein: „Welche Lösungsstrategien habt ihr versucht?“ „Was hat euch geholfen bzw. es schwergemacht, eine Lösung zu finden?“ (Lösungsprozess). „Welche Rolle hast du dabei gespielt?“ „Gibt es Ähnlichkeiten mit anderen Erlebnissen in der Gruppe?“ (Rollen sichtbar machen). In weiteren Runden lassen sich auch anspruchsvollere Figuren versuchen, etwa ein Kreuz, der Umriss einer Kirche, ein Davidsstern o. Ä.

BLITZLICHT

Die Möglichkeit für alle, kurz ihre Meinung loszuwerden.

Kategorie: Gespräch; Abschluss, Einstieg, Feedback
Thema: Alle Themen
Zeitaufwand: 8 Minuten
Gruppengröße: bis 10, 10 – 20
Alter: ab 12
Anspruch für die Leitung: 1
Anspruch für die Gruppe: 1
Aufwand: 1
Sozialform: Plenum

Material: keines

Beschreibung
Diese Methode lässt sich an verschiedenen Punkten des Unterrichts oder der Gruppenstunde einsetzen. Sie eignet sich, um ein schnelles Meinungsbild zu erhalten, zur Wiederholung und Überprüfung von Wissen oder um ein Statement abzugeben. Wegen ihrer Knappheit bietet diese Methode den „stilleren" Jugendlichen eine wichtige Möglichkeit, sich mitzuteilen und zu positionieren.

Wichtig ist, dass die/der Impulsgebende inhaltlich klar abgesteckte Impulse setzt (z. B. „Das ist mir heute wichtig geworden ...", „XY bedeutet für mich ..."). Die Jugendlichen stehen oder sitzen dazu in einem Kreis und alle sind aufgefordert, ein kurzes Statement abzugeben. Dieses formulieren sie als Ich-Botschaft. Eine Wertung der Aussage ist nicht vorgesehen. Den Abschluss der Runde bildet, ebenfalls mit einem kurzen Statement, die/der Leitende.

Anwendungsbeispiel
Mögliche Fragestellungen (gern auch provokanter Art): „Aus der Kirche austreten: ja oder nein?", „Soll die Todesstrafe in Deutschland eingeführt werden?"

BODENBILDER

Visualisierung von Thematiken und Gefühlen durch kreative Legetechniken.

Kategorie: Kreativ; Abschluss, Einstieg
Thema: Alle Themen
Zeitaufwand: 20 Minuten
Gruppengröße: bis 10, 10 – 20, 20+
Alter: ab 6

Anspruch für die Leitung: 2
Anspruch für die Gruppe: 2
Aufwand: 2
Sozialform: Einzelarbeit, Partnerarbeit, Gruppenarbeit, Plenum

Material: Tücher, Naturmaterialien, Glassteine, Figuren, Kerzen, Musik, 1 Abspielgerät, Kommentarkärtchen, 1 Digitalkamera/Handykamera

Beschreibung

Grundsätzlich kann ein Bodenbild zu allen möglichen Thematiken erarbeitet werden. Es gibt vier Phasen. In der Hinführungsphase wird die Aufgabenstellung vorgegeben und die Jugendlichen können sich einstimmen (z. B. mit leiser Hintergrundmusik). In der Materialphase machen sich die Jugendlichen mit den Materialien vertraut. In der Bauphase werden die Bodenbilder in Einzel-, Paar- oder Kleingruppen erstellt. Anschließend folgt ein Museumsgang, sodass die Jugendlichen die Bodenbilder der anderen betrachten können. Sie haben die Gelegenheit, Eigenheiten der entstandenen Bilder mit Symbolkärtchen zu kommentieren. Danach kann eine inhaltlich vertiefende Phase folgen. Es empfiehlt sich, die Bilder zu fotografieren. (Beispiel: www.bit.ly/2bmiKq6)

Anwendungsbeispiel

Die entstandenen Fotos eignen sich z. B. für eine Ausstellung, die die Jugendlichen organisieren. Auch wäre es möglich, dass sie „Führungen" für die Gemeinde anbieten.
Mögliche Themen könnten sein: Gott, Vaterunser, Psalmen, Identität, Träume, Ideale.

BODY PERCUSSION

Body Percussion setzt den menschlichen Körper als Rhythmusinstrument ein.

Kategorie: Musik	**Anspruch für die Leitung:** 3
Thema: Alle Themen	**Anspruch für die Gruppe:** 2
Zeitaufwand: 15 Minuten	**Aufwand:** 1
Gruppengröße: 10 – 20, 20+	**Sozialform:** Plenum
Alter: ab 12	

Material: keines

Beschreibung

Rhythmus macht fast allen Spaß. Dafür braucht man nicht unbedingt Trommeln. Body Percussion ist eine echte Kunst, aber das Schöne ist: Der Anfang ist nicht schwer.
Das Prinzip ist einfach: Die Klänge des Schlagzeugs werden durch passende Körperklänge ersetzt. Für den Einstieg eignet sich ein Viervierteltakt.

- Bass Drum (fast immer Schlag eins, oft auch drei): Ein Schlag mit der Hand auf die Brust oder ein Stampfen mit dem Fuß.
- Snare (Offbeat, fast immer Schlag zwei und vier): Klatschen mit beiden Händen.
- Hi-Hat (durchlaufender Achtelrhythmus): Fingerschnippen oder ein Reiben beider Hände.
- Zusätzliche Effekte, die die Farbigkeit des Klangs erhöhen: Zungenschnalzen, Klatschen mit der Rückhand, Klopfen auf den Kopf, Klatschen auf Arme und Schenkel

(nach: www.musik-fromm.de/begleitpattern-mit-bodypercussion)

Variante

Zum Lernen ist es leichter, den Rhythmus auf Teilgruppen zu verteilen.
Wenn man „Body Percussion" nicht zu wörtlich nimmt, kann man auch Stühle und Tische einsetzen.

Anwendungsbeispiel

Lieder werden bei einer Aufführung nicht einfach von allen gesungen, sondern es gibt eine Rhythmusgruppe, die den Gesang begleitet.

BOOMWHACKERS®

Mit gestimmten Klangröhren musizieren.

Kategorie: Musik	**Anspruch für die Leitung:** 3
Thema: Alle Themen	**Anspruch für die Gruppe:** 2
Zeitaufwand: 30 Minuten	**Aufwand:** 2
Gruppengröße: 10 – 20, 20+	**Sozialform:** Plenum
Alter: ab 6	

Material: Boomwhackers®, weitere Rhythmusinstrumente, Akkordkarten (s. „Tool-Pool_Boomwhackers®_Akkordkarten.pdf" im Downloadbereich)

Beschreibung
Boomwhackers® sind nichts anderes als farbige Plastikröhren, die auf bestimmte Töne gestimmt sind. Wenn man eine Kappe aufsetzt, erklingt der Ton eine Oktave tiefer. Man kann sie fertig erwerben oder mit Abflussrohren aus dem Baumarkt selbst bauen. Zum Einstieg wählt man eine pentatonische Tonleiter aus (z. B. C, D, E, G, A in allen Tonlagen). Die Röhren kann man an den verschiedensten Orten anschlagen: zwei Röhren gegeneinander, auf dem Knie, auf einer Stuhllehne, auf dem Boden.

Reihum macht jede/jeder einen einfachen Rhythmus vor, den die anderen nachspielen. Dann kann man einfache Lieder begleiten Es ist wichtig, dass bei einem Akkord der Grundton der tiefste Ton ist. Für kompliziertere Lieder sind die Akkordkarten hilfreich, die eine/einer aus der Gruppe im richtigen Moment hochhält.

Anwendungsbeispiel
Ein einfaches Lied für den Anfang ist z. B. „Vom Aufgang der Sonne" in C-Dur mit den C-, E- und G-Röhren.
Beispiel: Haeske, Carsten: Bunte Röhren, heiße Rhythmen. Gruppen-Musizieren mit Boomwhackers®. In: KU-Praxis 58, Gütersloher Verlagshaus, Gütersloh 2013, S. 47 – 51.

BRIEF AN MICH SELBST

Methode der Selbstreflexion durch Schreiben.

Kategorie: Abschluss; Text
Thema: Identität, Konfirmation
Zeitaufwand: 25 Minuten
Gruppengröße: bis 10, 10 – 20, 20+
Alter: ab 12
Anspruch für die Leitung: 1
Anspruch für die Gruppe: 1
Aufwand: 2
Sozialform: Einzelarbeit

Material: Papier (bunt), Briefumschläge, Stifte, Musik, 1 Abspielgerät

Beschreibung

Die Jugendlichen schreiben sich selbst einen Brief, welcher ihnen nach einiger Zeit (oft nach einem Jahr) zugeschickt wird. Wichtig ist, dass das Briefgeheimnis gewahrt wird, die Jugendlichen das Briefkuvert also selbst verschließen sowie mit einer aktuellen Adresse versehen. Diese Methode dient der Selbstreflexion der/des Schreibenden. Der Briefinhalt kann entweder ganz frei bestimmt oder es kann ein Impuls vorgegeben werden. Wichtig ist, dass das Setting stimmig, privat aber dennoch einladend zum Nachdenken ist. Ein Tisch pro Brief wäre sinnvoll. Auch kann leise Hintergrundmusik eingesetzt werden.

Anwendungsbeispiel

Es empfiehlt sich, diese Methode anzuwenden, wenn ein größeres Zeitfenster vorhanden ist (z. B. auf einer Konfi-Freizeit). Der Brief könnte dann über mehrere Tage verteilt geschrieben werden. Möglich wäre auch ein ganzer Tag zum Thema Identität. Denkbare Impulse: „Was möchte ich mir heute in einem Jahr sagen?“ oder „Wie sieht mein Leben kurz vor der Konfirmation aus?“ „Worauf freue ich mich?“ „Was macht mir Angst?“

BRIEFDIALOG MIT DER GEMEINDE

Die Gruppe verfasst einzeln oder gemeinsam Briefe, die von Gemeindegliedern beantwortet werden.

Kategorie: Text
Thema: Gemeinde, Glaubensbekenntnis, Kirche
Zeitaufwand: 30 Minuten
Gruppengröße: 10 – 20, 20+
Alter: ab 12
Anspruch für die Leitung: 1
Anspruch für die Gruppe: 2
Aufwand: 1
Sozialform: Einzelarbeit

Material: Briefbögen, Stifte

Beschreibung
Eine schöne Möglichkeit, Jugendliche und Gemeindeglieder ins Gespräch zu bringen, ist ein Briefdialog. Die Dialogpartnerinnen/Dialogpartner aus der Gemeinde sollten möglichst schon vorher ausgewählt und informiert sein.

Jede/jeder Jugendliche schreibt ihre/seine persönliche Meinung zum Glauben, zur Kirche oder zu einem aktuellen Thema in einen Brief. Dieser wird innerhalb weniger Wochen beantwortet und in die Gruppe zurückgegeben. Wenn man will, kann man die Briefe in eine oder beide Richtungen anonymisieren.
Gut gelungene Dialoge können anonymisiert als Material für einen Gottesdienst oder die Gemeindehomepage verwendet werden.

Variante
Der Dialog kann auch per Email stattfinden.

Anwendungsbeispiel
Die Jugendlichen schreiben eigene Glaubensbekenntnisse und tauschen sich mit ihren Dialogpartnerinnen/Dialogpartnern darüber aus (Beispiel: Jetter, Gerald: Dein Glaube – unverwechselbar und wertvoll. In: Anknüpfen – Praxisideen, Stuttgart ^{2}2013, S. 123).

BUBBLE-BINGO

Die Teilnehmenden testen spielerisch, wie flexibel, offen oder geschlossen die Filterblasen bzw. Referenzräume sind, in denen sie sich bewegen.

Kategorie: Demokratiebildung; Gespräch, Gruppendynamik, Spiel, Spiritualität
Thema: Identität, Vertrauen
Zeitaufwand: 60 Minuten
Gruppengröße: bis 10, 10 – 20
Alter: ab 16
Anspruch für die Leitung: 2
Anspruch für die Gruppe: 2
Aufwand: 2
Sozialform: Plenum

Material: 3 ausgefüllte Filter-Bubble-Vorlagen pro Person aus der Methode „Meine Filter-Bubbles und ich"; 1 Set auseinandergeschnittene Bingo-Kärtchen pro Paar (s. „Tool-Pool_Bubble-Bingo_Karten.pdf" im Downloadbereich); 1 Säckchen oder Materialschale pro Paar, in die die ausgeschnittenen Bubble-Bingo-Karten zusammengefaltet gelegt werden; ggf. ein Preis (z. B. Gummibärchen, ein Apfel)

Beschreibung
Die Methode setzt voraus, dass vorher die Methode „Meine Filter-Bubbles und ich" durchgeführt wurde und die ausgefüllten Arbeitsblätter vorhanden sind. Dieser Methode wirft einen vertieften Blick auf die eigenen Filter-Bubbles und prüft, wie flexibel sie sind und was sie eventuell zum Platzen bringt.

Jede Teilnehmerin / jeder Teilnehmer sucht sich eine Partnerin / einen Partner, mit dem sie/er über die eigenen Bubbles ins Gespräch kommen möchte. Jede/jeder sucht sich für die erste Runde die Bubble aus seinem Alltag aus, bei der vermutet wird, dass sie am flexibelsten ist, dass also möglichst viele verschiedene Situationen oder Geschehnisse dort problemlos „hineinpassen".
Abwechselnd ziehen die Teilnehmenden zehn Zettel aus dem Säckchen / der Materialschale mit den Bubble-Bingo-Karten und entscheiden zu jedem Begriff, ob das, was auf der Karte steht, in der zuvor ausgewählten Bubble möglich ist. Kann überzeugend argumentiert werden, warum der Begriff passt, gibt es einen Punkt. Wer die meisten Punkte sammelt, gewinnt die Runde.

Die Aufgabe wird für die zweite Runde mit der Filter-Bubble wiederholt, die vermutlich besonders unflexibel ist. In dieser Runde gibt es einen Punkt pro Begriff, der nicht in die Bubble passt (überzeugende Begründung vorausgesetzt).

Danach wird im Reflexionsgespräch (im Paar, in Kleingruppen und/oder der ganzen Gruppe) darüber gesprochen, wie (un-)flexibel unsere Bubbles sind:

- Wie flexibel waren eure Bubbles? Konntet ihr sie vorher gut einschätzen?
- Wie ähnlich oder unterschiedlich sind eure eigenen Bubbles untereinander?
- Was müsste passieren, dass ein bestimmter Begriff in einer Bubble akzeptiert/möglich wird?
- Was bringt eure Bubbles zum Platzen? Was löst stärkere Irritationen aus?

Variante für mehr Zeit / für Fortgeschrittene
Auf das Punktezählen kann auch verzichtet und die Methode durchgeführt werden, ohne daraus ein Spiel zu machen. Dann werden ebenfalls bis zu 10 Begriffe abwechselnd gezogen, aber gemeinsam in Paaren oder auch Kleingruppen überlegt, ob die Begriffe in die Bubble passen oder nicht.

Anwendungsbeispiel
Die Teilnehmenden ziehen z. B. den Zettel „meine Großeltern". Sie überlegen sich nun, ob etwas passieren würde, wenn die Großeltern z. B. in ihrer Bubble „mein engerer Freundeskreis" auftauchen würden. Würden sie komisch angeguckt werden, wenn sie dort auftauchen? Könnten sie sich problemlos mit allen unterhalten oder nicht?
Für die Gewinnerinnen/Gewinner der drei Runden kann jeweils ein Mini-Preis dafür verteilt werden, dass sie ihre Bubbles offensichtlich gut einschätzen können.
Diese und weitere Bubblecrasher-Methoden: www.bubblecrasher.de

COLLAGE

Visualisieren und kreatives Gestalten thematischer Einheiten.

Kategorie: Abschluss; Kreativ	**Anspruch für die Leitung:** 1
Thema: Alle Themen	**Anspruch für die Gruppe:** 1
Zeitaufwand: 35 Minuten	**Aufwand:** 2
Gruppengröße: bis 10, 10 – 20, 20+	**Sozialform:** Einzelarbeit, Partnerarbeit, Gruppenarbeit
Alter: ab 6	

Material: Zeitschriften, Zeitungen, Bastelmaterialien (z. B. Stoffreste, Glitzerstifte), Kleber, Scheren, Plakate, diverse Stifte

Beschreibung

Eine Collage ermöglicht einen spielerischen Zugang zu oft sehr komplexen Thematiken, welche mit Bildern aus Zeitschriften oder diversen Materialien visualisiert werden können. Die Jugendlichen sitzen an großflächigen Tischen mit Plakaten und können aus einem Pool (z. B. Stoffreste, Zeitschriften) das Material auswählen, welches sie verwenden möchten. Es folgt eine kurze Strukturphase. (Wie soll das Plakat aufgebaut sein?)
Zu beachten ist, dass Collagen nicht jedermanns Sache sind, daher sollte noch eine alternative Darstellungsform (z. B. die Methode „Mindmapping“) angeboten werden.

Variante

Die Jugendlichen können auch selbst Fotos machen, die dann vor Ort ausgedruckt und verwendet werden können.

Anwendungsbeispiel

Collage zum Thema Schöpfung: Hier ist es möglich, Naturmaterialien für die Collage selbst zu sammeln.

DARTSCHEIBE

Schnelles und gut visualisiertes Feedback zu diversen Themen.

Kategorie: Feedback; Einstieg
Thema: Alle Themen
Zeitaufwand: 10 Minuten
Gruppengröße: bis 10, 10 – 20, 20+
Alter: ab 6
Anspruch für die Leitung: 1
Anspruch für die Gruppe: 1
Aufwand: 2
Sozialform: Plenum

Material: Tonpapier, Klebepunkte, Gegenstände (Federn, Blätter, Bauklötze, Spielfiguren usw.), Moderationskarten, Laminiergerät/Folie, 1 Edding, 1 Schere

Beschreibung

Aus Tonpapier wird ein runder Kreis (Durchmesser ca. 1 m) ausgeschnitten. Mit Edding wird die Dartscheibenunterteilung aufgezeichnet. Es empfiehlt sich, die Dartscheibe zu laminieren oder mit Folie zu bekleben. Am äußeren Ende der Scheibe werden die Kategorien (z. B. Gruppe, Thema, Spaß) angebracht.

Die Jugendlichen erhalten Klebepunkte, die sie auf der Scheibe positionieren können. Je näher der Punkt ins „Schwarze" trifft bzw. zur Mitte hin geklebt wird, desto positiver wird die jeweilige Kategorie gewichtet. Nach erfolgter Evaluation wird das entstandene Bild wahrgenommen. Die Ergebnisse werden von der Leitung oder den Jugendlichen zusammengefasst und dann gemeinsam kommentiert und reflektiert. Wichtig ist, dass die Klebepunkte einfarbig sind, damit das Feedback nicht zurückverfolgt werden kann.

Dartscheibe

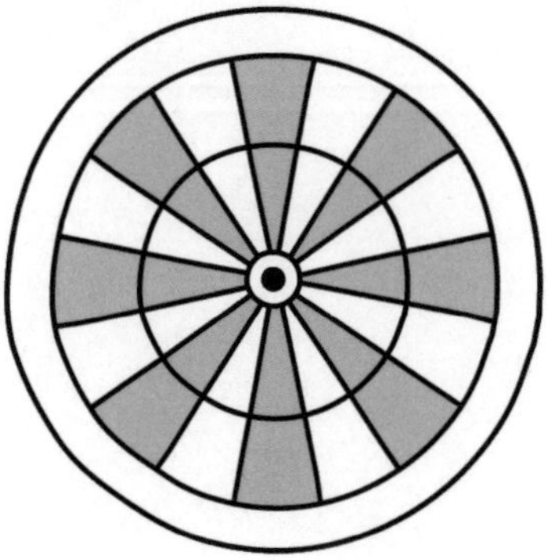

Variante

Diese Methode eignet sich auch gut für individuelle Positionierungen.

Die Dartscheibe liegt auf dem Boden. Die Jugendlichen dürfen sich jeweils einen Gegenstand aussuchen (z. B. Federn, Spielfiguren, Bauklötze). Die Anzahl der Gegenstände entspricht der Anzahl der Jugendlichen, die Anzahl der gleichen Gegenstände der Anzahl der Fragen (z. B. zehn Jugendliche, zehn unterschiedliche Gegenstände, bei vier Fragen also viermal derselbe Gegenstand). Da jede/jeder ihren/seinen eigenen Gegenstand hat, wird die individuelle Positionierung sichtbar.

Anwendungsbeispiel

Ein mögliches Thema könnte die Erfahrungen der Abendmahlsfeier sein. Die Jugendlichen erhalten ihre Figuren und dürfen sie z. B. zur Frage „Wie hast du bisher Abendmahl erlebt?“ positionieren. Diskussionen nach jeder Runde sind möglich.

DAUMENFEEDBACK

Eine schnelle Form des Feedbacks.

Kategorie: Feedback; Abschluss	**Anspruch für die Leitung:** 1
Thema: Alle Themen	**Anspruch für die Gruppe:** 1
Zeitaufwand: 5 Minuten	**Aufwand:** 1
Gruppengröße: bis 10, 10 – 20, 20+	**Sozialform:** Plenum
Alter: ab 6	

Material: keines

Beschreibung

Die Gruppe steht oder sitzt im Kreis. Auf eine vorgegebene Frage drückt jede/jeder mit dem Daumen ihre/seine Meinung aus. Daumen nach oben heißt: „Das finde ich gut, da stimme ich zu.“ Daumen nach unten bedeutet das Gegenteil, und Daumen waagerecht heißt: „Da bin ich neutral, das war weder gut noch schlecht.“
Auch eine Meinung darüber, wie es weitergehen soll, kann man so gut abfragen.
Das Daumenfeedback kann auch gut am Ende jeder Gruppenstunde stehen und Auftakt für ein kurzes mündliches Feedback sein.

Variante

Damit nicht alle sich der Meinung der Nachbarin / des Nachbarn anschließen, kann man vorher die Augen schließen lassen.

Anwendungsbeispiel

Für jede Gelegenheit anwendbar.

DER BLINDE MALER

In kleinen Gruppen erstellen Teilnehmende gemeinsam ein Bild. Dabei ist eine Person blind – nur diese darf die Stifte auf dem Papier führen.

Kategorie: Demokratiebildung; Erlebnispädagogik, Feedback, Gespräch, Gruppendynamik
Thema: Gruppe, Vertrauen
Zeitaufwand: 20 Minuten
Gruppengröße: bis 10
Alter: ab 16
Anspruch für die Leitung: 2
Anspruch für die Gruppe: 2
Aufwand: 1
Sozialform: Partnerarbeit, Gruppenarbeit

Material: Papier, Stifte, 1 Augenbinde

Beschreibung
Es soll ein gemeinsames Bild entstehen. Dabei ist eine Person blind, aber nur diese darf den Stift auf dem Papier führen. Das Motiv ist nicht vorgegeben und kann durch die Gruppe festgelegt werden.
Die Teilnehmenden klären untereinander, wer malen wird, und verbinden dieser Person die Augen. Anschließend wird das zu malende Bild geklärt und die Gruppe gibt der malenden Person entsprechende Anweisungen.

Der Prozess der gemeinsamen Bildgestaltung kann sehr unterschiedlich verlaufen. Hier ist sensibel auf das gruppendynamische Geschehen zu achten und ggf. zu intervenieren.

Reflexion: Hinsichtlich der Frage von Freiheit und Verantwortung reflektieren:

- Wer hatte die größere Freiheit? Die Sehenden? Die/der Blinde?
- Wie erging es der/dem Blinden?
- Wie empfanden die Sehenden die Situation?
- Wie war die Rollenverteilung?
- Welche stillschweigenden Annahmen über blind und sehend, über vorhandene Ressourcen und Einschränkungen gab es?

In der Reflexion erleben die Teilnehmenden die schillernde Vielfalt des Begriffs der Freiheit. Eine demokratische Haltung braucht diesen Prozess der Abwägung zwischen persönlicher Zurückhaltung oder Intervention für die Gemeinschaft. Mit dieser Methode kann die intrapersonelle Spannung deutlich gemacht werden und wird für die Gruppe verhandelbar.

Anwendungsbeispiel
Mit dieser Methode können verschiedenen Themenkomplexe und damit verbundene theologische Fragestellungen im Kontext von Freiheit und Verantwortung eröffnet werden. Die Methode sollte in einer gefestigten Gruppe zum Einsatz kommen, denn gerade bei jüngeren Teilnehmenden kann es zu erheblichen Frustrationen führen, wenn die Methode zwar gelingt, die Spannung zwischen Freiheit und Verantwortung dann aber sichtbar wird und das Bild dadurch eher nicht gelingt.

Es kann hilfreich sein, die Gruppe bei der Wahl des zu malenden Motivs zu unterstützen oder ggf. thematisch passende Vorgaben zu machen. So könnte beispielsweise im Kontext biblischer Erzählungen das Verhalten von Adam und Eva im zweiten Schöpfungsbericht zum Lerngegenstand werden. Mit Hilfe der Methode kann die innere Spannung verdeutlicht werden und das zu gestaltende Motiv ein Apfelbaum sein.

DER GEHEIME FREUND

Digitale Methode zur Verbesserung der Gruppendynamik.

Kategorie: Digitales Arbeiten; Einstieg, Gruppendynamik, Inklusiv/Basal
Thema: Freundschaft, Gruppe, Segen
Zeitaufwand: 90 Minuten
Gruppengröße: bis 10, 10 – 20, 20+
Alter: ab 10

Anspruch für die Leitung: 1
Anspruch für die Gruppe: 1
Aufwand: 2
Sozialform: Einzelarbeit

Material: ggf. Namenszettel

Beschreibung

„Der geheime Freund" ist eine Möglichkeit, um das Gruppenklima zu verbessern. Zu Beginn werden Unterstützungsmöglichkeiten innerhalb der Gruppe thematisiert. Ideen werden gesammelt wie z. B. ein freundliches Wort, Unterstützung beim Streit. Darauf folgt die Partnerfindung (s. u.) und die Aufgabe: „Sorge dafür, dass es dem geheimen Freund gut geht. Wichtig ist, dass du dich nicht zu leicht dabei erwischen lässt." Nach dem Ablauf der ausgemachten Laufzeit (den Unterricht begleitend / die Woche begleitend) wird das Geheimnis um den geheimen Freund gelüftet und reflektiert, ob und wie es gelungen ist, die Aufgabe zu meistern.

Zur Zuordnung der Partnerinnen und Partner eignen sich folgende Verfahren:

1. Die Gruppenleitung ordnet Namen analog zu und teilt den Teilnehmenden via Chat den Namen mit.
2. Digital macht man sich einmalig die Arbeit, eine Namensliste in einem digitalen Hilfstool (https://www.ultimatesolver.com/de/zufall-gruppen), welches die Namen zulost, zu erstellen.

Varianten

Analog kann diese Variante ebenfalls durchgeführt werden. Dabei ersetzt man das Losverfahren in digitaler Form durch bekannte Auslosungsverfahren durch Namenszettel.

Anwendungsbeispiele

Auch bei Gruppenfreizeiten kann der geheime Freund mit kleinen Gesten wie einem guten Wort oder einem Stück Schokolade oder eben auch durch die Verteidigung gegen blöde Sprüche eine Unterstützung darstellen.
Können Treffen aus diversen Gründen mehrmals hintereinander nur online stattfinden, kann es für die Teilnehmenden eine wichtige Geste sein, von anderen eine kleine Aufmerksamkeit zu bekommen.

DIE JAGD AUF DEN UNBEKANNTEN

Stadtspiel mit öffentlichen Verkehrsmitteln.

Kategorie: Outdoor/Unterwegs; Gruppendynamik, Spiel
Thema: Gruppe
Zeitaufwand: 120 Minuten
Gruppengröße: 10 – 20, 20+
Alter: ab 12
Anspruch für die Leitung: 1
Anspruch für die Gruppe: 2
Aufwand: 1
Sozialform: Gruppenarbeit

Material: 1 Tageskarte für öffentliche Verkehrsmittel pro Gruppe, 1 Handy pro Gruppe, 1 Netzfahrplan pro Gruppe

Beschreibung
Das Spielprinzip basiert auf „Scotland Yard – Die Jagd auf Mister X®". Der Unbekannte (U) wird von Agententeams verfolgt und muss gefangen werden.
Alle bekommen eine Tageskarte, das Spielfeld muss festgelegt werden. U startet mit einem Zeitvorsprung, die Teams an verschiedenen Orten in der Stadt. Alle 20 Minuten teilt U seinen Standort der Zentrale per Handy mit. Die Teams können diesen erfragen, ihren eigenen Ort mitteilen und sich austauschen.

(Weitere) Regeln:

- Nur öffentliche Verkehrsmittel sind zulässig, Strecken dürfen nicht zu Fuß zurückgelegt werden, außer in den nächsten 15 Minuten fährt kein Verkehrsmittel ab.
- U darf nicht an einem zentralen Ort aufgelauert werden, alle Teams müssen in Bewegung bleiben.
- U muss erkennbar sein und zum Fangen abgeschlagen werden.
- U darf mit einem Verkehrsmittel immer nur max. vier Stationen fahren.

(nach: www.jugendarbeit.online/dpf_einheit/die-jagd-nach-mrs-x)

Anwendungsbeispiel
Für jede Gelegenheit anwendbar.

DIE NOTWENDIGKEIT EINES VERTRAGES

Die Teilnehmenden erhalten eine personalisierte Stimmkarte und gestalten einen Prozess der Regelvereinbarung.

Kategorie: Demokratiebildung; Feedback, Gespräch, Gruppendynamik
Thema: Freundschaft, Gebote, Gerechtigkeit, Vertrauen
Zeitaufwand: 50 Minuten
Gruppengröße: bis 10, 10 – 20, 20+
Alter: ab 12
Anspruch für die Leitung: 3
Anspruch für die Gruppe: 3
Aufwand: 2
Sozialform: Plenum

Material: 1 Karteikarte pro Person, Stifte, ggf. 1 Flipchart

Beschreibung
Bei der Methode geht es nicht um „richtiges“ oder „falsches“ Verhalten, sondern darum, dass die Gruppe eine Anweisung erhält, deren Umsetzung offen und frei gestaltbar ist. Die Methode besteht aus nur einer Anweisung, welche zu Beginn benannt wird, sowie einer Auswertung und Reflexion. Die Anweisung kann mündlich gegeben und/oder für alle sichtbar aufgeschrieben werden. Die Anweisung lautet lediglich: „Dort, wo nach 15 Minuten die meisten Karten sind, darf eine Regel verkündet werden, die bis zum Ende des Tages für die gesamte Gruppe gilt. Die Regel muss während des Tages unmittelbar umsetzbar sein und darf die anschließende Auswertung der Aufgabe nicht verhindern.“ Alles Weitere bleibt der Gruppe überlassen.

Anschließend werden die Teilnehmenden gebeten, mit der Aufgabe zu beginnen. Für den nun laufenden Gruppenprozess ist es wichtig, dass die Gruppe allein und unbeeinflusst agiert. Allerdings sollte darauf geachtet werden, dass es nicht zu körperlichen Auseinandersetzungen in der Aushandlungsphase kommt. Nach 15 Minuten wird überprüft, wo die meisten Karten sind, und die Person/Personen werden gebeten, die Regel zu verkünden. Diese wird für alle Teilnehmenden sichtbar auf einem Flipchart festgehalten. Im Anschluss beginnt die Auswertung.

Reflexion: In der Auswertungsrunde soll Folgendes thematisiert werden:

1. Die emotionale Befindlichkeit der Teilnehmenden.
2. Der Prozess bis zur Verkündung der Regel.
3. Der Charakter der Regel.
4. Die Verantwortung der Teilnehmenden für den Ablauf der Aufgabe.

Der offene Verlauf dieser Aufgabe stellt besondere Anforderungen an die Auswertung, da durch den unklaren Verlauf nicht vorher feststeht, was die Auswertung beinhalten wird.

Es empfiehlt sich, die emotionale Befindlichkeit der Teilnehmenden in einer Runde der Methode „Blitzlicht“ aussprechen zu lassen.

Anschließend wird der Verlauf der Aufgabe betrachtet. Dabei spielen vor allem die unterschiedlichen Strategien, Verhaltensweisen und damit verbundenen Motive eine Rolle. In der Auswertung könnten Konflikte zur Sprache kommen, da die Verhaltensweisen der Teilnehmenden während der Aufgabe in der Regel sehr unterschiedlich wahrgenommen wurden. Deshalb sollten alle Teilnehmenden die Chance bekommen, ihre Perspektive darzulegen.

Im nächsten Schritt der Auswertung könnte der Charakter der Regel diskutiert werden. Dabei könnten folgende Aspekte von Interesse sein:

- Die Klarheit der Regel.
- Die Auswirkung der Regel auf die Teilnehmenden (oder andere betroffene Personen).
- Die Bereitschaft der Teilnehmenden, sich an die Regel zu halten.

Daraus können allgemeinen Fragestellungen abgeleitet werden:

- Wann werden Regeln eingehalten und wann nicht?
- Welche Prozesse machen eine Regel oder ein Gesetz für die Betroffenen akzeptabel?

In den meisten Fällen stellen die Teilnehmenden sehr rasch selbstständig eine Verbindung zu gesellschaftlichen Vorgängen her. Diese können im Rahmen der Auswertung aufgenommen und mit den Teilnehmenden diskutiert werden.

Anwendungsbeispiel
Achtung: Das Verhalten während der Aufgabe ist durch eine Vielzahl von stillschweigenden, nicht geklärten Annahmen bestimmt. Beispielsweise denken manche Teilnehmenden, dass sie ihre Karte an jemanden anderen abgeben müssen oder dass sie, um das Spiel zu gewinnen, alle Karten in der Hand haben müssen. Die daraus entstehenden Verhaltensweisen sollten nicht bewertet oder verallgemeinert werden. Besser wäre es, zu reflektieren, wie sich diese Vorannahmen auf den Entscheidungsprozess ausgewirkt haben und wie sich diese Erfahrung auf gesellschaftliche Prozesse übertragen lässt.

DIE WERWÖLFE VON DÜSTERWALD®

Ein abendfüllendes Rollenspiel, bei dem man Menschenkenntnis braucht.

Kategorie: Gruppendynamik; Spiel
Thema: Gruppe, Vertrauen
Zeitaufwand: 60 Minuten
Gruppengröße: 10 – 20, 20+
Alter: ab 12

Anspruch für die Leitung: 2
Anspruch für die Gruppe: 2
Aufwand: 1
Sozialform: Plenum

Material: Rollenkarten

Beschreibung
Das Spiel wurde von Philippe des Phallières entwickelt. Im Dorf Düsterwald gehen als Bürger getarnte Werwölfe umher, die harmlose Bürger umbringen. Jede/jeder Mitspielende bekommt eine Karte mit seiner/ihrer Identität ausgeteilt. Die Spielleitung moderiert die Nacht, in der die Werwölfe die Augen öffnen und sich mit Gesten verständigen, welcher Bürger umgebracht wird, und den Tag, an dem diskutiert wird, wer zu den Werwölfen gehört und deshalb durch das Dorfgericht entfernt werden muss. Im Internet findet man zudem ausführliche Beschreibungen möglicher Rollen.

Variante
Zu diesem Spiel gibt es eine aktive Community, die schon viele zusätzliche Rollen mit besonderen Fähigkeiten entwickelt hat (Beispiel: www.werwolfonline.eu)

Anwendungsbeispiel
Bei diesem Spiel kann man wie durch ein Brennglas Prozesse beobachten, die auch sonst in Gruppen ablaufen. Es gibt Unterstellungen, auf die man reagieren muss. Die/der Ehrliche ist oft die/der Dumme. Immer wieder gibt es Sündenböcke, die nichts dafür können, dass man sie ans Messer liefert. Im Anschluss an dieses Spiel kann man gut an Regeln für die Gruppe arbeiten.

DILEMMA?! UND JETZT?

Positionierung und Identifikation helfen den Jugendlichen bei Meinungsfindungs- und Entscheidungsprozessen.

Kategorie: Theater; Text
Thema: Alle Themen
Zeitaufwand: 30 Minuten
Gruppengröße: bis 10, 10 – 20, 20+
Alter: ab 12

Anspruch für die Leitung: 2
Anspruch für die Gruppe: 2
Aufwand: 1
Sozialform: Plenum

Material: 3 Stühle, je 1 roter und 1 grüner Zettel, diverse „Dilemmasituationen" und Zusatzinformationen

Beschreibung

Diese Methode eignet sich dazu, spielerisch die eigene Meinung zu schärfen und sich in einer Diskussion zu positionieren.

Zuerst wird der zu bearbeitende Fall vorgestellt. Hier eignen sich z. B. Dilemma-geschichten (z. B. das Heinz-Dilemma). Es werden drei Stühle in der Mitte des Raumes in T-Form positioniert (ein Stuhl steht vorne, die anderen beiden werden rechts und links hinter diesen gestellt und jeweils mit einem roten und einem grünen Zettel „belegt"). Eine Jugendliche / ein Jugendlicher nimmt auf dem vordersten Stuhl Platz. Wichtig ist, dass sie/er noch keine festgelegte Meinung gefunden hat. Ihre/seine Aufgabe ist es nun, sich von den anderen „inspirieren" zu lassen, dabei schweigt sie/er und hört zu. Die Gruppe ist nun dazu aufgerufen, die Rolle des „Engelchens" (grüner Stuhl) oder des „Teufelchens" (roter Stuhl) einzunehmen. Dazu dürfen Einzelne nach vorne kommen, sich auf den jeweiligen Stuhl, der ihrer Position entspricht, setzen und der Person, die vorne sitzt, ihre Gedanken und Lösungen sagen. Zur besseren Identifikation geschieht das in der Ich-Form. („Ich würde das Geld nehmen und abhauen. Sieht doch niemand.") Dies geschieht so lange, bis alle Argumente ausgeschöpft sind. Danach wird die/der Jugendliche auf dem vorderen Stuhl befragt, ob sie/er zu einer Lösung gekommen ist und welche Argumente sie/ihn besonders bei der Meinungsfindung unterstützt haben. Danach kann eine thematische Vertiefung erfolgen.

Anwendungsbeispiel

Eine mögliche biblische Figur, deren Dilemmasituation den Jugendlichen wahrscheinlich weniger bekannt ist, könnte Rahab sein. Nach einer kurzen thematischen Hinführung spielt man die Situation Rahabs (vgl. Josua 2) mit dieser Methode durch. Mögliche Impulse: „Es ist Nacht in Jericho und Rahab ist verzweifelt. Sie weiß keinen Ausweg. Was soll sie jetzt tun? Soll sie den Israeliten helfen oder mit ihrem Volk untergehen?"

DOPPELN

Methode zur Versprachlichung von Emotionen sowie der Identifikation mit Personen und Situationen.

Kategorie: Theater	**Anspruch für die Leitung:** 2
Thema: Alle Themen	**Anspruch für die Gruppe:** 2
Zeitaufwand: 30 Minuten	**Aufwand:** 1
Gruppengröße: bis 10, 10 – 20	**Sozialform:** Partnerarbeit, Gruppenarbeit, Plenum
Alter: ab 12	

Material: Stühle

Beschreibung

Die Jugendlichen hören z. B. eine Geschichte, die es erfordert, dass sie sich mit eine/einem der Protagonistinnen/Protagonisten identifizieren und deren/dessen Gefühle in Ich-Botschaften formulieren. Dabei sitzen die Jugendlichen im Kreis (z. B.: „Ich finde es schrecklich, wie mich XY behandelt. Das macht mich so hilflos und klein."). Der Doppler (diese Person sollte vorab eine Einführung (Seminar usw.) erhalten haben) hat nun die Aufgabe, das Gehörte zusammenzufassen, dies tut er in der 3. Person Singular (z. B.: „Sie/er sagt, es fühlt sich überhaupt nicht gut an, wie XY mit ihr/ihm umgeht und das macht sie/ihn machtlos."). Der „Doppler" steht seitlich neben der Person, die die Gefühle artikuliert hat. Danach wird die zitierte Person gefragt, ob sie der Zusammenfassung so zustimmen kann. Wenn nicht, darf sie ergänzen und es wird neu artikuliert. Auch darf der Doppler, sollte eine Aussage unklar sein, vertiefender nachfragen. Die Ergebnisse werden zusammengetragen und reflektiert.

Anwendungsbeispiel

Ein biblischer Text, der sich für diese Methode eignet, ist Matthäus 20,1-16 (Die Arbeiter im Weinberg). Zuerst lesen die Jugendlichen die biblische Geschichte und erarbeiten sich Details (z. B. den Münzwert eines Denars, Jahreseinkommen eines Arbeiters zur Zeit Jesu). Danach setzen sich die Jugendlichen in zwei Stuhlreihen gegenüber. Jeweils zwei Jugendliche erhalten einen „Identifikationsauftrag" (z. B. Hausherr, Verwalter, Arbeiter (morgens), Arbeiter (nach 3 Stunden), Arbeiter (nach 6 Stunden) usw. Danach dürfen sich die Jugendlichen in ihrer Rolle befindend zu Fragen der Moderatorin / des Moderators äußern und mit den anderen Rollen austauschen. Der Doppler fasst das Gesagte jeweils zusammen. Am Ende werden die Reaktionen und Aussagen reflektiert.

DU MEINST ALSO ...

Mithilfe von Rollenspielen lernen, sachlich eigene (politische) Meinungen zu vertreten.

Kategorie: Demokratiebildung; Gespräch, Gruppendynamik
Thema: Alle Themen
Zeitaufwand: 60 Minuten
Gruppengröße: bis 10, 10 – 20
Alter: ab 16

Anspruch für die Leitung: 3
Anspruch für die Gruppe: 3
Aufwand: 2
Sozialform: Partnerarbeit, Plenum

Material: Szenen für Einführung des Paraphrasierens, Textbausteine für die Rollen (je nach Thema müssen sie vorab erstellt werden)

Beschreibung
Die Leitung führt ins Paraphrasieren (Wiedergabe von Inhalten in eigenen Worten) ein, indem sie eine beliebige Szene vorspielt, die später gut paraphrasiert werden kann. Anschließend wird gemeinsam mit der Gruppe herausgearbeitet, dass es beim Paraphrasieren darum geht, den anderen besser zu verstehen, indem man Gesagtes wiederholt. Damit wird es auch möglich, die Intention des Gegenübers zu verstehen. Es kann außerdem hilfreich sein, die eigene Meinung erst einmal zurückzustellen.

In Paaren probieren die Teilnehmenden das Paraphrasieren an konkreten Beispielen aus. Eine Teilnehmerin / ein Teilnehmer sucht sich jeweils eine Rolle aus. Die Partnerinnen und Partner nehmen keine Rolle ein und vertreten ihre tatsächliche Meinung. Beide nehmen sich ein paar Minuten Zeit, um sich in die Rolle hineinzuversetzen bzw. sich die eigene Position zu den Themen bewusstzumachen und sich gute Fragen als Gesprächseinstieg zu überlegen. Dann nehmen sie die jeweiligen Rollen ein und diskutieren entsprechend der Beschreibungen.

Anschließend kommen alle im Kreis zusammen und schütteln symbolisch ihre Rollen ab. Gemeinsam werden die Erfahrungen ausgewertet:

- Wie erging es euch? In welchen Rollen habt ihr euch wie gefühlt?
- Wie ging es euch mit dem Paraphrasieren? Könnt Ihr euch vorstellen, dass es für ähnliche Gespräche hilft?
- Wie erging es euch, wenn ihr paraphrasiert wurdet?
- An welchen Stellen im Gespräch gab es Punkte, an denen ihr eure eigene Meinung einbringen oder deutlich widersprechen wolltet? Habt ihr das dann gemacht? Wie habt ihr das gemacht?
- Könnt ihr ein erstes Fazit formulieren, was ihr bei Gesprächen mit grundsätzlich anderen Positionen beachten wollt?

Anwendungsbeispiele

Hilfreich für gute Diskussionen ist es, wenn sich die Paare zusätzlich zur Übernahme der Rollen auf eine konkrete Situation und Rahmenhandlung verständigen, in der das Gespräch fiktiv stattfindet. Die Leitung sollte während der Diskussion darauf hinweisen, zu paraphrasieren.

Alternativ kann die Methode auch genutzt werden, um andere Diskussionsstrategien auszuprobieren. Dann sollte das bei der Einführung angekündigt und in der Auswertung berücksichtigt werden.

Wenn genügend Zeit vorhanden ist, können die Paare einen zweiten Durchlauf machen, bei dem sie die Rollen tauschen. Denkbar wäre dann auch, dass die Teilnehmenden eine eigene Rolle / eigene Gesprächsthemen entwickeln, deren Meinung vermutlich stark vom Gegenüber abweicht.

Diese und weitere „Bubblecrasher“-Methoden: www.bubblecrasher.de

EGO-SHOOTER OFFLINE

Digitale Spiele und Videogames werden offline im Raum oder im Freien mit erlebnispädagogischen Elementen nachgespielt.

Kategorie: Demokratiebildung; Einstieg, Erlebnispädagogik, Spiel, Warm-up
Thema: Gruppe, Identität, Sterben und Tod, Vertrauen
Zeitaufwand: 20 Minuten
Gruppengröße: 10 – 20, 20+
Alter: ab 16
Anspruch für die Leitung: 2
Anspruch für die Gruppe: 1
Aufwand: 1
Sozialform: Gruppenarbeit, Plenum

Material: Papier oder Zeitungen, aus denen kleine Kugeln zum Werfen geformt werden (alternativ weiche kleine Bälle); Augenbinden/Tücher zum Verbinden der Augen für die Hälfte der Gruppe

Beschreibung

Zwei Drittel aller Jugendlichen spielen regelmäßig mehrfach in der Woche Videogames. Diese Methode transferiert digitale Games in erlebnispädagogische Spiele und schafft so einen Erfahrungsraum, um über die Spiele ins Gespräch zu kommen. Ein Klassiker sind so genannte Ego-Shooter, bei denen man als Einzelspielerin/Einzelspieler durch eine feindliche Welt läuft und die Gegnerinnen und Gegner töten muss, um nicht selbst getötet zu werden. Für das Spielprinzip ist es wichtig zu verstehen, dass die Handlungen der Spielerin / des Spielers durch einen Controller, eine Maus oder eine Tastatur auf die Spielfigur übertragen wird.

Die Teilnehmenden bilden Paare. Einer Person des Paars werden die Augen verbunden. Sie stellt die Spielfigur dar, die im Spiel agiert. Die andere Person ist die Spielerin / der Spieler, die/der die Spielfigur über einfache „Eingabesignale" (z. B. rechte Schulter = nach rechts drehen) steuert. Die „Eingabesignale" können für die gesamte Gruppe festgelegt oder auch individuell zwischen den Paaren vereinbart werden. Alle Paare erhalten fünf bis zehn Papierkugeln oder Bälle.

Ziel ist es, dass die Spielfigur andere Spielfiguren abwirft. Eine Spielfigur, die zehnmal getroffen wurde, muss das Spiel gemeinsam mit ihrer Spielerin / ihrem Spieler verlassen. Als „Munitionsnachschub" muss die Spielfigur blind, aber durch die Spielerin / den Spieler gesteuert, Wurfgeschosse vom Boden aufheben.

Varianten

Das Spiel kann als Warm-up, aber auch als Vertrauens- oder Gruppenübung mit wechselnden Rollen und entsprechender Auswertung genutzt werden. Ebenso kann es als Einstieg in Gespräche über die Erfahrungen mit Videogames genutzt werden. Indem die Teilnehmenden ihre Games offline umsetzen können, erleben sie Selbstwirksamkeit und Gestaltungsmöglichkeiten. Dann sind Gespräche über die Gameswelt junger Menschen einfacher möglich.

Anwendungsbeispiel

Als Gruppenspiel kann man sich auch am Spielprinzip von „Capture the Flag" orientieren, das in vielen Videospielen genutzt wird. Dabei gewinnt die Mannschaft das Spiel, die einmal oder mehrfach die Fahne oder einen anderen wichtigen Gegenstand der anderen Mannschaft erobert. (Beschreibung einer Umsetzung unter: https://www.kindersache.de/bereiche/spiel-spass/spieletipps/capture-flag)

Für Spiele dieser Art braucht man einen großen Raum, kann aber gern auch ein ganzes Tagungshaus einbeziehen oder sie im Freien durchführen. Manche Spiele brauchen ein übersichtliches „Spielfeld", andere funktionieren besonders gut, wenn man sich auch hinter Tischen oder Bäumen verstecken kann.

EICHHÖRNCHEN IM WINTER

Rasantes Wettrennen um zu knappe Ressourcen.

Kategorie: Demokratiebildung; Gruppendynamik, Outdoor/Unterwegs, Spiel
Thema: Gerechtigkeit, Gruppe, Schöpfung
Zeitaufwand: 30 Minuten
Gruppengröße: bis 10, 10 – 20
Alter: ab 12
Anspruch für die Leitung: 1
Anspruch für die Gruppe: 2
Aufwand: 1
Sozialform: Plenum

Material: 10 Spielsteine (z. B. Nüsse) pro Person

Beschreibung
Diese Methode konfrontiert die Jugendlichen mit der Situation, dass Ressourcen nicht für alle reichen. Sie können nur gewinnen, wenn sie die Ressourcen der anderen nutzen. Den Rahmen bietet der Überlebenskampf der Eichhörnchen im Winter.

Alle Eichhörnchen bekommen zu Beginn des Spiels zehn Spielsteine. Es ist Herbst, deshalb dürfen die Eichhörnchen ihre Nahrung in einem überschaubaren Gebiet im Wald verstecken, bis zu drei Spielsteine pro Versteck. Langsam wird es Winter und die Eichhörnchen müssen an die Vorräte. Es wird November und die Eichhörnchen haben nun 30 Sekunden Zeit, um drei Nüsse (= Spielsteine) bei der Spielleitung abzuliefern. Wer in dieser Zeit keine Nüsse abliefert, ist aus dem Spiel. Es folgt der Dezember mit vier Nüssen, die bei der Spielleitung abgeliefert werden müssen, der Januar mit zwei Nüssen, der harte Februar mit vier Nüssen und der März mit zwei Nüssen. Angekommen im Frühjahr gewinnen die überlebenden Eichhörnchen. Es dürfen natürlich auch fremde Nüsse abgegeben, jedoch keine in der Hand behalten werden.

Variante
Durch die Veränderung der Nussanzahl lässt sich gut das „Ungerechtigkeitspotential“ der Methode verändern bis dahin, dass fünfzehn Nüsse pro Person im Spiel sind und nur die eigene Merkfähigkeit gefragt ist.

Anwendungsbeispiel
Diese Methode lädt gerade dazu ein, im Anschluss am Thema gerechte Verteilung von Ressourcen und der damit zusammenhängenden Ungerechtigkeit weiterzuarbeiten. Als biblischer Bezug bieten sich die anvertrauten Talente (Mt 25,14 ff.) oder die Arbeiter im Weinberg (Mt 20,1 ff.) an.

EIN SCHRITT VOR

In einer Demokratie gibt es individuelle Voraussetzungen, die den eigenen Entwicklungsraum einschränken oder erweitern. Die Methode macht diese erfahrbar.

Kategorie: Demokratiebildung; Gespräch, Gruppendynamik
Thema: Diakonie, Freundschaft, Gerechtigkeit, Gruppe, Identität
Zeitaufwand: 35 Minuten
Gruppengröße: 10 – 20
Alter: ab 12
Anspruch für die Leitung: 2
Anspruch für die Gruppe: 3
Aufwand: 2
Sozialform: Einzelarbeit, Gruppenarbeit

Material: Rollenkarten (s. „Tool-Pool_Ein-Schritt-vor_Rollenkarten.pdf" im Downloadbereich); freie, ebene Fläche drinnen oder draußen, auf der alle Teilnehmenden in einer Reihe nebeneinander stehen/gehen können; Ja-Nein-Fragen (s. „Tool-Pool_Ein-Schritt-vor_Fragen.pdf" im Downloadbereich)

Beschreibung
Die Teilnehmenden erhalten je eine Rollenkarte und werden gebeten, für die nachfolgende Aufgabe in diese Rollenbeschreibung zu schlüpfen. Dabei dürfen die spärlichen Rollenbeschreibungen durch die Fantasie der Teilnehmenden ergänzt werden. Sie sollen sich das Leben der Rolle vorstellen, hineinsteigen und es ausschmücken.

Dann stellen sich alle Teilnehmenden nebeneinander, Schulter an Schulter, in eine Reihe. Die Aufgabenstellung lautet: „Ich lese euch gleich Aussagen vor. Immer, wenn du aus deiner Rolle heraus eine Aussage mit „Ja" beantworten kannst, gehst du einen Schritt vor. Wenn du nicht mit „Ja" antworten kannst, bleibst du bitte stehen."

Nun werden die Ja-Nein-Fragen nach und nach vorgelesen. Dabei sollte den Teilnehmenden Zeit gegeben werden, zwischen den Aussagen einen Schritt nach vorn zu machen. Einige Teilnehmende werden oft und ggf. immer einen Schritt machen können und andere ggf. keine Aussage mit „Ja" beantworten können und entsprechend stehen bleiben.

Reflexion: Nach der Aufgabe kommen alle im Kreis zusammen. Als erstes wird die Aufgabe selbst besprochen:

- Was war es für ein Gefühl, einen Schritt vorzukommen bzw. zurückzubleiben?
- Was hat dich daran gehindert, einen Schritt vorzukommen?
- Wer fühlte sich besonders benachteiligt?
- Welche Menschenrechte waren bei einzelnen nicht gewährleistet oder in Gefahr?

Nun werden einige Teilnehmende gebeten, ihre Rollenkarte vorzulesen.

- Wie leicht/schwer war es, die Rolle auszuschmücken und zu spielen?
- Was müsste unternommen werden, um mehr Gleichheit und Gerechtigkeit herzustellen?

Anwendungsbeispiel
Die Methode eignet sich hervorragend, um über die Gleichwertigkeit von Lebensverhältnissen und Biographien in Austausch zu treten, aber auch Fragen nach Recht und Gerechtigkeit werden sehr schnell berührt. Aufgrund der körperlichen Erfahrung des „Zurückgelassen-Werdens“ der Teilnehmenden, die nur wenige oder keinen Schritt machen konnten, gewinnt die Methode rasant an Tiefe. Dieser Effekt kann verstärkt werden, wenn die Teilnehmenden während der Aufgabe die Augen schließen. So können sie ihre Aufmerksamkeit ganz auf die Rolle und die damit verknüpften Herausforderungen konzentrieren und nehmen erst zum Ende der Aufgabe den Standort der anderen Teilnehmenden wahr. Die Reflexion kann jeweils auf das Thema angepasst werden.

EINE-WELT-ESSEN

Ein Abend zum Thema Hunger und ungerechter Verteilung von Reichtum auf der Welt.

Kategorie: Erlebnispädagogik; Gruppendynamik
Thema: Abendmahl, Diakonie, Gerechtigkeit, Gruppe, Theodizee
Zeitaufwand: 120 Minuten
Gruppengröße: 10 – 20, 20+
Alter: ab 12
Anspruch für die Leitung: 3
Anspruch für die Gruppe: 2
Aufwand: 3
Sozialform: Plenum

Material: Festmahl mit Dekoration; belegte Brote; Tee, Reis und Wasser

Beschreibung
Der Abend greift die Thematik von Hunger und Ungerechtigkeit ganzheitlich auf. Die Jugendlichen erleben die Situation unserer Welt. Vorbereitungen für den Abend: Es wird, möglichst schriftlich, zu einem festlichen Abend mit einem gemeinsamen, besonderen Essen eingeladen. Im Raum werden drei nummerierte Tische vorbereitet:

- Tisch 1: eine festlich gedeckte Tafel mit vielen Köstlichkeiten (was hier steht, würde auch für alle reichen)
- Tisch 2: ein roher Holztisch mit einigen belegten Broten und Tee
- Tisch 3: eine Schüssel mit gekochtem, jedoch ungewürztem Reis, dazu eine Kanne Wasser in einer Ecke auf dem Fußboden

Die Anzahl der Plätze an den einzelnen Tischen ist ungefähr gleich groß. Wenn alle Gäste anwesend sind, werden sie im Vorraum begrüßt. Alle ziehen ein Los, da bestimmte Umstände ein Teilen der Gruppe nötig macht. Nun wird der Raum geöffnet. Leitung und Mitarbeitende ziehen auch ein Los, greifen in den weiteren Verlauf des Abends aber nicht ein. Das Geschehen soll sich frei entwickeln können.

Das Essen führt oft zu weniger oder mehr belastenden Situationen. Nach dem Essen muss deshalb die Möglichkeit zur Aussprache eingeplant werden. Die Moderation des weiteren Abends erfordert Empathie und Aufmerksamkeit der Leitung.

Der weitere Abend:

- Gefühle und Reaktionen der drei Tische aufgreifen.
- Konkrete Handlungsmöglichkeiten entwickeln, um mit der Situation umzugehen.

Anwendungsbeispiel
Mögliche biblische Fortführungen für den Abend:

- Mannawunder: 2. Mose 16
- Speisung der Fünftausend: Matthäus 14,13-21
- Vom reichen Mann und dem armen Lazarus: Lukas 16,19-31

EINFÜHLUNGSSPIEL

Mit Ja-Nein-Karten wird eingeschätzt, wie eine andere Person eine persönliche Frage beantwortet.

Kategorie: Kennenlernen; Spiel
Thema: Gemeinde, Identität, Vertrauen
Zeitaufwand: 30 Minuten
Gruppengröße: bis 10, 10 – 20
Alter: ab 12
Anspruch für die Leitung: 1
Anspruch für die Gruppe: 2
Aufwand: 1
Sozialform: Plenum

Material: vorbereitete Fragen, Ja-Nein-Karten für alle Mitspielenden

Beschreibung

Reihum wird jeder Person eine Frage laut gestellt. Sie muss diese beantworten, indem sie eine ihrer Karten verdeckt vor sich legt. Die anderen müssen einschätzen, wie diese Person die Frage beantworten wird und ebenso die entsprechende Karte wählen. Anschließend wird das Geheimnis gelüftet. Die befragte Person kann ihre Antwort kurz erläutern. Wichtig ist der Hinweis, dass es bei der Antwort auch um eine Tendenz gehen kann.
Eigentlich geht es beim Spiel um Empathie, aber es kann den Reiz erhöhen, nebenher die Punkte mitzuzählen.
Die Methode basiert auf dem Prinzip des Spiels „Empathiespiel®" von Hermann Nicklas, das neu veröffentlicht wurde als: Haller, Judith: ungefiltert. Wie gut kennst du dein Gegenüber? 225 Fragen für Jugendarbeit und Schule, buch+musik, Stuttgart 2021.

Variante

Die Gruppenleitenden stellen sich den Fragen, die die Gruppe spontan an sie hat.

Anwendungsbeispiel

Mögliche Fragen: Würdest du dich trauen zum Mond zu fliegen?" „Wärst du gern für einen Tag Gott?" „Hältst du einen Tag ohne Handy aus?" „Würdest du dein Leben noch einmal genauso leben?" „Nach dem Tod ist alles aus. Siehst du das auch so?" „Du findest einen Geldbeutel mit viel Geld und einem Ausweis. Er gehört einem Flüchtling. Gibst du ihn zurück?" „Hättest du gern Zauberkräfte?"

EINS, ZWEI, DREI, KONZENTRATION

Konzentrationsfördernde Methode, die sich gut zur Vertiefung diverser Inhalte eignet.

Kategorie: Warm-up; Gruppendynamik
Thema: Alle Themen
Zeitaufwand: 10 Minuten
Gruppengröße: bis 10, 10 – 20
Alter: ab 12
Anspruch für die Leitung: 1
Anspruch für die Gruppe: 3
Aufwand: 1
Sozialform: Plenum

Material: Papier, Stifte

Beschreibung

Diese Methode eignet sich besonders zur Konzentrationsförderung. Die Jugendlichen sollen sich zu Paaren zusammenfinden, sich gegenüberstehen und bis drei zählen. Dann sprechen sie sich die Zahlen von 1 bis 3 zu: Person A (1), Person B (2), Person A (3), Person B (1) usw. Die Paare sollen versuchen, die Zahlenkette so lange wie möglich aufrechtzuerhalten. Unterbrochen darf die Kette erst werden, wenn die Spielleitung ein Zeichen gibt.
Statt Zahlen können auch drei Worte verwendet werden (z. B. „Was fällt euch zum Thema ‚Flüchtlinge' ein?", mögliche Begriffe: Mittelmeer, Syrien, AfD). Die Wortfindungsphase soll spontan erfolgen (Person A: Mittelmeer, Person B: Syrien, Person A: AfD, Person B: Mittelmeer usw.). Jede Gruppe hat ihre ganz eigene thematische Zuspitzung und stellt diese nach einigen Durchläufen der Gruppe vor. Die Begriffe werden gesammelt. Einmal genannte Begriffe dürfen im nächsten Durchgang nicht mehr verwendet werden. Dadurch entsteht eine Zuspitzung des Themas, mit der weitergearbeitet werden könnte.

Variante

Möglich ist hier auch, dass Person A der Gruppe X und Person B der Gruppe Y angehört. Die beiden treten im Zählen gegeneinander an. Wer zuerst die Zahlenkette durcheinanderbringt, hat verloren, und die jeweilige Gewinnergruppe erhält einen Punkt.

Anwendungsbeispiel

Diese Methode könnte als Zugang zu diversen biblischen Texten dienen. Die Jugendlichen lesen Markus 4,37-41 (Die Sturmstillung). Danach sollen sie mit einer Partnerin / einem Partner die Worte „durchsprechen", die ihnen besonders aufgefallen sind.

ELEKTRISCHER DRAHT

Ein Seil muss von der Gruppe kooperativ überwunden werden.

Kategorie: Inklusiv/Basal; Erlebnispädagogik, Spiel
Thema: Diakonie, Gruppe
Zeitaufwand: 20 Minuten
Gruppengröße: bis 10, 10 – 20
Alter: ab 12
Anspruch für die Leitung: 1
Anspruch für die Gruppe: 2
Aufwand: 1
Sozialform: Plenum

Material: 1 langes Seil

Beschreibung
Ein langes Seil wird von zwei Mitarbeitenden in einer Höhe von etwa 1,5 m gehalten oder zwischen zwei Bäumen befestigt. Die Gruppe muss nun den elektrischen Draht überwinden, ohne ihn zu berühren. Es ist nicht erlaubt, einfach allein über das Seil zu springen. Hilfestellung darf man auch unter dem Seil hindurch geben.
Bei weiteren Durchläufen kann das Seil in Absprache mit der Gruppe höher gehängt werden. Welche Höhe schafft man gerade noch?
In der Reflexion wird ausgewertet, wie man gemeinsam das Ziel erreicht hat, was hilfreich war und wer sich wo und wie eingebracht hat.

Anwendungsbeispiel
Zu diesem Spiel passt der Bibelvers: „Einer trage des andern Last, so werdet ihr das Gesetz Christi erfüllen“ (Gal 6,2 Lu). Wo brauchen wir im Alltag die Unterstützung der anderen, um ans Ziel zu kommen?

ELFCHEN

Ein kurzes Gedicht mit festgelegter Anzahl von Wörtern.

Kategorie: Text
Thema: Alle Themen
Zeitaufwand: 10 Minuten
Gruppengröße: bis 10, 10 – 20, 20+
Alter: ab 12

Anspruch für die Leitung: 1
Anspruch für die Gruppe: 1
Aufwand: 1
Sozialform: Einzelarbeit, Partnerarbeit

Material: Papier, Stifte

Beschreibung

Ein Elfchen ist ein einfaches Gedicht ohne Reime, das aus fünf Zeilen besteht und in der ersten Zeile ein Wort, dann zwei, drei, vier Wörter und zum Schluss wieder ein Wort enthält. Entweder gibt man ein Thema vor oder wählt schon Begriffe als Überschrift oder letztes Wort aus.

Schreibvorlage

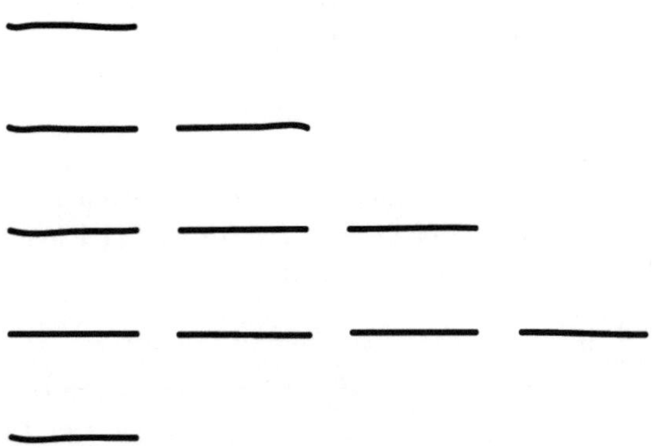

Variante

Die Form lässt sich leicht auf ein Sechzehnchen mit sechs Zeilen oder ein Zweiundzwanzigchen mit sieben Zeilen erweitern.

Anwendungsbeispiel

Mögliche Themen: Bestätigung, verantwortlich sein, Segen erhalten, Ja sagen zu Gott, Konfirmation (Beispiel: Kammerer, Stefan: durchKREUZt. Mit Konfirmand/innen einen Kreuzweg malen. In: Anknüpfen – Praxisideen, Stuttgart ^{2}2013, S. 451).

EMPATHIEÜBUNG

Sich in die Gefühlswelt anderer hineinversetzen.

Kategorie: Gespräch	**Anspruch für die Leitung:** 1
Thema: Diakonie, Gebet, Identität, Vertrauen	**Anspruch für die Gruppe:** 1
Zeitaufwand: 20 Minuten	**Aufwand:** 1
Gruppengröße: bis 10, 10 – 20	**Sozialform:** Einzelarbeit, Partnerarbeit, Gruppenarbeit, Plenum
Alter: ab 12	

Material: 1 Bild oder Text einer Person, ausgeschnittene Gedanken- und Sprechblasen, Stifte

Beschreibung

Die Fähigkeit zur Empathie ist eine wichtige soziale Kompetenz. Jugendlichen fällt es meist leichter, über andere zu reden als über sich selbst.

Die einfachste Form einer Empathieübung ist die Bildbetrachtung einer Person. Was denkt diese Person? Was empfindet sie? Was hat sie erlebt? Anspruchsvoller sind Texte oder Videos einer Person, die dafür mehr Anhaltspunkte für das Gespräch enthalten.

Methodisch hilft es, Sprech- oder Gedankenblasen zu verwenden und zunächst die Jugendlichen allein oder in kleinen Gruppen überlegen zu lassen, bevor man sich im Plenum austauscht.

Variante

Die Person, in die die Jugendlichen sich einfühlen sollen, kann auch von einem Gruppenmitglied oder Mitarbeitenden gespielt werden. Dann können die Jugendlichen der Person z. B. einen Rat geben und diese kann ihn kommentieren.

Anwendungsbeispiele

Zum Thema Diakonie wird das Bild eines alten Menschen betrachtet und versucht, sich in seine Situation einzufühlen (nach: Krause, Cornelia / Fassel, Ute: Diakonie vor Ort. In: Anknüpfen – Praxisideen, Stuttgart ^{2}2013, S. 53).

Die Methode kann gut durch folgendes Spiel ergänzt werden: Haller, Judith: ungefiltert. Wie gut kennst du dein Gegenüber? 225 Fragen für Jugendarbeit und Schule, buch+musik, Stuttgart 2021.

ENTDECKERGRUPPE

Intensivere Vertiefung in biblische Texte.

Kategorie: Gespräch; Digitales Arbeiten, Einstieg, Spiritualität
Thema: Bibel, Gottesdienst, Gruppe, Rituale
Zeitaufwand: 60 Minuten
Gruppengröße: bis 10
Alter: ab 12
Anspruch für die Leitung: 2
Anspruch für die Gruppe: 2
Aufwand: 1
Sozialform: Gruppenarbeit, Plenum

Material: 1 Bibeltext pro Person, Stifte

Beschreibung
Die Bibelentdeckermethode ist eine Kombination aus gemeinsamem Bibellesen und anschließendem Gespräch über das Gelesene. Dafür eignen sich gerade auch etwas „sperrige" Bibelstellen, denn mit der Methode lässt es sich intensiv in die Bibelstellen eintauchen. Sie kann Menschen dabei unterstützen, beim Lesen von biblischen Texten Entdeckungen über Gott und sich selbst zu machen sowie zu überlegen, wie und wo sie diese in ihrem Alltag umsetzen können.
Ziel ist es, dass die Gruppe ihre eigenen Entdeckungen und Erfahrungen macht.

Variante
Die Methode lässt sich auch gut über die gängigen Video-Tools nutzen und anwenden.

Anwendungsbeispiel
Die Methode folgt einem festen ritualisierten Ablauf:

1. Ankommen und Austausch.
2. Gebet mit dem Fokus auf Dankbarkeit und Sorgen.
3. Rückblick: Wo ist mir Gott in meinem Leben begegnet?
4. Die Bibelstelle aus verschiedenen Perspektiven lesen, hören und beschreiben.
5. Entdeckungen machen: Frage-Impulse setzen.
6. Praxisbezug der Textstelle in meinen Alltag hineinnehmen.
7. Gemeinsamer Abschluss und Segen.

ESCAPE GAME

Problemlöserätsel für Gruppen.

Kategorie: Gruppendynamik; Kennenlernen, Kreativ, Spiel **Thema:** Bibel **Zeitaufwand:** 30 Minuten **Gruppengröße:** bis 10 **Alter:** ab 12	**Anspruch für die Leitung:** 1 **Anspruch für die Gruppe:** 3 **Aufwand:** 3 **Sozialform:** Gruppenarbeit

Material: je nach Escape Game: präparierte Bilder, Texte oder Gegenstände; ausgearbeitetes Escape Game (s. „Tool-Pool_Escape-Game.pdf“ im Downloadbereich)

Beschreibung
Die Gruppe befindet sich in einem präparierten Raum. Überall im Raum sind Hinweise und Informationen zu finden. Ziel der Gruppe ist es, das Rätsel des Raumes zu lösen und den Ausgang zu finden. Auf sich gestellt beginnt die Gruppe, den Raum zu untersuchen und Rätselketten zu lösen. Codes müssen entschlüsselt, geheime Botschaften mit Schwarzlicht gefunden, Geschichten müssen übertragen oder schlicht etwas Verstecktes gefunden werden. Falls die Gruppe nicht weiterkommen sollte, kann ihr ein Hinweis z. B. per SMS gesandt werden. Gut lässt sich auch die Bibel als Gegenstand einbauen. Die Aufgabenstellung zwingt die Gruppe dazu, gemeinsam nach einer Lösung zu suchen. Sie müssen ihr Vorgehen abstimmen und ihre Ideen austauschen. Gut geeignet sind Gemeindehäuser, da dort die Räume gut vorbereitet werden können.

Anwendungsbeispiele
Es gibt fertige Ideen zu Escape Games im Handel oder sie können auch selbst entwickelt werden. Ein ausgearbeitetes Escape Game „Noahs Geheimnis“ befindet sich im Downloadbereich. Weitere Escape Games rund um das Thema Bibel: Müller, Ingo / Nöh, Timo / Sander, Simon / Stöhr, Michael: Der geheimnisvolle Raum. 7 Live Escape Games zur Bibel. Ein Raum. Ein Team. Eine Aufgabe. Eine Stunde., buch+musik, Stuttgart [9]2023 oder Müller, Ingo / Nöh, Timo: Der geheimnisvolle Raum 2. 13 Live Escape Games zur Bibel in 8 Spielformaten, buch+musik, Stuttgart 2020. Escape Games mit wenig Vorbereitung und Material: Otto, Alexander / Otto, Wiebke / Weiland, Merle / Weiland, Nils: One Paper Escape Games. 10 biblische Escape Games aus einem Blatt Papier für die Jugendarbeit, buch+musik, Stuttgart 2023.

Escape Game zur Bibel unter www.thomas-ebinger.de/2019/04/escape-game-zur-bibel/. Anleitung für digitale Escape Games und Sammlung unter www.thomas-ebinger.de/2021/01/digitales-escape-game-fuer-konfis-konzept.

EXKURSION

Ein lehrreicher Ausflug zu einem interessanten Ziel.

Kategorie: Outdoor/Unterwegs
Thema: Diakonie, Religionen
Zeitaufwand: 120 Minuten
Gruppengröße: bis 10, 10 – 20, 20+
Alter: ab 12

Anspruch für die Leitung: 1
Anspruch für die Gruppe: 1
Aufwand: 2
Sozialform: Plenum

Material: 1 Digitalkamera/Handykamera zur Dokumentation, Papier, Stifte

Beschreibung

Eine Exkursion verspricht Abwechslung, schafft Zeit für lockere Gespräche bei der Hin- und Rückfahrt. Wenn das Ziel attraktiv ist, kommen alle gern mit.
Eine Exkursion sollte vor- und nachbereitet werden. Als Vorbereitung kann man sich Fragen überlegen, ein Geschenk basteln, ein Lied einüben.
Anschließend kann man Berichte schreiben für die Homepage oder den Gemeindebrief oder in einer Feedbackrunde abfragen, was beim Besuch am eindrücklichsten war.

Variante

Besonders spannend sind Exkursionen, bei denen es nicht nur eine Führung gibt, sondern eine Begegnung mit Menschen möglich ist.

Anwendungsbeispiel

Sinnvolle Exkursionsziele: diakonische Einrichtungen (Beispiel: Krause, Cornelia / Fassel, Ute: Diakonie vor Ort. In: Anknüpfen – Praxisideen, Stuttgart ^{2}2013, S. 49 – 55), Gefängnis, Friedhof, Bibelmuseum, Moschee oder Synagoge (Beispiel: Ebinger, Thomas: Andere glauben anders – (k)ein Grund, sich zu streiten? In: Anknüpfen – Praxisideen, Stuttgart ^{2}2013, S. 136 – 141), Umweltprojekte, geschichtlich interessante Orte (jüdische Friedhöfe, KZ-Gedenkstätten).

EXPERTE ALS GAST

Man lädt einen interessanten Menschen zum Gespräch ein.

Kategorie: Gespräch
Thema: Diakonie, Gerechtigkeit, Religionen
Zeitaufwand: 90 Minuten
Gruppengröße: 10 – 20, 20+
Alter: ab 12

Anspruch für die Leitung: 1
Anspruch für die Gruppe: 1
Aufwand: 1
Sozialform: Plenum

Material: 1 Beamer, 1 Computer, 1 Leinwand

Beschreibung
Immer wieder spannend ist es, sich eine Expertin / einen Experten zu einem bestimmten Thema in die Gruppe einzuladen.
Es ist hilfreich, wenn die Gruppenleitung ein Vorgespräch mit ihr/ihm führt. Auch vorbereitete Fragen können helfen. In der Regel wird die Expertin / der Experte zunächst eine Einführung zu sich als Person und seiner/ihrer Tätigkeit geben. Dann schließt sich eine offene Gesprächsrunde an. Hilfreich sind ein Film, Bilder oder eine PowerPoint-Präsentation, damit die Jugendlichen sich alles besser vorstellen können.

Variante
Wenn es um kontroverse Themen geht, kann man auch mehrere Personen gleichzeitig einladen – etwa eine Bankerin / einen Banker und eine Sozialarbeiterin / einen Sozialarbeiter aus der Schuldnerberatung zum Thema „Was Geld mit uns macht“.

Anwendungsbeispiel
Interessante Gesprächspartnerinnen und Gesprächspartner könnten z. B. sein: eine Gefängnisseelsorgerin / ein Gefängnisseelsorger, eine Vertreterin / ein Vertreter einer anderen Religion (Islam, Buddhismus, Judentum), spannende Berufe (Ärztin/Arzt, Dirigentin/Dirigent), Angehörige einer anderen Generation mit Erfahrungen aus Kriegszeiten, Menschen mit Anliegen (Umweltschutz, Datenschutz, Freiheitsrechte, Demokratie).

EXTREM-ERKLÄREN

Gruppenspiel mit viel Erklären, Zeichnen, Pantomime.

Kategorie: Spiel
Thema: Gruppe, Kirche
Zeitaufwand: 120 Minuten
Gruppengröße: 10 – 20, 20+
Alter: ab 12

Anspruch für die Leitung: 3
Anspruch für die Gruppe: 1
Aufwand: 2
Sozialform: Gruppenarbeit, Plenum

Material: 1 Spielplan (Felder in drei Farben), 1 Würfel, 1 Spielfigur pro Gruppe, 1 Liste mit Begriffen zum Thema, Stifte, Papier, Marshmallows, 1 Wasserspritze, 1 Augenbinde pro Gruppe

Beschreibung

Grundlage und Prinzip dieses Gruppenspiels ist das Spiel „Activity®". Es müssen Begriffe erraten, gespielt, erklärt und gemalt werden. Hinzu kommen Felder (Extrem), die die Aufgaben erschweren. Gespielt wird in mehreren Mannschaften, abhängig von der Gruppengröße (sechs bis acht Personen pro Team).
Jede Mannschaft hat eine Spielfigur und bewegt sich durch Würfeln auf dem Spielplan. Nach der Reihe kommen alle Mannschaften zum Zug. Das erwürfelte Feld bestimmt die Kategorie, in der gespielt wird. Wird der Begriff gefunden, darf die Spielfigur auf das Feld ziehen, und die nächste Mannschaft ist an der Reihe. Die Mannschaft, die als erstes das Ziel erreicht, gewinnt.

Kategorien:

- **Erklären:** Ein Begriff muss der eigenen Mannschaft erklärt werden, ohne den Begriff oder Teile daraus zu verwenden. Extrem: mit drei Marshmallows im Mund
- **Pantomime:** Der Begriff muss ohne zu sprechen vorgespielt werden. Extrem: unter Wasserspritzeinsatz durch die Spielleitung
- **Zeichnen:** Der Begriff wird gezeichnet, ohne Schrift zu verwenden. Extrem: mit verbundenen Augen

Variante

Der Spielplan wird durch Leitern, Abkürzungen usw. abwechslungsreicher.

Anwendungsbeispiel

Thematisch orientierte Begriffe zum Thema Kirchenraum, Abendmahl, Bibel, biblische Geschichten bieten sich an.

FAMILIE MAYER

Dynamische Methode der Gruppenzuteilung.

Kategorie: Gruppeneinteilung; Warm-up
Thema: Alle Themen
Zeitaufwand: 8 Minuten
Gruppengröße: 10 – 20, 20+
Alter: ab 6

Anspruch für die Leitung: 1
Anspruch für die Gruppe: 1
Aufwand: 1
Sozialform: Partnerarbeit

Material: verschiedene Zettel mit Namen, Preis

Beschreibung
Diese Methode eignet sich besonders, um Bewegung in eine Gruppenfindungsphase zu bringen. Die acht verschiedenen Schreibvarianten des Namens „Meier" werden auf Zettel geschrieben: Familie Maier, Familie Meier, Familie Mayer, Familie Meyer, Familie Mair, Familie Meir, Familie Mayr, Familie Meyr (der Gruppengröße anpassen). Die Jugendlichen ziehen jeweils einen zusammengefalteten Zettel. Bevor sie diesen öffnen und lesen, erhalten sie die Aufgabe, ihre jeweiligen Familienmitglieder schnellstmöglich zu finden. Die Gewinnerfamilie könnte auch einen kleinen Preis erhalten. Die Jugendlichen sollen nach dem Öffnen ihres Zettels den darauf befindlichen Namen rufen. Es wird zunächst ein großes und lautes Durcheinander geben, dann entwickeln sich aber schnell diverse Familienfindungsstrategien.

Varianten
Diese Methode kann mit anderen Namen beliebig abgewandelt werden (z. B. Schmidt). Eine weitere Variante wären Zettel mit Tiernamen. Die Jugendlichen müssen durch das Nachahmen der charakteristischen Tierlaute ihr Rudel finden.

Anwendungsbeispiel
Für jede Gelegenheit anwendbar.

FANTASIEREISE

Mit geschlossenen Augen begibt man sich auf eine geführte Gedankenreise.

Kategorie: Inklusiv/Basal; Spiritualität
Thema: Gebote, Identität, Rituale, Schöpfung, Vertrauen
Zeitaufwand: 15 Minuten
Gruppengröße: bis 10, 10 – 20
Alter: ab 12

Anspruch für die Leitung: 3
Anspruch für die Gruppe: 1
Aufwand: 1
Sozialform: Plenum

Material: 1 Anleitungstext

Beschreibung
Eine Fantasiereise ist eine schöne Möglichkeit, bestimmte Gedanken anzustoßen. Allerdings muss man mit der Anleitung sehr behutsam sein. Eine Fantasiereise braucht das Einverständnis der Teilnehmenden.
Sie kann sitzend im Kreis (alle drehen sich nach außen) oder auch liegend durchgeführt werden. Sprache und Stimnme sind ruhig und meditativ. Nach allen neuen Aussagen werden Pausen gemacht.

Einleitung: „Setzt euch bequem auf euren Stuhl, sodass ihr Lehne und Sitzfläche ganz spürt. Stellt beide Füße auf den Boden, sodass ihr die Fußsohlen spürt. Werdet still. Schließt jetzt bitte die Augen." Es folgt die Reise, meist eine fiktive Geschichte, die angenehme Bilder hervorruft.
Abschluss: „Wir haben gemeinsam einen weiten Weg zurückgelegt. Kommt jetzt langsam wieder zurück in diesen Raum. Spürt eure Körper, indem ihr die Arme weit nach oben streckt. Atmet tief durch, öffnet die Augen."
Nun kann man fragen, ob jemand von seinen inneren Bildern berichten möchte.

Anwendungsbeispiel
Eine Fantasiereise zum Thema Schöpfung, bei der die einzelnen Körperteile der Reihe nach durchgegangen werden (Beispiel: Sendler-Koschel, Birgit: Ich danke dir dafür, dass ich wunderbar gemacht bin. In: Anknüpfen – Praxisideen, Stuttgart ^{2}2013, S. 197 f.).

FILM DREHEN

Eine Filmidee umsetzen.

Kategorie: Digitales Arbeiten; Theater	**Anspruch für die Leitung:** 3
Thema: Alle Themen	**Anspruch für die Gruppe:** 3
Zeitaufwand: 240 Minuten	**Aufwand:** 2
Gruppengröße: bis 10, 10 – 20	**Sozialform:** Gruppenarbeit, Plenum
Alter: ab 12	

Material: 1 Computer, 1 Videokamera/Handykamera pro Gruppe, Beleuchtungsmittel, externe Mikrofone, anregende Requisiten, Plakate, Stifte

Beschreibung

Gemeinsam wird ein Thema festgelegt und der zeitliche Rahmen abgesteckt. Die Gruppe wird eingeteilt in Regie (zwei bis drei Personen), Schauspielerinnen/Schauspieler und Kameraleute. Während die Kameraleute sich mit der Technik vertraut machen, schreiben Regie und die Schauspielerinnen/Schauspieler ein knappes Drehbuch. Die Texte können ausformuliert oder spontan improvisiert werden.

Eine echte Herausforderung ist das Schneiden des Filmmaterials. Am besten übernimmt diese Aufgabe eine Person, die schon Erfahrung damit hat. Eine ausgereifte Videoschnitt-Software erspart viel Frust (z. B. Windows Movie Maker, MAGIX Video Deluxe, unter Linux: Openshot).
Parallel kann der Rest der Gruppe eine Titelanimation und einen Abspann gestalten, passende rechtefreie Hintergrundmusik (z. B. www.freemusicarchive.org) und Geräuschkulissen suchen (z. B. www.freesound.org) und Filmplakate zum Aushängen gestalten.

Wenn der Film fertig ist, muss er natürlich auch anständig präsentiert werden. Zuerst intern, dann aber auch möglichst feierlich öffentlich mit extra geladenem Publikum oder im Rahmen einer anderen Veranstaltung. Und natürlich gehört er ins Internet, am einfachsten geht das immer noch über YouTube oder auch über die Homepage der Kirchengemeinde. Damit es später keinen juristischen Ärger gibt, sollte man unbedingt schriftlich das Einverständnis von den Eltern der Schauspielerinnen/Schauspieler einholen. Informationen hierzu auch in: Wilka, Wolfgang / Schmidt, Peter L.: Recht – gut informiert sein. Rechtsfragen in der christlichen Kinder- und Jugendarbeit, buch+musik, Stuttgart ^{2}2018.

Anwendungsbeispiele

- Eine Geschichte zu einem Thema wird selbst erfunden.
- Die Leitung überlegt sich zehn Begriffe, die im Film eine Rolle spielen müssen.
- Die Leitung legt Gegenstände fest, die im Film vorkommen sollen.
- Eine biblische Geschichte wird gefilmt (oder bewusst in die Gegenwart übersetzt).
- Die Themen Freundschaft und Liebe sind in Filmen allgegenwärtig. Wie könnte ein Film mit „Message" dazu aussehen?
- Ein Bibeltext wird in kurze Abschnitte aufgeteilt und von verschiedenen Personen vor inhaltlich passenden Hintergründen vorgetragen, wenn Wasser vorkommt z. B. im Schwimmbad. So entsteht eine besondere Form der Schriftlesung für einen Gottesdienst.
- Zum Thema Diakonie entsteht ein Dokumentarfilm.

FISHBOWL

Die Diskussion findet in einem Innenkreis mit besonderen Regeln statt.

Kategorie: Gespräch	**Anspruch für die Leitung:** 1
Thema: Alle Themen	**Anspruch für die Gruppe:** 2
Zeitaufwand: 30 Minuten	**Aufwand:** 1
Gruppengröße: 10 – 20, 20+	**Sozialform:** Plenum
Alter: ab 12	

Material: Stühle

Beschreibung

In manchen größeren Gruppen ist es gar nicht so einfach, Jugendliche zum Reden zu bringen, obwohl das Thema interessant ist. Da hilft manchmal die Methode „Fishbowl", bei der es wie bei einem Aquarium innen aktive Fische gibt und draußen die interessierten Zuschauerinnen/Zuschauer.

In der Mitte des Kreises stehen zwei bis fünf Stühle. Das Gespräch kommt besser in Gang, wenn die Diskussion in Gruppen vorbereitet wird und jeweils eine/einer von jeder Gruppe benannt wird. Reden darf nur, wer auf einem der Diskussionsstühle sitzt. Wenn eine Diskutantin / ein Diskutant nicht mehr weiterreden will, darf sie/er aufstehen und eine andere Person nennen, die den Platz einnimmt.

Variante

Man kann erlauben, dass die Diskutanten in der Mitte Unterstützung bekommen, indem jemand hinter sie tritt und in ihrem Sinne argumentiert.

Anwendungsbeispiel

Zum Gebot „Ehre Vater und Mutter" werden zwei oder vier Gruppen gebildet, die überlegen, was dieses Gebot aus Eltern- bzw. Kindersicht bedeutet. Anschließend sitzen sich ein oder zwei Eltern und ein oder zwei Jugendliche gegenüber und diskutieren. Mögliche Fragen: „Muss man immer tun, was die Eltern sagen?" „Ist es in Ordnung, seine Eltern gegen deren Willen ins Altersheim zu stecken?"

FLEDERMAUS UND NACHTFALTER

Behutsames Fangspiel.

Kategorie: Inklusiv/Basal; Outdoor/Unterwegs, Spiel
Thema: Gruppe, Vertrauen
Zeitaufwand: 15 Minuten
Gruppengröße: 10 – 20
Alter: ab 6
Anspruch für die Leitung: 1
Anspruch für die Gruppe: 2
Aufwand: 1
Sozialform: Gruppenarbeit

Material: 1 Augenbinde

Beschreibung
Die Gruppe bildet einen Kreis mit ca. 5 Metern Durchmesser. Sie wählt nun eine Fledermaus und ein oder mehrere Nachtfalter. Die Fledermaus bekommt eine Augenbinde. Fledermäuse jagen bei Nacht dank Ultraschall und ihres guten Gehörs, also ruft die Fledermaus nun „piep“. Die Falter antworten mit „piep piep“. Alternativ kann geklatscht werden. Die Fledermaus versucht nun, die Falter zu fangen. Wird ein Falter gefangen, werden die Rollen getauscht und eine neue Runde beginnt. Aufgabe der Personen im Kreis ist es, die Fledermaus und die Nachtfalter sanft innerhalb des Kreises zu halten.

Variante
Auch die Nachtfalter sind blind. Dies erfordert jedoch von der Gruppe ein hohes Maß an Aufmerksamkeit und Vorsicht.

Anwendungsbeispiel
Für jede Gelegenheit anwendbar.

FLUSSÜBERQUERUNG

Kooperative Gruppenaufgabe für drinnen und draußen.

Kategorie: Erlebnispädagogik; Gruppendynamik, Spiel	**Anspruch für die Leitung:** 1
Thema: Gruppe	**Anspruch für die Gruppe:** 2
Zeitaufwand: 30 Minuten	**Aufwand:** 1
Gruppengröße: 10 – 20	**Sozialform:** Plenum
Alter: ab 6	

Material: Teppichfliesen (Kartonstücke o. Ä.), Seile/Kreide für die Spielfeldmarkierung

Beschreibung

Ein reißender Fluss trennt die beiden Flussufer. Um den Fluss sicher zu überqueren, stehen der Gruppe nur ein paar schwimmende Teppichfliesen zur Verfügung. Werden es alle auf die andere Seite schaffen?

Mit zwei Seilen (oder Kreide) werden die Ufer des Flusses auf dem Boden markiert. Der Fluss sollte eine Breite von mindestens 6 m haben. Die Gruppe bekommt nicht für jedes Gruppenmitglied eine Teppichfliese. Innerhalb des Flusses darf der Boden nur auf den Fliesen betreten werde. Diese dürfen aufgenommen und weitergegeben werden. Ziel ist es, dass die ganze Gruppe die andere Seite erreicht.

Variante

Flusshexe: Teppichfliesen, die nicht von einem Fuß berührt werden, gehen durch die reißende Strömung oder eine Flusshexe verloren und werden aus dem Spiel genommen.

Anwendungsbeispiel

Die Überquerung des Flusses erfordert Absprache und gemeinsame Problemlösung von der Gruppe. Diese Aufgabe macht Gruppenprozesse sichtbar, die in einer zweiten Phase weiterbearbeitet werden können. Mögliche Fragestellungen: „Auf welchem Weg werden in der Gruppe Entscheidungen getroffen?"

FOTOSAFARI

Mithilfe eines Fotos draußen bestimmte Motive entdecken.

Kategorie: Outdoor/Unterwegs
Thema: Gemeinde, Schöpfung, Sterben und Tod
Zeitaufwand: 90 Minuten
Gruppengröße: 10 – 20, 20+
Alter: ab 12
Anspruch für die Leitung: 1
Anspruch für die Gruppe: 2
Aufwand: 2
Sozialform: Gruppenarbeit, Plenum

Material: 1 Digitalkamera/Handykamera pro Gruppe

Beschreibung
Die Jugendlichen werden in kleineren Gruppen in die Natur oder in die Stadt geschickt mit dem Auftrag, bestimmte Motive zu finden und zu fotografieren. Die Fundstücke werden der ganzen Gruppe gezeigt. Anschließend bereitet man diese mit Kommentaren zu einer Multimedia-Präsentation auf.

Anwendungsbeispiele
Alle bekommen den Auftrag, Kreuze zu finden, egal ob diese etwas mit dem christlichen Glauben zu tun haben oder nicht. Es ist erstaunlich, wie viele Kreuzmotive sich finden lassen, wenn man nur genau genug hinschaut (nach: Ebinger, Thomas: Lebendige Steine. Entwurf zur Vorbereitung und Gestaltung eines Vorstellungsgottesdienstes für Konfirmandinnen und Konfirmanden. In: anKnüpfen update 4, 2009, S. 87 – 89).
Die Hälfte der Gruppen bekommt den Auftrag, Motive zu finden, die etwas mit Sterben und Tod zu tun haben, die andere Hälfte sucht Motive zum Thema Leben.
Weitere Themen: die Wunder der Schöpfung, hell und dunkel, Konsum und seine Schattenseiten, Werbung und was sie mit uns macht

FOTOSTORY

Geschichten in Szene setzen.

Kategorie: Digitales Arbeiten; Kreativ, Theater **Thema:** Freundschaft, Gerechtigkeit, Identität, Liebe, Sterben und Tod, Vertrauen **Zeitaufwand:** 120 Minuten **Gruppengröße:** bis 10, 10 – 20 **Alter:** ab 12	**Anspruch für die Leitung:** 1 **Anspruch für die Gruppe:** 2 **Aufwand:** 3 **Sozialform:** Gruppenarbeit

Material: 1 Digitalkamera/Handykamera pro Gruppe, 1 Computer, 1 Beamer, 1 Drucker

Beschreibung

Ziel dieser Methode ist es, in einer Kleingruppe eine eigene Geschichte in Bildern umzusetzen. Hierfür wird pro Gruppe Digitalkamera oder Handykamera gebraucht. Die Methode fordert die Kreativität der Jugendlichen heraus und verschafft ihnen eine gute Möglichkeit, ihre Ergebnisse angemessen darzustellen. Die Kleingruppe (drei bis zehn Jugendliche) einigt sich zunächst auf eine gemeinsame Geschichte.
Die Geschichte wird nun in einzelne Szenen übersetzt und in aussagekräftigen Bildern dargestellt (nicht zu viele Szenen).
Die Fotos werden nun sortiert und zu der Geschichte zusammengebaut. Dies kann direkt am Computer über PowerPoint oder durch Ausdrucken als Printversion (z. B. als Heft) erfolgen. Sprechblasen oder Bildunterschriften können den Blick fokussieren und den Handlungsstrang verdeutlichen.

Variante

Man kann auch eine Ausstellung z. B. im Gemeindehaus organisieren. Ein ausliegendes Buch für Reaktionen ist eine Möglichkeit der Interaktion zwischen den Besuchenden und den Künstlerinnen/Künstlern.

Anwendungsbeispiel

Gut eignen sich Geschichten, die von Liebe, Verrat und Freundschaft handeln.

FREEZE AND GO! KURZFILME MIT METHODE

Die Jugendlichen identifizieren sich durch das Nachspielen einer bestimmten filmischen Situation mit den Charakteren und stellen mögliche Ausgänge der Szene nach.

Kategorie: Theater; Kreativ
Thema: Alle Themen
Zeitaufwand: 40 Minuten
Gruppengröße: bis 10, 10 – 20, 20+
Alter: ab 12

Anspruch für die Leitung: 1
Anspruch für die Gruppe: 2
Aufwand: 2
Sozialform: Partnerarbeit, Gruppenarbeit, Plenum

Material: 1 Film, Bilder der Charaktere, 1 Beamer, 1 Leinwand, Lautsprecher, Filmutensilien (z. B. Seil, Helm), Stifte, Plakate

Beschreibung
Bevor der Film gezeigt wird, erarbeiten die Jugendlichen in Gruppen die Ausgangssituation des Filmes sowie eine Rollencharakterisierung der Personen. Die Ergebnisse werden vorgestellt. Dann wird der Film gezeigt und an einer prägnanten Stelle abgebrochen. Die Leitung stellt eine Frage (z. B. „XY fragt sich, was sie/er jetzt machen soll?“). Die Jugendlichen haben die Aufgabe, nach vorne zu kommen, sich in die Rolle des Charakters (Ich-Form) hineinzuversetzen und die Situation weiterzuspinnen. Wenn jemand anderes eine andere Fortsetzungsidee hat, klatscht er in die Hände (erst nach ca. 1 Minute möglich). Damit „frieren“ die vorne stehenden Jugendlichen mitten in ihrer Aktion ein. Dann darf die neue Ideengeberin / der neue Ideengeber eine Jugendliche / einen Jugendlichen antippen, die/den sie/er ersetzen möchte, nimmt ihre/seine Haltung ein und setzt die Szene mit seiner/ihrer neuen inhaltlichen Wendung fort.

Wenn alle Ideen ausgeschöpft sind, findet eine kurze Bewertung der gesehenen Szenen statt. Danach wird der Film weiter angesehen. Es empfiehlt sich, den Kurzfilm nicht mehr als zweimal zu stoppen. Am Ende findet eine Auswertung des Gesehenen statt (nach: www.material.rpi-virtuell.de/material/mit-filmen-im-unterricht-arbeiten).

Anwendungsbeispiel
Kurzfilm „Am seidenen Faden“ (YouTube): Es geht um einen Bergsteiger, der beim Klettern im Gebirge abstürzt. Er schreit um Hilfe. Plötzlich ertönt Gottes Stimme, die ihm mehrfach rät, sein Seil abzuschneiden und ihm zu vertrauen. Der Bergsteiger weigert sich und erfriert. Als es Tag wird, findet ihn die Bergwacht und stellt erstaunt fest, dass er nur einen halben Meter über dem Boden hing. Er hätte sein Seil problemlos durchschneiden

können und wäre gerettet gewesen. Der Film kann folgendermaßen mit den Teilnehmenden erarbeitet werden:

- Kurze thematische Einführung in Gruppen. Anschließend wird der Film gezeigt.
- Erste Pause nach 6:54 Minuten: Der Bergsteiger schreit nach Gott und dieser antwortet. Frage der Leitung: „Wie geht dieses Gespräch wohl weiter?“
- Zweite Pause nach 8:57 Minuten: Gott sagt zum Bergsteiger, er solle sein Seil durchschneiden. Nachspielen der möglichen Antworten.
- Film wird zu Ende geschaut. Danach erfolgt eine Diskussion.

FÜNF-FINGER-METHODE

Jeder der fünf Finger einer Hand stellt eine Frage an den Text.

Kategorie: Text
Thema: Bibel
Zeitaufwand: 20 Minuten
Gruppengröße: bis 10, 10 – 20, 20+
Alter: ab 12
Anspruch für die Leitung: 2
Anspruch für die Gruppe: 2
Aufwand: 1
Sozialform: Gruppenarbeit, Plenum

Material: 1 Text oder 1 Bibel pro Person

Beschreibung
Ein (Bibel-)Text wird laut vorgelesen, jede/jeder kann selbst in den Text schauen. Jede/jeder geht mithilfe der Finger verschiedene Fragen zum Text durch:

- Daumen: Was gefällt mir am Text, wo spricht er mich an?
- Zeigefinger: Worauf weist dieser Text hin, was soll ich tun?
- Mittelfinger: Was stört mich am Text oder hätte man heute besser anders gesagt?
- Ringfinger: Wo steckt in diesem Text etwas, das mir Mut macht?
- Kleiner Finger: Was kommt mir in diesem Text zu kurz?
  Welche anderen Texte (der Bibel) kenne ich, die eine gute Ergänzung darstellen?

(nach: Hüttmann, Karsten / Pfalzer, Bernd: Liest du mich noch? 69 Methoden zum Bibellesen mit Gruppen. Ein Ideenbuch für Mitarbeitende, Neukirchener / Born / buch+musik, Neukirchen-Vluyn / Kassel / Stuttgart 2021, S. 53.)

Variante
Fünf Kleingruppen machen sich zu je einem Finger Gedanken und bringen die Antwort im Plenum ein.

Anwendungsbeispiel
Markus 14,3-9 (Salbung Jesu in Bethanien): 1. Mir gefällt, dass Jesus die Frau verteidigt, die aus Begeisterung für ihn verschwenderisch war. 2. Der Text weist darauf hin, dass es im Leben Wichtigeres gibt als Geld. 3. Mich ärgert, dass die Frau nur durch diese Aktion bekannt werden konnte. Jesus hätte doch auch Frauen in den Kreis seiner Jünger berufen können. 4. Jesus verspricht, dass er zu denen hält, die ihm mit großer Leidenschaft begegnen. 5. Ich wüsste gern, wie man sich richtig verhält, wenn Jesus nicht mehr da ist.

FUßSPUREN

Fußspuren werden kreativ gestaltet.

Kategorie: Kreativ	**Anspruch für die Leitung:** 1
Thema: Identität, Jesus Christus	**Anspruch für die Gruppe:** 1
Zeitaufwand: 30 Minuten	**Aufwand:** 1
Gruppengröße: bis 10, 10 – 20, 20+	**Sozialform:** Einzelarbeit, Gruppenarbeit
Alter: ab 6	

Material: ausgedruckte Fußspuren, Scheren, Stifte, Klebeband, Leinentuch, Acrylfarbe oder Fingermalfarbe, Zeitungen, Laminiergerät und -folien

Beschreibung

Jede/jeder wünscht sich, im Leben Spuren zu hinterlassen, die für andere sichtbar und wertvoll sind. Fußspuren sind ein Symbol für den Lebensweg.
Als Gruppenbild kann man ein Leinentuch gestalten, auf dem jede/jeder ihre/seine Fußspuren hinterlässt. Dafür werden die Füße farbig bemalt und alle laufen ein paar Schritte über das Leinentuch.
Jede/jeder kann aber auch einzeln einen oder mehrere Füße gestalten. Dafür werden Fuß-Vorlagen in DIN A4 oder DIN A3 erstellt und ausgedruckt. Aus den schön gestalteten Füßen entsteht am Ende ein Weg. Wenn man die Füße laminiert, kann man diesen Weg sogar im Freien auslegen.

Anwendungsbeispiele

Für einen Jugendgottesdienst wird ein meditativer Weg zum Thema „Schritte auf dem Weg mit Gott" vorbereitet. Dafür überlegt sich jede/jeder, welche Schritte für sie/ihn wichtig waren, und gestaltet damit einen Fuß. Auf weitere Füße kommen Bibelverse zum Thema Weg, Führung, Füße und Schritte.
Eine Konfi-Gruppe gestaltet mit Füßen ihren Weg durch das Konfi-Jahr. Was waren besonders wichtige und eindrückliche Stationen?

GALA-ABEND

In festlichem Rahmen miteinander feiern.

Kategorie: Abschluss; Gruppendynamik
Thema: Gruppe
Zeitaufwand: 120 Minuten
Gruppengröße: 10 – 20, 20+
Alter: ab 12
Anspruch für die Leitung: 2
Anspruch für die Gruppe: 1
Aufwand: 3
Sozialform: Plenum

Material: Einladungskarten, Buffet, Musik, 1 Abspielgerät, je nach Programm: Spiele, Ballons, Helium, 1 Computer, 1 Beamer

Beschreibung
Ein Gala-Abend ist eine gute Möglichkeit, einen festlichen Akzent im Gruppenleben zu setzen. Schon die Einladung sollte vornehm gestaltet sein mit dem Hinweis auf die Kleiderordnung (Anzug bzw. Abendkleid). Natürlich gibt es gutes Essen und (alkoholfreie) Cocktails, eine vorbereitete Rede der Gastgeberin / des Gastgebers, gemeinsame Programmpunkte und verschiedene Möglichkeiten, sich die Zeit zu vertreiben, z. B.:

- Spiele wie Roulette, Würfelpoker, Kartenspiele
- eine Tanzfläche mit passender Musik
- es werden Bilder gezeigt von dem, was die Gruppe gemeinsam erlebt hat
- gemeinsam Ballons steigen lassen

Anwendungsbeispiel
Eine Konfi-Gruppe wird von der Jugendgruppe einige Wochen nach der Konfirmation zu einem Gala-Abend eingeladen.

GEBETSBOX

Die Jugendlichen gestalten ihre eigenen Gebetskarten.

Kategorie: Spiritualität	**Anspruch für die Leitung:** 1
Thema: Alle Themen	**Anspruch für die Gruppe:** 2
Zeitaufwand: 5 Minuten	**Aufwand:** 1
Gruppengröße: bis 10, 10 – 20, 20+	**Sozialform:** Einzelarbeit, Plenum
Alter: ab 6	

Material: bunte Papierkarten (Größe von Karteikarten), 1 Kiste, Stifte, Bastelmaterialien (Zeitschriften, buntes Papier), Klebestifte, Stifte, Textbausteine (Gebet), Laminiergerät und -folien

Beschreibung
Eine Gebetsbox eignet sich als ein fester Bestandteil des Anfangs- oder Abschiedsrituals in einer Gruppe. Nach einer thematischen Einführung in das Gebet dürfen die Jugendlichen ihre eigene Gebetskarte gestalten. Sie können ihr Gebetsanliegen selbst formulieren oder mithilfe eines „Textbausteines" (z. B. diverse bekannte Gebete) erarbeiten. Auch sollte es möglich sein, dass die Jugendlichen ihre Gebetskarten individuell gestalten. Es empfiehlt sich, die Karten danach zu laminieren. Für das Anfangs- oder Abschiedsritual kann von eine/einerm Jugendlichen nun eine Gebetskarte gezogen werden, die dann verlesen wird. Wenn sich die „Autorin" / der „Autor" der Karte dazu äußern möchte („Warum mir dieses Gebet wichtig ist ..."), darf sie/er das anschließend tun.

Anwendungsbeispiel
Die Karten können auch als Fürbitten im Gottesdienst verwendet oder als eine Art Gebetsgalerie ausgestellt werden.

GEBETSMEDITATION

Eine Art Fantasiereise, die zu einem Gebet hinführt.

Kategorie: Spiritualität
Thema: Gebet, Rituale, Schöpfung
Zeitaufwand: 10 Minuten
Gruppengröße: bis 10, 10 – 20, 20+
Alter: ab 12

Anspruch für die Leitung: 2
Anspruch für die Gruppe: 1
Aufwand: 1
Sozialform: Plenum

Material: Gebetsmeditationen

Beschreibung
Gebetsmeditationen führen über innere Bilder hin zum freien, eigenen Gebet. Sie eignen sich gut als Anfangsritual über mehrere Wochen hinweg. Die Gruppe sitzt im Kreis, am besten mit einer liturgisch gestalteten Mitte.

Impuls: Setz dich bequem auf deinen Stuhl. Spür die Lehne, die Sitzfläche. Stell beide Füße auf den Boden. Die Hände kannst du bequem auf den Oberschenkeln ablegen. Werde ganz still und schließ deine Augen.

Der Text wird bewusst langsam und mit passenden Pausen vorgelesen. (Beispiele in: Gollsch, Dorothea: Gebetsmeditation. In: anKnüpfen update 2.1, 2014, S. 47 – 52)

Anwendungsbeispiel
Eine Gebetsmeditation zum Thema Körper:

Atme ruhig ein – und wieder aus. Ein – und wieder aus. Spürst du, wie deine Lunge sich mit Luft füllt. Wie dein Bauch sich bewegt, vor und zurück. Atmen heißt Leben. Dein ganzer Körper ist voller Leben und Energie. Geh in Gedanken zu deinen Füßen, die jetzt ruhig auf dem Boden stehen. Stell dir vor, wie du mit ihnen stehen, gehen, rennen kannst.
Du hast Arme und Hände. Schwere Lasten kannst du damit tragen und feine, kleine Bewegungen ausführen. Spürst du deine zehn Finger? Gehe sie einzeln durch und stell dir vor, was du alles mit ihnen machen kannst.
Und deinen Kopf trägst du oben. Mit deinem Gehirn denkst du, deine ganze Persönlichkeit steckt darin. Du kannst diesen Kopf anderen zuwenden, ein freundliches Gesicht zeigen oder hilfesuchend schauen. Wen möchtest du anlächeln, gerade jetzt?

Dein ganzer Körper ist ein Wunderwerk Gottes. Ich danke dir dafür, Gott, dass ich wunderbar gemacht bin, das erkennt meine Seele (vgl. Ps 139,14). Und ich glaube, dass du, Gott, mich geschaffen hast wie alle anderen Geschöpfe auch, mit Leib und Seele, mit jedem Körperteil, mir Vernunft und alle Sinne gegeben hast und sie mir auch in Zukunft erhältst.

Sage Gott jetzt, wofür du ihm dankbar bist. Falte dazu deine Hände, indem du die Finger ineinanderlegst. (längere Pause)
Mit deinem Körper kannst du fühlen. Manchmal fühlen wir auch Schmerz, spüren wir, dass die Kraft fehlt. Vielleicht tut dir gerade jetzt etwas weh. Oder denk an den letzten Schmerz, den du empfunden hast. Auch das kannst du Gott sagen. Gott hört unser Weinen und Klagen. Bring alles im Gebet vor Gott. (längere Pause)

Beende nun dein Gebet, schließe es mit Amen ab und öffne deine Hände wieder. Strecke sie nach oben so weit du kannst, öffne deine Augen wieder und komm zurück zu all den anderen in diesem Raum.

GEBETSWAND

Wünschen, Gebeten und Klagen einen Platz geben.

Kategorie: Spiritualität	**Anspruch für die Leitung:** 1
Thema: Gebet, Gottesdienst	**Anspruch für die Gruppe:** 1
Zeitaufwand: 10 Minuten	**Aufwand:** 2
Gruppengröße: bis 10, 10 – 20	**Sozialform:** Einzelarbeit
Alter: ab 12	

Material: 20 Papphocker, Umzugskisten oder Hohlziegel; Klebezettel/Post-its®; Stifte; Klebeband

Beschreibung
Diese Methode eignet sich gut, um die Statements vieler Personen festzuhalten und sichtbar zu machen. Jede/jeder überlegt hierbei für sich und bringt ihre/seine Meinung dann an die Wand, welche aus Papphockern, Umzugskisten oder Hohlziegeln aufgebaut wird. Hierfür eignen sich Klebezettel oder Post-its® sehr gut, die dann an die Wand geheftet werden können. Denkimpulse (z. B. Satzanfänge auf der Wand) können beim Formulieren der eigenen Meinung und Gedanken hilfreich sein.

Anwendungsbeispiele
Anwendung in einem Stationengottesdienst (s. auch Methode „Stationengottesdienst“):

- Fürbittenwand: Fürbitten formulieren und anheften
- Diskussionswand zum Thema: (z. B. „Ich glaube ...“, „Ich glaube nicht ...“)
- Klagemauer: Dinge, die ich gern loswerden möchte formulieren, kleinfalten und in die Ritzen der Hocker stecken (Hocker aneinander befestigen!)

GEFÜHL ZEIGEN

Alle stellen spontan pantomimisch ein bestimmtes Gefühl dar.

Kategorie: Inklusiv/Basal; Theater, Warm-up
Thema: Diakonie, Identität
Zeitaufwand: 10 Minuten
Gruppengröße: 10 – 20, 20+
Alter: ab 12
Anspruch für die Leitung: 1
Anspruch für die Gruppe: 1
Aufwand: 1
Sozialform: Plenum

Material: Musik, 1 Abspielgerät

Beschreibung
Diese Methode ist eine ideale Vorbereitung auf weitere Körperarbeit, aber auch ein guter Wachmacher für zwischendurch. Sie hilft dabei, Gefühle auszudrücken und sich und die anderen besser wahrzunehmen.
Zu anregender Musik bewegen sich alle frei im Raum. Sobald die Musik aufhört, sagt die Leitung ein Wort, das die Jugendlichen pantomimisch darstellen sollen, um dann dabei kurz in ihrer Haltung einzufrieren. Nach einer kurzen Wahrnehmungsphase geht es mit Musik und Umhergehen im Raum weiter.

Variante
Nach einigen Worten der Leitung können auch Gruppenmitglieder Begriffe sagen. Bevor die Musik wieder beginnt, wird bestimmt, wer als nächstes dran ist.

Anwendungsbeispiel
Mögliche Begriffe könnten sein: cool, fröhlich, Seerose, niedergeschlagen, Banane, begeistert, Baum, sympathisch, Schlaf

GEFÜHLSKARTEN

Aus einer großen Zahl von Gefühlen wählt man das momentan passende aus.

Kategorie: Feedback; Abschluss, Einstieg, Gruppendynamik
Thema: Bibel, Gruppe
Zeitaufwand: 20 Minuten
Gruppengröße: bis 10, 10 – 20
Alter: ab 12
Anspruch für die Leitung: 2
Anspruch für die Gruppe: 2
Aufwand: 1
Sozialform: Gruppenarbeit, Plenum

Material: Gefühlskarten

Beschreibung

Mit Gefühlskarten ist es leichter, über Gefühle zu reden. Sie können Begriffe enthalten oder auch aus Bildern bestehen. Je mehr Karten man hat, desto besser. Gut ist es, wenn die Karten doppelt vorliegen.
Jede/jeder wählt sich ein Gefühl aus, das zu seiner/ihrer gegenwärtigen Stimmungslage passt. Mögliche Impulsfragen:

- Wie geht es dir gerade persönlich?
- Mit welchen Gefühlen und Erwartungen bist du heute dabei?
- Welche Gefühle löst die bevorstehende Zeit bei dir aus?

Anschließend berichtet jede/jeder über ihre/seine momentane Gefühlslage. (Schöne Karten zum Beispiel: http://www.gewaltfrei-101uebungen.de/kostenloser-downloadbereich)

Variante

Wenn man noch keine Gefühlskartei hat, kann man diese auch mit der Gruppe selbst erstellen. In einem Wettspiel sammelt man in Gruppen möglichst viele unterschiedliche Gefühle. Anschließend kann man überlegen, welche noch fehlen.

Anwendungsbeispiel

Bei der Erarbeitung einer biblischen Geschichte kann man zuerst seine eigenen Gefühle offenlegen und anschließend in einer Gruppenarbeit den verschiedenen Personen Gefühle zuordnen. Wo gibt es Schnittmengen zwischen Gefühlen der biblischen Personen und meinen Gefühlen? Wie hilft mir die biblische Geschichte weiter?

GEGENSTANDSANDACHT

Eine einfache Form der Andacht.

Kategorie: Spiritualität
Thema: Rituale
Zeitaufwand: 5 Minuten
Gruppengröße: bis 10, 10 – 20, 20+
Alter: ab 6

Anspruch für die Leitung: 2
Anspruch für die Gruppe: 1
Aufwand: 1
Sozialform: Einzelarbeit, Plenum

Material: anregende Gegenstände, Papier, Stifte

Beschreibung
Diese Methode möchte allen Mut machen, selbst eine Andacht vorzubereiten. Die folgenden Schritte können beim Vorbereiten helfen:

- Thema/Gegenstand festlegen: Gut eignen sich z. B. Lieder, Gegenstände, Bilder
- Was fällt mir dazu ein? Assoziationen, Gedanken, Fragen aufschreiben
- Was für eine Gruppe habe ich? Was könnte der Gruppe wichtig sein?
- Gibt es einen theologischen Bezug? Was erzählt der Gegenstand über Gott?
- Was will ich sagen? Kernaussage in einem Satz formulieren

Neben den eigenen Ideen und Gedanken spielt auch der Rahmen eine wichtige Rolle. Der Raum und die Anordnung der Personen bestimmen mit, wie das Gesagte oder Erlebte aufgenommen werden. Eine ruhige gemütliche Atmosphäre erleichtert das Zuhören.

Anwendungsbeispiel
Fundkiste der Gedanken: Jede/jeder sucht sich einen Gegenstand oder zieht einen aus einer Kiste. Alle bekommen 20 Minuten Zeit, sich allein mit ihrem Gegenstand auseinanderzusetzen. Danach werden die Gedanken und Ideen zu den Gegenständen im Plenum ausgetauscht. In der Kiste könnten sein: Schrauben, Pflaster, Ringe, Holzstücke, Ü-Ei-Figuren, Schlüssel, Streichhölzer, Nüsse, Steine, Teelichter, Watte.

GEMEINDEPRAKTIKUM

Andere Gruppen und Arbeitsfelder der Kirchengemeinde kennenlernen.

Kategorie: Outdoor/Unterwegs
Thema: Diakonie, Gemeinde, Kirche
Zeitaufwand: 480 Minuten
Gruppengröße: 10 – 20, 20+
Alter: ab 12

Anspruch für die Leitung: 2
Anspruch für die Gruppe: 2
Aufwand: 3
Sozialform: Partnerarbeit, Gruppenarbeit

Material: Papier, Stifte, Präsentationsmittel

Beschreibung

Entscheidungsphase: Das Leitungsteam überlegt sich ein Konzept und eine sinnvolle Terminplanung.
Vorbereitungsphase: Verschiedene Gruppen oder Personen werden angefragt, ob sie bereit sind, mitzumachen und welche Termine möglich sind.
Erarbeitungsphase: Bei einem Gruppentreffen wird ein Überblick über das Thema gegeben. Dann werden die verschiedenen Praktikumsstationen vorgestellt und verteilt. Niemand sollte allein sein Praktikum machen.
In der **Praktikumsphase** machen die Jugendlichen nun Erfahrungen in den verschiedenen Bereichen, führen Interviews und bringen sich möglichst aktiv ein.
Auswertungsphase: Die Jugendlichen stellen ihr gesammeltes Material in der Gruppe vor. Anschließend wird gemeinsam überlegt, wie dieses am besten einer breiteren Öffentlichkeit präsentiert werden kann.

Anwendungsbeispiel

Die Jugendlichen schnuppern in die Gruppen einer Gemeinde hinein, in denen sie später mitmachen oder sogar Verantwortung übernehmen möchten.

GESCHICHTE VORLESEN

Eine spannende oder tiefsinnige Geschichte vorlesen.

Kategorie: Text
Thema: Alle Themen
Zeitaufwand: 20 Minuten
Gruppengröße: 10 – 20, 20+
Alter: ab 6
Anspruch für die Leitung: 1
Anspruch für die Gruppe: 1
Aufwand: 1
Sozialform: Plenum

Material: 1 Vorlesetext

Beschreibung
Geschichten vorlesen ist eine eher traditionelle Methode, die aber richtig eingesetzt durchaus gut ankommen kann. Extrem wichtig ist das Setting: Gibt es eine gemütliche Wohlfühlatmosphäre? Dann wird wahrscheinlich auch die Geschichte gut ankommen. Haben alle noch viel zu erzählen und sind außer Atem? Dann wird die Aufmerksamkeit vermutlich nicht lange halten.
Heikel ist immer die Frage: Wer liest? Natürlich kann die/der Leitende selbst lesen. Oft ist es aber auch hilfreich, jemanden aus der Gruppe zu bitten. Dies sollte aber eine Person sein, der man gut zuhören kann.

Variante
Außer Einzelgeschichten kann man auch längere Bücher in Abschnitten gemeinsam lesen, etwa im Rahmen eines Abschlussrituals.

Anwendungsbeispiel
Die Auswahl der Texte hängt von der Gruppe ab. Schön sind z. B. die Narnia-Geschichten von C. S. Lewis oder die Geschichten zu den Zehn Geboten von Stephan Sigg: Zehn gute Gründe für Gott. Die Zehn Gebote in unserer Zeit, Gabriel, Stuttgart/Wien 2020.

GETRAGEN SEIN

Wer möchte, wird auf einer Decke in Richtung Himmel gehoben.

Kategorie: Inklusiv/Basal; Erlebnispädagogik	**Anspruch für die Leitung:** 2
Thema: Gott, Taufe, Vertrauen	**Anspruch für die Gruppe:** 2
Zeitaufwand: 20 Minuten	**Aufwand:** 1
Gruppengröße: 10 – 20	**Sozialform:** Plenum
Alter: ab 12	

Material: 1 große, stabile Decke

Beschreibung

Diese Methode ist am eindrucksvollsten, wenn man in der freien Natur ist.
Ein Gruppenmitglied legt sich mit an den Körper angelegten Armen auf eine Decke und schließt die Augen. Alle anderen fassen am Rand der Decke an und heben die Person so weit wie es geht sanft nach oben. Oben öffnet die Person die Augen und streckt die Arme dem Himmel entgegen. Dabei wird ihr ein Mut machendes Wort oder ein Segen zugesprochen. Wenn die Person die Arme wieder nach unten nimmt, wird sie vorsichtig wieder auf den Boden heruntergelassen.
Wichtig ist, dass genug kräftige und vertrauenswürdige Leute in der Gruppe sind.
Im Anschluss kann man sich über die gemachte Erfahrung austauschen. Wie ist das Gefühl, getragen zu sein? Wo kann man das im übertragenen Sinn erleben?

Anwendungsbeispiel

Beim Thema Taufe kann der zugesprochene Satz die Verheißung aus Jesaja 43,1 (Lu) sein: „Fürchte dich nicht, (Name), denn ich habe dich erlöst; ich habe dich bei deinem Namen gerufen; du bist mein!"

GORDISCHER KNOTEN

Knoten entwirren ganz ohne Schnur.

Kategorie: Erlebnispädagogik	**Anspruch für die Leitung:** 1
Thema: Gruppe	**Anspruch für die Gruppe:** 2
Zeitaufwand: 15 Minuten	**Aufwand:** 1
Gruppengröße: 10 – 20, 20+	**Sozialform:** Plenum
Alter: ab 12	

Material: keines

Beschreibung

Die Gruppe stellt sich in einem Kreis auf. Alle schließen die Augen und strecken beide Arme nach vorn. Langsam laufen alle in die Mitte und suchen nach anderen Händen. Wer zwei Hände gefunden hat, öffnet die Augen. Die Gruppe muss nun den entstandenen Knoten entwirren, ohne die Hände dabei loszulassen. Dabei können gegebenenfalls auch mehrere Kreise entstehen.

Anwendungsbeispiel

Diese Methode eignet sich gut, um die Gruppe mehr in Kontakt zu bringen. Sie eignet sich jedoch eher nicht für eine neue Gruppe, da sie Körperkontakt voraussetzt.

GRUPPENARBEITEN IN VIDEOKONFERENZEN

Digitale Methode zur Gruppenarbeit in Videokonferenzen.

Kategorie: Digitales Arbeiten
Thema: Alle Themen
Zeitaufwand: 60 Minuten
Gruppengröße: bis 10, 10 – 20, 20+
Alter: ab 10

Anspruch für die Leitung: 1
Anspruch für die Gruppe: 1
Aufwand: 2
Sozialform: Gruppenarbeit

Material: Tool für Videokonferenz mit Breakoutroom-Funktion

Beschreibung
Gruppenarbeit ist motivierend und gesellig. Gruppen in Videokonferenzen sollten jedoch nicht mehr als drei bis fünf Mitglieder aufweisen.

Vorgehen
Schritt 1: Lege dir eine Übersichtstabelle an, in der du notierst, welche Teilnehmenden in welcher Gruppe sind und welches Passwort zu welchem Konferenzraum gehört

Schritt 2: Gehe auf den Dienst www.fairmeeting.net. Dies ist ein Dienst, der von Digitalcourage als geeignet ausgewiesen wurde und daher für die Arbeit mit Kindern und Jugendlichen geeignet ist. Er hat seine Server in Österreich. Dort legst du die entsprechende Anzahl an Räumen an, die du brauchst. Lege für jeden ein Passwort fest und notieren alles in der Tabelle aus Schritt 1.

Schritt 3: Gehe dann auf www.board.net. Lege dort ein Board für die Gruppe an. Auf diesem können alle gleichzeitig schreiben, um Fragen zu stellen, um Hilfe zu rufen oder um Ergebnisse zu sichern

Schritt 4: Frage die Teilnehmenden am besten, mit welchem Gerät (PC / Tablet / Smartphone) sie an der Videokonferenz teilnehmen. Informiere die Jugendlichen, dass für einen reibungslosen Ablauf auf dem Smartphone am besten die Jitsi-App installiert sein sollte. Auf dem PC geht alles ohne eine Installation vorab.

Schritt 5: Lege eine klare Zeit fest. Warne die Jugendlichen vor, dass du während der Arbeitszeit bei jeder Gruppe mindestens einmal hineinschaust, um bei Fragen zu helfen. Teile der Gruppe mit, dass du auch das Board aus Schritt 3 im Blick hast: wenn die Teilnehmenden Hilfe brauchen, sollen sie in das Dokument schreiben, in welchem Gruppenraum eine Frage aufgetaucht ist.

Anwendungsbeispiel
Die Methode ist für jede Art der Gruppenarbeit in Videokonferenzen anwendbar.

GRUPPENBALANCE

Eine Gruppe findet ein virtuelles Gleichgewicht, indem jede/jeder von zwei Personen den gleichen Abstand hält.

Kategorie: Warm-up; Einstieg, Kennenlernen
Thema: Gemeinde, Gruppe
Zeitaufwand: 10 Minuten
Gruppengröße: 10 – 20, 20+
Alter: ab 12
Anspruch für die Leitung: 2
Anspruch für die Gruppe: 1
Aufwand: 1
Sozialform: Plenum

Material: ggf. 1 Film, 1 Filmabspielgerät

Beschreibung
Man braucht einen großen Raum ohne Hindernisse oder geht nach draußen. Jede/jeder wählt in Gedanken zwei Personen aus der Gruppe aus. Auf ein Signal der Spielleitung hin versucht jede/jeder, von diesen zwei Personen den gleichen Abstand zu halten. Bewegt sich eine/einer von ihnen oder sogar beide gleichzeitig, passt jede/jeder die Position entsprechend an. Manchmal gelingt es, ein echtes Gruppengleichgewicht zu erreichen, oft muss man aber auch einen Rest von Ungenauigkeit hinnehmen. Zum Schluss kann exemplarisch oder bei allen überprüft werden, ob die Abstände zu den ausgewählten Personen passen. Das Spiel kann durchaus zwei bis drei Runden gespielt werden.

Variante
Man könnte auch mit einem Impulsfilm starten (z. B. „Mobile“ von Verena Fels).

Anwendungsbeispiel
Das Spiel eignet sich gut, um über die Kennzeichen einer guten Gruppe ins Gespräch zu kommen. Jede/jeder hat Beziehungen zu anderen, findet ihren/seinen Platz, es braucht aber manchmal auch Abstand. Ist es gut, wenn eine Gruppe mit ihrer Dynamik zum Stillstand kommt? Wie ist es, wenn neue Personen integriert werden müssen? Wie kann man vermeiden, dass es Außenseiterinnen/Außenseiter gibt?

GRUPPENJONGLAGE

Eine Gruppe jongliert mehrere Bälle im Kreis.

Kategorie: Warm-up; Kennenlernen, Spiel
Thema: Freundschaft, Gruppe
Zeitaufwand: 15 Minuten
Gruppengröße: 10 – 20, 20+
Alter: ab 6
Anspruch für die Leitung: 1
Anspruch für die Gruppe: 1
Aufwand: 1
Sozialform: Plenum

Material: weiche Wurfbälle, Überraschungsobjekte

Beschreibung

Die Gruppe stellt sich im Kreis auf, die Leitung nennt einen Namen und wirft dieser Person den Ball vorsichtig zu. Der Ball wird mit Namensnennung so lange einer Person zugeworfen, bis niemand mehr übrig ist. Dann bekommt die Leitung den Ball zurück. Die Reihenfolge, die sich jetzt ergeben hat, wird mehrfach erprobt, bis alle wissen, woher der Ball kommt und wohin sie werfen müssen. Dann werden immer mehr Bälle ins Spiel gebracht, die wie beim Jonglieren möglichst nicht herunterfallen sollten.

Variante

Man kann die Reihenfolge einfach umkehren oder Objekte im Kreis herumgeben. Lustig sind Überraschungsobjekte wie eine Klorolle, ein Kuscheltier oder eine Zahnbürste. Auch pantomimisch lässt sich ein Ball werfen, ein schönes Warm-up für Theaterarbeit.

Anwendungsbeispiel

Besonders eindrucksvoll ist es, plötzlich ein rohes Ei zu nehmen. Dies steigert mit einem Schlag die Aufmerksamkeit und Sorgfalt beim Werfen und Fangen. Anschließend kann man sich über einen sorgsamen Umgang miteinander und mit anderen Menschen Gedanken machen (nach: Krause, Cornelia / Fassel, Ute: Diakonie vor Ort. In: Anknüpfen – Praxisideen, Stuttgart ^{2}2013, S. 50 f.).

HÄNDEHALTEN – GEMEINSCHAFT IN VIDEOKONFERENZEN

Digitale Methode zur Herstellung der Gemeinschaft.

Kategorie: Digitales Arbeiten; Abschluss, Gruppendynamik
Thema: Gebet, Rituale, Segen
Zeitaufwand: 5 Minuten
Gruppengröße: bis 10, 10 – 20, 20+
Alter: ab 10
Anspruch für die Leitung: 1
Anspruch für die Gruppe: 1
Aufwand: 2
Sozialform: Plenum

Material: keines

Beschreibung

Wenn man in einer Videokonferenz sitzt, in der sich alle sehen können, kann man die Illusion einer Gemeinschaft erzeugen, die sich an den Händen hält. Die Teilnehmenden müssen sich lediglich so vor dem Bildschirm positionieren und die Hände ausstrecken, dass sie minimal aus dem Blickfeld der Kamera herausragen. Nachdem dann der Segen oder ein Gebet gesprochen wurde, kann man die Position wieder lösen.

Variante

Analog ist es sicherlich einfacher, sich an den Händen zu halten, da man die Hand der Nachbarin / des Nachbarn ergreifen kann. Allerdings gibt es auch viele, die diese Berührung nicht sehr schätzen. Digital hingegen ist die Variante mit viel Konzentration und Geschicklichkeit verbunden. Man sollte ruhig drei Minuten für das Ausprobieren einplanen.

Anwendungsbeispiel

Am Ende einer Videokonferenz wird der Gruppe ein Segen zugesprochen.

HÄNDISCH AUSWENDIG LERNEN

Spiel- und Memoriertechnik, die die ganze Gruppe einbezieht.

Kategorie: Auswendiglernen; Spiel
Thema: Alle Themen
Zeitaufwand: 15 Minuten
Gruppengröße: bis 10, 10 – 20
Alter: ab 6
Anspruch für die Leitung: 1
Anspruch für die Gruppe: 2
Aufwand: 1
Sozialform: Einzelarbeit, Plenum

Material: Zettel mit Lernstücken

Beschreibung
Eine Person verlässt den Raum. Die anderen ziehen je einen Zettel, auf dem diverse Worte (auch in Silbentrennung) aus einem Lerntext stehen. Dann stellen sie sich – bunt gemischt – in einer Reihe auf und strecken die Hände mit den Handflächen nach vorn. Jede Hand symbolisiert eine Silbe oder ein Wort. Die Person, die vor der Tür gewartet hat, soll nun die Jugendlichen in die richtige Reihenfolge stellen, sodass sich ein sinnvoller Text ergibt. Um herauszufinden, hinter welcher Person sich welche Silbe verbirgt, drückt sie auf die ausgestreckten Hände der Jugendlichen. Diese sagen ihre Silbe oder ihr Wort. So kann die Neuordnung beginnen. Am Schluss werden nochmal alle Hände berührt und der Text in der richtigen Reihenfolge gesprochen.

Variante
Mit Liedern: Zur jeweiligen Silbe wird das passende Melodiestück wiedergegeben.

Anwendungsbeispiel
Glaubensbekenntnis:

- Zettel 1: „Ich – glau-"
- Zettel 2: „-be – an"
- Zettel 3: „Gott – den"
- Zettel 4: „Va- – -ter" usw.

HEIẞER STUHL

Eine Person stellt sich den schwierigen oder persönlichen Fragen der Gruppenmitglieder.

Kategorie: Gespräch	**Anspruch für die Leitung:** 2
Thema: Alle Themen	**Anspruch für die Gruppe:** 1
Zeitaufwand: 30 Minuten	**Aufwand:** 1
Gruppengröße: 10 – 20, 20+	**Sozialform:** Plenum
Alter: ab 12	

Material: 1 (besonderer) Stuhl

Beschreibung

Der heiße Stuhl stammt ursprünglich aus der Gruppenpsychotherapie und geht auf Fritz Perls zurück.
Er eignet sich für persönliche und schwierige Fragen, die jemandem gestellt werden dürfen. Alle aus der Gruppe dürfen einer Person Fragen stellen. Wichtig ist: Fragen dürfen notfalls abgelehnt werden, wenn sie zu persönlich sind.

Anwendungsbeispiele

Die Leitung stellt sich selbst auf dem heißen Stuhl Fragen zum Thema Sexualität und verschiedene Lebensformen.
Gruppenmitglieder beantworten auf dem heißen Stuhl freiwillig Fragen über ihren persönlichen Glauben, über ihre Vorstellung vom Leben nach dem Tod, über die Werte, die ihnen im Leben wichtig sind.

HINDURCHFLIEßENDER SEGEN

Ein Segen im Kreis mit aufgelegten Händen.

Kategorie: Spiritualität; Abschluss
Thema: Rituale, Segen
Zeitaufwand: 5 Minuten
Gruppengröße: 10 – 20, 20+
Alter: ab 6
Anspruch für die Leitung: 1
Anspruch für die Gruppe: 1
Aufwand: 1
Sozialform: Plenum

Material: keines

Beschreibung
Gottes Segen kommt von oben her zu uns, er fließt aber auch durch uns hindurch. Durch andere Menschen erleben wir, dass wir gesegnet sind. Dies kommt in dieser Form des Segens gut zum Ausdruck. Gott sagte schon zu Abraham (1. Mose 12,2): Ich will dich segnen und du sollst ein Segen sein.

Die Gruppe steht im Kreis. Jede/jeder legt der rechten Nachbarin / dem rechten Nachbarn die Hand auf die linke Schulter, stützend und motivierend etwas von hinten. Die linke Hand wird offen nach oben zu Gott hin ausgestreckt. Dann spricht die Gruppenleitung (oder alle gemeinsam) einen einfachen Segen in Wir-Form (z. B.: „Der Herr segne uns und behüte uns. Der Herr lasse sein Angesicht leuchten über uns. Der Herr erhebe sein Angesicht auf uns und gebe uns Frieden. Amen.“).

Anwendungsbeispiel
Für jede Gelegenheit anwendbar.

I LIKE!

Die Jugendlichen bringen wichtige Aspekte ihres Vor- oder Nachnamens zu Gehör.

Kategorie: Abschluss
Thema: Freundschaft, Gruppe, Vertrauen
Zeitaufwand: 15 Minuten
Gruppengröße: bis 10, 10 – 20, 20+
Alter: ab 6
Anspruch für die Leitung: 2
Anspruch für die Gruppe: 2
Aufwand: 2
Sozialform: Plenum

Material: Zettel, Filzstifte, Klebeband, Musik, 1 Abspielgerät

Beschreibung
Diese Methode eignet sich als Abschluss diverser gruppendynamischer Erlebnisse. Jede/jederm Jugendlichen (gegebenenfalls auch den Leitenden) wird ein Zettel (DIN A4) auf den Rücken geklebt (es empfiehlt sich ein gut haftendes Klebeband zu verwenden). Jede/jeder erhält einen Stift (hier empfehlen sich Filzstifte) und die Aufgabe, jede/jederm Teilnehmenden eine Sache, die er an ihr/ihm bewundert, mag oder besonders findet, aufzuschreiben. Es bedarf einer „positiven" Gruppenatmosphäre, da sonst die Gefahr besteht, dass manche Rückmeldungen bewusst beleidigend oder verletzend gewählt werden. Die Leitung sollte darauf hinweisen, dass auch „niederschwellige" Attribute (z. B. „Ich mag dein Lächeln" oder „Ich mag deinen Kleidungsstil") gewählt werden können, da sich manche Jugendliche oft nicht intensiv genug kennen. Während der Schreibphase empfiehlt es sich, meditative Hintergrundmusik einzuspielen und die Gespräche einzustellen. Erst wenn alle einander „geliked" haben, soll auf ein Zeichen hin der Zettel vom Rücken entfernt und die „Likes" gelesen werden. Die Jugendlichen können darauf reagieren. Danach kann mit diversen Impulsfragen: „Haben euch die anderen gut getroffen?" weitergearbeitet werden.

Variante
Möglich ist es auch, dass die Jugendlichen die Zettel nach einem kurzen Durchlesen in einen Umschlag stecken und diesen zukleben (so bleibt die Privatsphäre gewahrt). Die Leitung kann dann den Jugendlichen diesen Brief nach einer Weile postalisch übersenden.

Anwendungsbeispiel
Diese Methode kann gut in Relation zur Frage „Wer bin ich?" oder der Thematik Liebe/Nächstenliebe (z. B. Mt 22,37-40) gesetzt werden.

ICH RÄUME MEINEN COMPUTER AUF

Feedback an drei Stationen.

Kategorie: Feedback
Thema: Alle Themen
Zeitaufwand: 20 Minuten
Gruppengröße: bis 10, 10 – 20, 20+
Alter: ab 12

Anspruch für die Leitung: 1
Anspruch für die Gruppe: 1
Aufwand: 2
Sozialform: Einzelarbeit, Plenum

Material: Computer-Symbole als Plakate (Ordner, Papierkorb), 1 grünes Tuch (Desktophintergrund), Moderationskarten, 1 Digitalkamera/Handykamera

Beschreibung

Auf dem Boden liegt als Untergrund ein grünes Tuch. Darauf werden die Computer-Symbole „Ordner" und „Papierkorb" gelegt. Die Symbole sollten ca. 60 cm groß sein. Die Jugendlichen erhalten mehrere Moderationskarten sowie den Auftrag, die zu evaluierende Einheit, Freizeit usw. Revue passieren zu lassen. Über die jeweiligen Symbole werden die Überschriften gelegt (Ordner: „Das hat mir gefallen", Papierkorb: „Das konnte ich nicht gebrauchen", Desktophintergrund: „Das möchte ich noch sagen" oder „Da habe ich noch eine Frage". Die Jugendlichen sollten – wenn möglich – zu jeder Überschrift eine Karte beschriften. Danach dürfen sie ihre Ergebnisse, wenn sie möchten mit Erklärungen, den jeweiligen Symbolen zuordnen. Es kann eine Reflexion erfolgen, das Bodenbild kann als Sicherung fotografiert werden.

Variante

Möglich ist diese Methode auch als Arbeitsblatt (Screenshot: Desktophintergrund mit Ordner und Papierkorb), das in Einzelarbeit ausgefüllt werden kann (entweder nur zur Selbstreflexion der Jugendlichen oder aber für die anonyme Auswertung).

Anwendungsbeispiel

Diese Feedbackmethode eignet sich dafür, ganze Freizeiten oder auch kleinere Einheiten zu evaluieren.

IDEENWETTBEWERB

In einem turnierartigen Wettbewerb gewinnt die beste Idee.

Kategorie: Spiel	**Anspruch für die Leitung:** 2
Thema: Gottesdienst, Konfirmation	**Anspruch für die Gruppe:** 1
Zeitaufwand: 20 Minuten	**Aufwand:** 1
Gruppengröße: 10 – 20, 20+	**Sozialform:** Gruppenarbeit, Plenum
Alter: ab 12	

Material: Moderationskarten, Stifte

Beschreibung
Jede/jeder schreibt bis zu drei Ideen auf eine Moderationskarte. Dann werden je nach Gruppengröße Zweier-, Dreier- oder Vierergruppen gebildet. Diese diskutieren, welche Idee die beste ist und legen sich am Schluss auf eine fest. Dann sucht sich die Gruppe eine Partnergruppe, mit der wieder diskutiert wird. Wortführer ist die Erfinderin / der Erfinder der Idee, die anderen in seiner/ihrer Gruppe unterstützen sie/ihn. Dies geht so lange, bis nur noch zwei oder drei Ideen übrig sind. Diese werden dann ausführlich im Plenum vorgestellt. Per Abstimmung ermittelt man, welche Idee insgesamt die beste ist. Oft passen verschiedene Ideen zueinander, dann kann man im Verlauf der Diskussionen oder auch am Schluss die Ursprungsidee erweitern oder konkretisieren.
Die Leitung muss gut darauf achten, dass es beim Diskutieren fair zugeht und die Ideen, die sich nicht durchsetzen konnten, trotzdem gewürdigt werden.

Variante
Das Verfahren funktioniert auch mit längeren Texten, von denen nur einer oder wenige vorgetragen werden sollen.

Anwendungsbeispiel
Die Methode ist gut geeignet, um ein Thema für den Konfi-Gottesdienst, einen Jugendgottesdienst oder eine Freizeit zu finden. Es hilft, wenn man am Anfang Beispiele gibt, welche Ideen und Themen schon einmal gut ankamen.

IMPULSKARTEN

Visualisierung von Emotionen, Positionen und Einschätzungen durch Karten.

Kategorie: Einstieg; Feedback, Inklusiv/Basal, Kennenlernen
Thema: Alle Themen
Zeitaufwand: 10 Minuten
Gruppengröße: bis 10, 10 – 20, 20+
Alter: ab 6

Anspruch für die Leitung: 1
Anspruch für die Gruppe: 1
Aufwand: 1
Sozialform: Partnerarbeit, Gruppenarbeit, Plenum

Material: laminierte Post-, Bild-, Textkarten; Gegenstände; 1 Signal (z. B. Klingel)

Beschreibung

Es gibt bereits thematisch geordnete Impulskarten, die man käuflich erwerben kann. Es ist aber auch möglich, Impulskarten mit eigenen Fotos, Textkarten (z. B. mit Bibeltexten) selbst herzustellen. Es empfiehlt sich, diese zu laminieren (DIN A5).
Die Impulskarten werden in der Mitte eines Stuhlkreises ausgelegt. Anschließend folgt eine Impulsfrage (z. B. „Liebe, das ist ein riesen Begriff. Sucht euch eine Karte, die eurem Verständnis von Liebe ganz nah kommt, oder eine, die ganz weit weg davon ist."). Die Leitung muss vorab klären, ob die Jugendlichen ihre Kartenwahl begründen sollen oder es auch möglich ist, seine Karte „stumm" zu präsentieren. Auf ein Signal hin sollen die Jugendlichen in einer Art Museumsgang die Karten betrachten. Nach einem erneuten Signal darf sich jede/jeder eine Karte nehmen, die sie/er dann den anderen vorstellt oder zeigt. Sollten mehrere Jugendliche die gleiche Karte bevorzugen, wird diese dann bei der Präsentation weitergegeben.

Varianten

Die Jugendlichen können ihre eigene Impulskartei kreieren. Hierfür könnten Lieblingsbilder, Fotos, Texte, Gegenstände gesammelt werden, die dann z. B. bei einer „Wie geht's mir?"-Runde eingesetzt werden können.
Es ist auch möglich die Impulskarten stumm zu verwenden. Die Jugendlichen stellen dann auf die jeweilige Karte ein Teelicht (Impulsfrage: „Welches Bild trifft meine Vorstellung von XY?"). Sie könnten auch einen Kieselstein auf die jeweilige Karte legen.

Anwendungsbeispiel

Impulskarten erleichtern oft den Einstieg in theologisch schwierige Themen wie Taufe, Tod, Abendmahl usw.

IN BILDER HINEINSCHLÜPFEN

Fotografietechnik, bei der man Teil eines projizierten Bildes wird.

Kategorie: Kreativ
Thema: Abendmahl, Bibel, Gruppe, Identität
Zeitaufwand: 30 Minuten
Gruppengröße: bis 10, 10 – 20
Alter: ab 12
Anspruch für die Leitung: 2
Anspruch für die Gruppe: 2
Aufwand: 3
Sozialform: Gruppenarbeit, Plenum

Material: 1 Laptop, 1 Beamer, 1 digitales Bild / Foto, weiße Leinentücher, 1 helle Taschenlampe, Klebeband, Papier, Stifte, 1 Digitalkamera/Handykamera

Beschreibung

Man projiziert ein geeignetes Bild/Foto auf eine große Leinwand oder weiße Wand. Die Akteurinnen/Akteure kleiden sich in ein weißes Leinentuch und lassen nur die Körperteile herausschauen, die später sichtbar sein sollen. Bei dunklen Motiven lohnt es sich, mit einer kräftigen Taschenlampe sehr gezielt die meist zu dunklen Körperteile anzuleuchten, dann muss man später mit der Bildbearbeitung nicht so stark manuell aufhellen. Fotografiert wird am besten aus der Perspektive des Beamers, dann sieht man keine Schatten. Sehr einfach ist es, bei Bedarf Texte in Textblasen auf weißes Papier zu schreiben und dann mit Klebeband zu befestigen.
Die Fotos werden ohne Blitz aufgenommen. Meist müssen die Bilder noch ein wenig nachbearbeitet werden: Man erhöht die Farbsättigung, die durch die Projektion nachgelassen hat. Wenn die Körperteile zu dunkel sind, kann man sie selektiv aufhellen. Gut geeignet als Ausgangsbilder sind alle Fotos, die von den Größenverhältnissen her zu Menschen passen. Natürlich kann man mit den Größenverhältnissen auch spielen und z. B. zeigen, wie es aussieht, wenn jemand die Welt in der Hand hält.

Variante

Die Jugendlichen können die Bilder, in die sie hineinschlüpfen wollen, auch selbst im Internet suchen oder mit der Digitalkamera aufnehmen. So kann man z. B am örtlichen Kirchturm hochklettern, ohne sein Leben zu gefährden.

Anwendungsbeispiel

Die Methode eignet sich gut, wenn man sich in andere Personen hineinversetzen will. Das kann eine Person sein, die man toll findet, es kann aber auch ein Gemälde mit einer Szene aus der Bibel sein. Die Sätze, die die Person sagt, kann man als Sprechblase gestalten oder die Personen auch tatsächlich sprechen lassen und das Ganze als Video festhalten.
Motivideen: Abendmahlsszene, Jesus und seine Jünger: „Ich wäre einmal gern wie …“, Reiselust: „Einmal in Jerusalem sein …“

INSZENIERTE FOTOGRAFIE

Ein persönliches Bild wird aufwändig inszeniert.

Kategorie: Kreativ	**Anspruch für die Leitung:** 3
Thema: Alle Themen	**Anspruch für die Gruppe:** 3
Zeitaufwand: 180 Minuten	**Aufwand:** 3
Gruppengröße: 10 – 20, 20+	**Sozialform:** Einzelarbeit, Gruppenarbeit, Plenum
Alter: ab 12	

Material: Verkleidung, Requisiten, 1 Digitalkamera/Handykamera, ggf. 1 Holzrahmen (2 x 2 m)

Beschreibung

Diese Bilder leben von ungewöhnlichen Kombinationen der Gegenstände, Körperhaltungen und Umgebungen.

Die Jugendlichen werden in kleine Gruppen von drei bis fünf Personen eingeteilt, die sich bei der Konzeption gegenseitig beraten und beim Aufbau des Bildes unterstützen. Jede/jeder soll ihr/sein eigenes, persönliches Bild entwickeln, das in Ruhe aufgebaut und zum Schluss möglichst professionell abgelichtet wird. Die Gruppenleitung steht die ganze Zeit zur Beratung zur Verfügung und versucht, auch verrückte Ideen möglich zu machen.

Die Bilder müssen anschließend gut präsentiert werden, z. B. in einem Gottesdienst oder einer Ausstellung. Jede/jeder erhält ein großformatiges Bild seiner Inszenierung als Geschenk überreicht.

Variante

Es können auch optische Rahmenbedingungen vorgegeben werden, etwa ein großer Holzrahmen (2 × 2 m) oder eine Bühne. Dadurch gewinnen die Bilder eher den Charakter einer Serie.

Anwendungsbeispiele

- Was meinem Leben Hoffnung gibt ...
- Was mir mein Konfirmationsspruch bedeutet ... (Als Regel gilt: Im Bild muss irgendwo auch der Konfirmationsspruch als Text vorkommen.)

INSZENIERTE MINIATUR-FOTOGRAFIE

Eine Person wird mittels Foto verkleinert und in einem neuen Kontext fotografiert.

Kategorie: Kreativ
Thema: Identität, Kirche
Zeitaufwand: 90 Minuten
Gruppengröße: bis 10, 10 – 20, 20+
Alter: ab 12

Anspruch für die Leitung: 2
Anspruch für die Gruppe: 1
Aufwand: 3
Sozialform: Einzelarbeit, Gruppenarbeit

Material: 1 Digitalkamera/Handykamera pro Gruppe oder Person, 1 Farbdrucker, Fotopapier, scharfe Scheren, Tesafilm, Lichtquellen

Beschreibung

Diese Methode lebt davon, dass die Größenverhältnisse nicht zueinander passen. Jede Person wird zunächst in einer ungewöhnlichen Pose fotografiert, z. B. kniend. Das Foto wird im typischen Kleinbildformat (9 × 13) auf Fotopapier ausgedruckt. Falls man keinen Fotodrucker hat, kann man die Bilder auch bei einem Fotodienst entwickeln lassen.

Jede/jeder schneidet ihr/sein Bild an den Umrissen der Person mit einer scharfen Schere sauber aus. Dann geht es los auf die Suche nach spannenden Umgebungen, in denen man sich selbst in Szene setzen möchte. Auch Gemeinschaftsbilder sind möglich.
Die entstandenen Bilder können anschließend präsentiert werden.

Anwendungsbeispiel

Ich im Kirchenraum: Wo fühle ich mich im Kirchenraum wohl? Was drückt mein Verhältnis zu Gott am besten aus?

INSZENIERTES ESSEN

Bei einem Essen gelten besondere Regeln.

Kategorie: Inklusiv/Basal; Erlebnispädagogik	**Anspruch für die Leitung:** 2
Thema: Abendmahl, Gerechtigkeit	**Anspruch für die Gruppe:** 2
Zeitaufwand: 80 Minuten	**Aufwand:** 3
Gruppengröße: 10 – 20	**Sozialform:** Plenum
Alter: ab 12	

Material: Handicaps (z. B. Schnüre), 1 Augenbinde pro Person, Essen

Beschreibung

Schon die ersten Christen hat das Essen verbunden, nicht nur in der speziellen Form des Abendmahls. Ein inszeniertes Essen kann verschiedene Schwerpunkte und Regeln haben.

Mögliche Regeln:

- Die rechte Nachbarin / der rechte Nachbar bedient. Niemand bedient sich selbst, die Nachbarin / der Nachbar fragt aufmerksam immer wieder nach, was noch gewünscht wird.
- Das Essen findet im Dunkeln statt (wenn es nicht ganz dunkel wird, mit Augenbinden).
- Vor dem Essen werden verschiedene Handicaps ausgemacht und wenn möglich auch angelegt: Man kann nur mit einer Hand essen. Man ist blind. Man kann nicht sprechen.
- Die Gruppe wird als Zweiklassengesellschaft in Dienende und Bediente aufgeteilt.

Anwendungsbeispiel

Ein inszeniertes Essen kann gut als Vorbereitung auf das Abendmahl veranstaltet werden. Bei der Form des Feierabendmahls startet man mit einer Abendmahlsfeier, die dann in ein fröhliches und besonderes Essen übergeht.

INTERVIEWS FÜHREN

Mit Interviews herausbekommen, was Leute zu einer bestimmten Frage denken.

Kategorie: Outdoor/Unterwegs; Gespräch
Thema: Alle Themen
Zeitaufwand: 90 Minuten
Gruppengröße: bis 10, 10 – 20, 20+
Alter: ab 12
Anspruch für die Leitung: 2
Anspruch für die Gruppe: 2
Aufwand: 1
Sozialform: Partnerarbeit, Gruppenarbeit

Material: 1 Aufnahmegerät, Papier, Stifte

Beschreibung
Es gibt zwei Arten von Interviews: quantitative und qualitative. Bei qualitativen Interviews kann man freie Antworten geben. Bei quantitativen Umfragen werden die Fragen so vorstrukturiert, dass es mehrere fest definierte Antwortmöglichkeiten gibt oder man auf einer Skala eine Einschätzung geben kann.
Ein Interview hat drei Phasen: 1. Erarbeitung des Konzeptes und Formulierung der Fragen, 2. Auswertung (bringt oft überraschende Ergebnisse zutage), 3. Präsentation (hilfreich ist eine grafische Veranschaulichung).

Anwendungsbeispiel
Die Jugendlichen gehen mit einer Umfrage zum Thema Glaubensbekenntnis in die Fußgängerzone. Die Ergebnisse werden im Rahmen eines (Jugend-)Gottesdienstes präsentiert.

JA-NEIN-RÄTSEL

Ein ungewöhnlicher Kriminalfall muss durch Ja-Nein-Fragen gelöst werden.

Kategorie: Quiz; Gespräch
Thema: Bibel
Zeitaufwand: 20 Minuten
Gruppengröße: bis 10, 10 – 20
Alter: ab 12

Anspruch für die Leitung: 1
Anspruch für die Gruppe: 2
Aufwand: 1
Sozialform: Plenum

Material: Rätsel

Beschreibung
Diese Kriminalfälle klingen beim ersten Hören paradox. Nur die Spielleitung kennt die Auflösung des Falls, sie antwortet aber immer nur mit „Ja" oder „Nein" auf alle Fragen, höchstens einmal mit „vielleicht" oder „das spielt keine Rolle". Meistens ist die Lösung für z. B. einen zunächst dramatisch klingenden Mordfall am Ende ganz harmlos. Es dauert oft sehr lange, bis ein Fall aufgelöst ist. Gern werden solche Rätsel auf langen Busfahrten, Wanderungen oder am Lagerfeuer gelöst, wenn es keinen Zeitdruck gibt. Hier findet man viele Rätselkrimis: www.raetselstunde.de/text-raetsel/laterale/raetsel-krimi-001.html.

Anwendungsbeispiel
Auch aus biblischen Geschichten kann man solche Kriminalfälle entwickeln. Am besten nimmt man unbekanntere Geschichten wie den listigen Linkshänder-Mörder Ehud (Ri 3,12-30) (Beispiel: Müller, Ingo: Unbelievable stories 2. 88 spannende Rätsel aus der Bibel, buch+musik, Stuttgart 2018).

JA-NEIN-STUHL

Ein Wettspiel, bei dem man zuerst den richtigen Antwortstuhl erreichen muss.

Kategorie: Quiz; Einstieg, Spiel
Thema: Bibel, Heiliger Geist
Zeitaufwand: 10 Minuten
Gruppengröße: 10 – 20, 20+
Alter: ab 12

Anspruch für die Leitung: 1
Anspruch für die Gruppe: 1
Aufwand: 2
Sozialform: Plenum

Material: 1 Ja- bzw. Nein-Schild, 2 Stühle, Fragen
(s. „Tool-Pool_Ja-Nein-Stuhl_Fragen.pdf“ im Downloadbereich)

Beschreibung

Die Gruppe wird in zwei oder drei Mannschaften aufgeteilt, die sich hintereinander aufstellen. Zwei mit „Ja“ und „Nein“ gekennzeichnete Stühle werden am anderen Ende des Raumes aufgestellt. Die Spielleitung stellt eine Frage. Die Mannschaft, deren Läuferinnen/Läufer zuerst auf dem richtigen Stuhl sitzt, bekommt einen Punkt.
Die Antwort kann im Gespräch kurz überprüft und ausgewertet werden, dies sollte aber nicht den Spielfluss unterbrechen. Etwa zehn bis zwanzig Fragen sollten vorbereitet sein.

Variante

Man kann sich auch spontan Fragen ausdenken. Am besten wählt man dazu einige Jugendliche oder Mitarbeitende aus, die nebenher die nächste Frage überlegen.

Anwendungsbeispiele

- Sechzehn Fragen zum Thema Heiliger Geist gibt es im Downloadbereich.
- Zwanzig Fragen zum Thema Bibel gibt es unter www.anknuepfen.de/materialien/themen/bookletsearch/Booklet/articleDetail/102.html.

KARAOKE

Wettstreit der Sängerinnen und Sänger.

Kategorie: Musik; Spiel	**Anspruch für die Leitung:** 1
Thema: Gruppe	**Anspruch für die Gruppe:** 3
Zeitaufwand: 45 Minuten	**Aufwand:** 2
Gruppengröße: bis 10, 10 – 20	**Sozialform:** Einzelarbeit, Plenum
Alter: ab 12	

Material: 1 Laptop (mit Internetanschluss), 1 Beamer, 1 Leinwand (oder Bildschirm), 2 Mikrofone, 1 Musikanlage mit 3 Kanälen oder Liederbücher und 1 Gitarre

Beschreibung

Beim Karaoke geht es darum, bekannten Liedern die eigene Stimme zu geben und sich dabei miteinander zu messen. Dafür einigen sich die beiden Sängerinnen/Sänger auf ein Lied, welches sie singen wollen. YouTube bietet zu fast jedem bekannteren Lied eine extra Karaokeversion. Die Sängerinnen/Sänger bekommen je ein Mikrofon und singen miteinander, aber gleichzeitig gegeneinander, das Lied.
Die Gruppe als Jury kürt die bessere Sängerin / den besseren Sänger zur Siegerin / zum Sieger. Dies lässt sich hervorragend in Turnierform ausführen, wobei jeweils die Siegerin / der Sieger einer Runde in das nächste Gesangsduell einzieht. So stehen am Ende zwei Teilnehmende im Finale.

Variante

Bei „Karaoke unplugged" singen die Sängerinnen/Sänger zur Gitarrenbegleitung. Der Rest läuft wie beschrieben ab.
Es wird nacheinander gesungen, was jedoch den Vergleich erschwert.

Anwendungsbeispiel

Für jede Gelegenheit anwendbar.

KARTENABFRAGE

Auf Moderationskarten beantworten alle gleichzeitig eine Frage.

Kategorie: Gespräch
Thema: Freundschaft, Jesus Christus
Zeitaufwand: 30 Minuten
Gruppengröße: 10 – 20
Alter: ab 12
Anspruch für die Leitung: 1
Anspruch für die Gruppe: 1
Aufwand: 1
Sozialform: Einzelarbeit, Partnerarbeit, Gruppenarbeit, Plenum

Material: Moderationskarten, Filzstifte, 1 Pinnwand, 1 Digitalkamera/Handykamera

Beschreibung

Die Kartenabfrage eignet sich, um ein breites Spektrum von Meinungen zu bekommen. Zuerst erklärt man, worum es geht. Dann wird eine möglichst klare Frage formuliert, zu der jede/jeder eine oder mehrere Aussagen so groß auf eine Karte schreibt, dass man es auch aus der Entfernung lesen kann. Jede Antwort kommt auf eine eigene Karte. Anschließend werden die Antworten vorgestellt und an eine Pinnwand geheftet oder in der Mitte auf den Boden gelegt.

In einem zweiten Schritt wird überlegt, welche Cluster sich aus den Aussagen bilden lassen: Gibt es Gemeinsamkeiten oder Gegensätze? Über welche Punkte lohnt es sich ausführlicher ins Gespräch zu kommen? Das Ergebnis kann man mit einem Foto festhalten. Die Methode basiert auf dem Prinzip der Metaplan-Methode.

Variante

Die Karten können auch auf Zuruf von einer Assistentin / einem Assistenten oder in Gruppenarbeit ausgefüllt werden.

Anwendungsbeispiel

Zum Thema Freundschaft wird gefragt: „Was gehört zu einer guten Freundschaft? Schreibt alles auf, was euch einfällt.“ Anschließend kann man gemeinsam überlegen, ob und wie auch Jesus unser Freund sein kann. Welche der vorher gefundenen Aussagen passen zu ihm, welche nicht?

KERZEN GESTALTEN

Kerzen mit Schrift, Mustern und Symbolen verzieren.

Kategorie: Spiritualität; Kreativ
Thema: Gottesdienst, Kirche
Zeitaufwand: 60 Minuten
Gruppengröße: bis 10, 10 – 20
Alter: ab 6
Anspruch für die Leitung: 1
Anspruch für die Gruppe: 2
Aufwand: 3
Sozialform: Einzelarbeit, Partnerarbeit

Material: mittelgroße Kerzen, Kerzenstifte mit Flüssigwachs oder Wachsplatten in verschiedenen Farben; Unterlagen

Beschreibung
Bei Konfi-Gruppen ist sie ein Klassiker: Die Konfi-Kerze, die jede/jeder für sich gestaltet und die im Gottesdienst brennt. Aber auch eine Jugendgruppe kann sich individuelle Kerzen gestalten – für jede/jeden persönlich zu Hause oder für die gemeinsame Andacht. Die Stifte ermöglichen feine Schrift, man muss aber vorsichtig mit ihnen umgehen, damit nicht alles verspritzt. Für flächige Formen sind die Wachsplatten besser geeignet. Man kann auch beide Techniken kombinieren.

Anwendungsbeispiele
Jede/jeder gestaltet ihre/seine persönliche Kerze, die mit dem Namen versehen wird. Gestaltet werden kann sie mit christlichen Symbolen oder auch mit dem, was jemandem im Leben wichtig ist. Die Gruppenleitung sollte darauf achten, dass die Motive auch zum Verwendungszweck der Kerzen passen.
Oder die Gruppe gestaltet jeweils einen Satz von Kerzen passend zum Kirchenjahr, die für die Andacht oder den Gottesdienst in der Kirche genutzt werden können.

KISTEN BAUEN

In einem Karton entsteht eine persönliche Welt.

Kategorie: Kreativ	**Anspruch für die Leitung:** 1
Thema: Identität, Sterben und Tod	**Anspruch für die Gruppe:** 1
Zeitaufwand: 60 Minuten	**Aufwand:** 3
Gruppengröße: bis 10, 10 – 20, 20+	**Sozialform:** Einzelarbeit, Gruppenarbeit
Alter: ab 12	

Material: Schuhkartons oder Umzugskisten, Klebstoff, Stoffe, verschiedene Papiersorten, Scheren, Kreativmaterial, Farben, 1 Digitalkamera/Handykamera

Beschreibung

Mithilfe von Kisten kann man richtige Räume gestalten. Wichtig ist es, ausreichend anregendes Material da zu haben (z. B. Spielgeld, kleine Fußbälle).
Jede/jeder gestaltet einzeln eine Kiste oder mehrere zusammen einen Umzugskarton (innen weiß grundiert).
Für die Präsentation werden die Kisten geschlossen ins Plenum gebracht und dann der Reihe nach geöffnet. Die Kisten können später für eine Ausstellung verwendet werden oder man fotografiert sie.

Anwendungsbeispiel

Jenseitskisten: Jugendliche geben in kleinen Gruppen ihren inneren Hoffnungsbildern vom Jenseits Gestalt. Nach der Präsentation werden zwischen zwei Gruppen die Kisten getauscht und außen Begriffe auf die Kiste geschrieben, welche Wünsche, Träume, Hoffnungen und Ängste durch die Gestaltung zum Ausdruck kommen. Über ihre Wahrnehmungen tauschen sich die Gruppen schließlich aus (nach: Keßler, Hans-Ulrich / Nolte, Burkhardt: Konfis auf Gottsuche – der Kurs. Handbuch für Unterrichtende, Gütersloher Verlagshaus, Gütersloh 2019, S. 264 ff., Download: www.konfisaufgottsuche.de).

KOLLABORATIV-TEXTEN

Alle schreiben gleichzeitig in einem gemeinsamen Dokument.

Kategorie: Digitales Arbeiten; Text
Thema: Alle Themen
Zeitaufwand: 60 Minuten
Gruppengröße: 10 – 20
Alter: ab 12
Anspruch für die Leitung: 2
Anspruch für die Gruppe: 2
Aufwand: 3
Sozialform: Plenum

Material: mehrere Computer oder Tablets mit Internetverbindung

Beschreibung
Wenn man gleichzeitig an einem Text schreiben kann, ist dies eine Form echter Gleichberechtigung. Es entsteht in kürzester Zeit ein von allen mitverantworteter Text. Technisch bewährt haben sich die Etherpads, die man auf verschiedenen Plattformen nutzen kann. Vorsicht: Etherpads sind öffentlich und das Löschen der Inhalte reicht nicht, um heikle Inhalte dauerhaft zu löschen.
Mehr private Einstellungsmöglichkeiten bietet beispielsweise ein Google-Online-Dokument (www.docs.google.com). Nur der Administrator muss ein Google-Konto haben. Die anderen dürfen – wenn man es erlaubt – mitschreiben.

Kollaboratives Texten macht Spaß, wenn man nebenher miteinander reden kann. Man kann aber auch von verschiedenen Orten aus an einem Dokument arbeiten. Hilfreich ist es, schon eine bestimmte Struktur durch Überschriften und Impulsfragen vorzugeben.

Anwendungsbeispiel
Die Gruppe schreibt gemeinsam ein Theaterstück, ein Gebet, eine Predigt.

KREUZMOSAIK

Ein Kreuz aus Einzelbildern zusammensetzen.

Kategorie: Spiritualität; Kreativ
Thema: Abendmahl, Freundschaft, Glaubensbekenntnis, Gott, Jesus Christus, Schöpfung
Zeitaufwand: 60 Minuten
Gruppengröße: 10 – 20, 20+
Alter: ab 12

Anspruch für die Leitung: 1
Anspruch für die Gruppe: 1
Aufwand: 3
Sozialform: Einzelarbeit, Plenum

Material: Kreuzgerüst: 1 Holzstück 110 x 15 cm, 3 Holzstücke 30 x 15 cm, 24 Holzstücke 15 x 15 x 0,8 – 2 cm; Acrylfarben; Klarlack; Leim; Pinsel

Beschreibung
Gemeinsam wird ein Kreuz gestaltet. Vorab die Holzstücke zurechtsägen (oder im Baumarkt zurechtsägen lassen) und aus den vier Holzstücken das Kreuzgerüst zusammenleimen (s. Skizze unten).
Jede/jeder bekommt eine oder mehrere der Holzstücke und kann diese gestalten. Nach dem Bemalen sollten die einzelnen Stücke mit Klarlack überzogen werden, um sie haltbar zu machen. Zuletzt werden alle Brettchen auf das Kreuzgerüst geleimt.

Kreuzmosaik

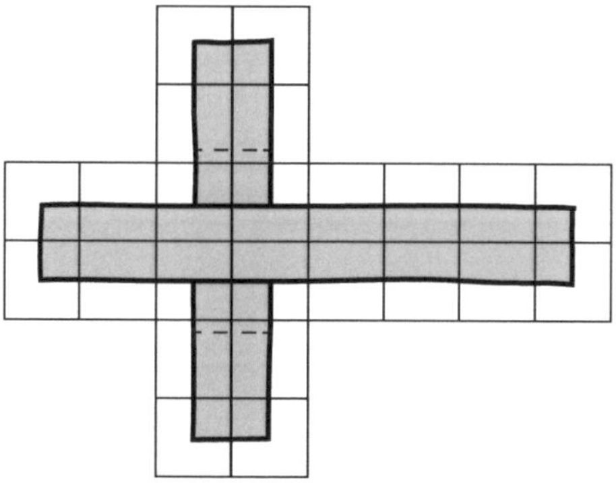

Anwendungsbeispiel
Das gemeinsame Basteln bietet den Jugendlichen eine kreative Ausdrucksmöglichkeit ihrer Gedanken. Mögliche Themen für das Kreuz: Psalmen, Schöpfung.

KREUZSEGEN

Die Gruppe stellt sich in Kreuzform auf und bekommt einen Segen zugesprochen.

Kategorie: Spiritualität; Abschluss
Thema: Rituale, Segen
Zeitaufwand: 5 Minuten
Gruppengröße: 20+
Alter: ab 12
Anspruch für die Leitung: 2
Anspruch für die Gruppe: 1
Aufwand: 1
Sozialform: Plenum

Material: keines

Beschreibung
Das Wort „segnen" kommt von lateinisch „signare" und meint ursprünglich das „Bezeichnen mit einem Kreuz".
Diese Form des Segens eignet sich besonders im Freien oder in einer Kirche, in der zwischen den Bänken eine Kreuzform möglich ist. Die Gruppe fasst sich in einem großen Kreis an den Händen und bildet dann die Form eines Kreuzes. Anschließend spricht eine/einer der Gruppe einen Segen zu:

„Geht im Frieden, weil Jesus euer Friede ist. Geht als erlöste Menschen, weil Jesus euch am Kreuz von aller Schuld befreit hat. Geht unter dem Zeichen des Kreuzes. Jesus ist immer bei euch. So segne und begleite euch der dreieinige Gott, der Vater, der Sohn und der Heilige Geist. Amen."

Anschließend macht jede/jeder die/der will für sich persönlich das Kreuzzeichen, um diesen Segen symbolisch mit sich zu nehmen.

Variante
Bei großen Gruppen kann man zunächst zwei ineinander liegende Kreise bilden, der innere Kreis schaut dabei nach außen.

Anwendungsbeispiel
Für jede Gelegenheit anwendbar.

KREUZWEG GESTALTEN

Gemeinsam werden die Stationen eines Kreuzweges gestaltet.

Kategorie: Kreativ; Outdoor/Unterwegs
Thema: Bibel, Jesus Christus, Sterben und Tod
Zeitaufwand: 180 Minuten
Gruppengröße: 10 – 20, 20+
Alter: ab 12
Anspruch für die Leitung: 2
Anspruch für die Gruppe: 2
Aufwand: 3
Sozialform: Einzelarbeit, Partnerarbeit, Gruppenarbeit

Material: Malkarton, Farben, Pinsel

Beschreibung

Das Kreuz, an dem Jesus gestorben ist, ist das zentrale Symbol des christlichen Glaubens. Im Rahmen einer Kreuzwegandacht geht man die Stationen ab, liest die passende Bibelstelle und meditative Gedanken vor, singt eventuell ein kurzes Lied.
Es empfiehlt sich, sowohl von der künstlerischen Gestaltung als auch von den Inhalten her klare Schwerpunkte zu setzen. Bei der Auswahl der Stationen kann man sich an einem Evangelium orientieren oder lässt sich von den klassischen vierzehn Stationen inspirieren.

Variante

Ein Kreuzweg kann auch mit Naturmaterialien im Wald gestaltet werden. Dafür verwendet man die Methode „Landart".

Anwendungsbeispiel

Ideal passt ein solcher Kreuzweg in die Passionszeit. Aber auch in der Adventszeit, einer klassischen Fastenzeit, ist er denkbar. (Weitere Ideen: Kammerer, Stefan: durchKREUZt. Mit Konfirmand/innen einen Kreuzweg malen. In: Anknüpfen – Praxisideen, Stuttgart ^{2}2013, S. 449; www.jugendkreuzweg-online.de)

KUGELLAGER

Austausch- und Diskussionsmöglichkeit mit hohem Durchmischungsfaktor.

Kategorie: Gespräch; Einstieg, Kennenlernen
Thema: Alle Themen
Zeitaufwand: 20 Minuten
Gruppengröße: 10 – 20, 20+
Alter: ab 12

Anspruch für die Leitung: 1
Anspruch für die Gruppe: 1
Aufwand: 1
Sozialform: Gruppenarbeit, Plenum

Material: 1 Glocke, 1 Stoppuhr

Beschreibung

Die Jugendlichen verteilen sich auf zwei Gruppen. Sie stellen sich paarweise, mit dem Gesicht zueinander auf und bilden einen Innen- und Außenkreis (es bedarf einer geraden Personenzahl). Zuerst wird die Rotationsrichtung sowie Rotationszahl angegeben (z. B. „Der äußere Kreis rutscht zwei Personen nach links, der innere vier Personen nach rechts."). Darauf folgt eine Impulsfrage. Das neu konstituierte Gesprächspaar hat 4 Minuten Zeit (jeweils 2 Minuten) sich über die Frage auszutauschen (akustisches Signal nach 2 Minuten). Danach wird ein neuer Impuls gesetzt oder der vorherige wird, nach neuem Durchmischen, fortgesetzt. Es empfehlen sich fünf Rotationsvorgänge. Danach kann eine anonyme Auswertung erfolgen.
Die Methode basiert auf dem Prinzip des Karussellgesprächs von Heinz Klippert.

Anwendungsbeispiel

Mögliche Fragen: „Wie stellst du dir das Leben nach dem Tod vor?", „Wenn Du Gott etwas fragen könntest, was wäre das?" „Welcher Gesichtsausdruck beschreibt deinen Tag?"

LABYRINTH

Ein Labyrinth bauen und meditativ begehen.

Kategorie: Spiritualität; Outdoor/Unterwegs
Thema: Gott, Identität, Segen
Zeitaufwand: 45 Minuten
Gruppengröße: 10 – 20, 20+
Alter: ab 12
Anspruch für die Leitung: 2
Anspruch für die Gruppe: 1
Aufwand: 3
Sozialform: Plenum

Material: Material für die Markierungen (Steine, Äste, Sand, Sägemehl), meditative Musik, 1 Abspielgerät, Fragekarten und Segenskarte (s. „Tool-Pool_Labyrinth_Karten.pdf" im Downloadbereich)

Beschreibung

Das Labyrinth ist ein uraltes Symbol für den Lebensweg. Anders als beim Irrgarten gibt es nur einen Weg – der steht für die Führung durch Gott. Das Zentrum ist ein besonderer Ort, der für Gott und das Finden der eigenen Mitte steht.
Dann gibt es Wendungen und Wege, die überraschenderweise wieder wegführen von der Mitte, Zeiten des Zweifels und der Gottesferne, in denen man Ermutigung braucht. Manchmal gibt es in der Umgebung schon ein begehbares Labyrinth, es ist aber auch leicht, ein eigenes zu erstellen, in einem großen Raum oder draußen. Als Markierung eignen sich Sägemehl, Sand, Äste oder Steine. Der Weg sollte so breit sein, dass man auf dem Rückweg gut an den anderen vorbeikommt.
Das Labyrinth wird einzeln mit einem Abstand von etwa 20 Sekunden durchlaufen ohne die anderen zu überholen. Am Anfang, auf dem Weg und am Ziel gibt es jeweils Impulse zur Meditation.

Anwendungsbeispiel

Nach einem ersten Probedurchgang werden die Fragekarten und der Segen an passender Stelle im Labyrinth ausgelegt. In der Mitte wartet ein Segensspruch, den sich jede/jeder mitnehmen darf.

LANDART

Kreatives Gestalten in der Natur und mit der Natur.

Kategorie: Outdoor/Unterwegs; Abschluss, Erlebnispädagogik, Inklusiv/Basal, Kreativ
Thema: Gott, Identität, Schöpfung, Sterben und Tod, Taufe
Zeitaufwand: 45 Minuten
Gruppengröße: bis 10, 10 – 20
Alter: ab 6
Anspruch für die Leitung: 1
Anspruch für die Gruppe: 1
Aufwand: 1
Sozialform: Einzelarbeit, Partnerarbeit, Gruppenarbeit, Plenum

Material: Naturmaterialien der Jahreszeit, 1 Digitalkamera/Handykamera

Beschreibung

Der Ansatz der Landart setzt bei der Natur an. Naturmaterialien, landschaftliche Begebenheiten, Steine, Wasser, Licht und Schatten, Bäume und Pflanzen bilden das Ausgangsmaterial. Die Vergänglichkeit des Schaffens tritt dabei sichtbar auf, da die Kunstwerke meist in der Natur belassen werden. Der Prozess des Schaffens und das Betrachten danach stehen im Mittelpunkt. Erinnerungen in Form von Fotos bieten sich an. Möglichkeiten der Gestaltung liegen zum Beispiel im Ordnen von Farben und Formen, dem Konstruieren von Bauwerken, dem Aufgreifen von natürlichen Landschaftsbegebenheiten oder dem bewussten Umwidmen oder Umgestalten von Natur.

Anwendungsbeispiele

- Steinbögen/Steintürme bauen
- Schöpfer sein: Gesichter aus Schlamm an Bäume modellieren
- Lebensbilder/Gottesbilder: Bodenbilder aus Naturmaterialien gestalten
- Themenideen: „Wie sieht das Leben nach dem Tod aus?“, „Gott ist wie ...“, „Psalm gestalten“

(nach: Güthler, Andreas / Lacher, Kathrin: Naturwerkstatt Landart. Ideen für kleine und große Naturkünstler, AT-Verlag, Baden/München ^{7}2005)

LEBENDES PENDEL

Eine Person pendelt im Stehen hin und her, aufgefangen von den Mitspielenden.

Kategorie: Inklusiv/Basal
Thema: Freundschaft, Gemeinde, Gruppe, Vertrauen
Zeitaufwand: 10 Minuten
Gruppengröße: 10 – 20, 20+
Alter: ab 12
Anspruch für die Leitung: 1
Anspruch für die Gruppe: 2
Aufwand: 1
Sozialform: Gruppenarbeit

Material: keines

Beschreibung
Es werden Gruppen je drei Personen gebildet. Die Person in der Mitte legt die Arme an den Körper an und lässt sich ganz langsam abwechselnd nach hinten und vorn fallen. Die beiden anderen stehen so nah, dass sie die pendelnde Person an den Schultern vorsichtig wieder in die andere Richtung bewegen können. Schon so braucht dieses Spiel viel Vertrauen. Noch mehr braucht man, wenn man dabei die Augen schließt. Im Lauf der Methode kann die Fallweite langsam vergrößert werden.

Variante
Das Spiel funktioniert auch mit einem Kreis aus sechs bis acht Personen um das Pendel herum, das sich dann in alle Richtungen fallen lassen kann. Allerdings muss hier die Gruppe schon sehr vertraut und sorgsam im Umgang miteinander sein.

Anwendungsbeispiel
Eine wichtige Grundaussage des Glaubens ist, dass Gott mich hält. Diese kann durch die Methode veranschaulicht werden. Ebenso ist es übertragbar auf die Wichtigkeit von Gemeinschaft und Freundschaft: Keiner/keine steht im Leben so stabil da, dass sie/er nicht immer wieder Stütze und Impulse von außen braucht.

LEBENDIGES BAROMETER

Digitale Methode, um sich ein Stimmungsbild oder eine Meinungsäußerung der Teilnehmenden einzuholen.

Kategorie: Digitales Arbeiten; Feedback, Gespräch, Kennenlernen
Thema: Alle Themen
Zeitaufwand: 15 Minuten
Gruppengröße: bis 10, 10 – 20, 20+
Alter: ab 10
Anspruch für die Leitung: 1
Anspruch für die Gruppe: 1
Aufwand: 2
Sozialform: Plenum

Material: digitale Whiteboard-/Kommentarfunktion, die in Videokonferenz nutzbar ist

Beschreibung

Zu Beginn der Videokonferenz öffnet die Leitung die Whiteboard- oder Kommentarfunktion (s. auch Methode „Gruppenarbeiten in Videokonferenzen"). Die Leitung schreibt an die einander gegenüberliegenden Ränder der Schreibfläche Impulsworte (z. B. gut/ schlecht; stimme zu / stimme nicht zu) und ergänzt eine Linie zwischen den Worten. Nun stellt sie vorbereitete Impulsfragen, zu denen die Teilnehmenden sich auf der Linie positionieren sollen. Die Positionierung aufgreifend thematisiert die Leitung bestimmte Positionen der Teilnehmenden und nutzt die Positionierung als Gesprächsanlass für die Gruppe.

Varianten

- anonym: Wenn man die Positionierung anonym durchführen lässt, schützt man die Jugendlichen und ihre Befindlichkeiten. Fragetechnik: „Was meint ihr, warum man sich hier einordnen könnte?"
- personalisiert: Wenn man die Positionierung unter realen Namen durchführen lässt, kann man gezielt Befindlichkeiten einsehen und sensibel nachfragen. Bitte nicht vorführen und unangenehme, zu persönliche Fragen vermeiden. Bitte keinen Screenshot machen – wenn doch, dann nur nach Absprache wegen der Wahrung von Persönlichkeitsrechten!

Anwendungsbeispiel

Die Teilnehmenden können zu ihrer aktuellen Stimmung, aber auch zu komplexen Themenfeldern befragt werden, z. B.: „Ich finde, die Kirche ist nichts für junge Menschen". Das kann entweder zum Einstieg in ein bestimmtes Thema geschehen oder zum Kennenlernen. Gute Fragen für die Gruppe finden sich in: Haller, Judith: ungefiltert. Wie gut kennst du dein Gegenüber? 225 Fragen für Jugendarbeit und Schule, buch+musik, Stuttgart 2021.

LERNSTATIONEN BAUEN

Die Jugendlichen erfinden zu einem Thema kreative Lernstationen.

Kategorie: Erlebnispädagogik; Kreativ
Thema: Gebet, Glaubensbekenntnis, Vertrauen
Zeitaufwand: 120 Minuten
Gruppengröße: 10 – 20, 20+
Alter: ab 12

Anspruch für die Leitung: 2
Anspruch für die Gruppe: 2
Aufwand: 1
Sozialform: Gruppenarbeit

Material: Kreativmaterialien, Naturmaterialien, Alltagsgegenstände, Papier, Stifte

Beschreibung

Stationen, die besondere Erlebnisse ermöglichen, müssen nicht immer von der Gruppenleitung geplant und aufgebaut werden.
Für den Bau der Lernstationen stellt man anregende Kreativmaterialien bereit. Es darf alles verwendet werden, was es im Haus oder in der Natur gibt. Einzige Bedingung: Es darf nichts dauerhaft kaputtgehen, und alles muss hinterher wieder aufgeräumt werden. Jede Gruppe notiert schriftlich, wie die Aufgabe an ihrer Station aussehen soll. Die Gruppen werden nach Neigung zusammengestellt. Eine Gruppe sollte nicht größer als vier Personen sein. Für das kreative Bauen braucht man mindestens eine Dreiviertelstunde. Anschließend werden die Stationen frei in kleineren Gruppen durchlaufen. Wenn eine Station Betreuung braucht, sollten die Gruppenmitglieder sich abwechseln, damit jede/jeder wenigstens einige der anderen Stationen ausprobieren kann.

Anwendungsbeispiele

Es eignen sich Themen wie z. B. Glaube oder Beten (Beispiel: Keßler, Hans-Ulrich / Nolte, Burkhardt: Konfis auf Gottsuche – der Kurs. Handbuch für Unterrichtende, Gütersloher Verlagshaus, Gütersloh 2019, S. 140 ff., Download unter: www.konfisaufgottsuche.de)

LERNSTRAẞE

An verschiedenen Stationen wird ein Aspekt des Themas selbständig erarbeitet.

Kategorie: Inklusiv/Basal
Thema: Gebote, Taufe
Zeitaufwand: 80 Minuten
Gruppengröße: 10 – 20, 20+
Alter: ab 12

Anspruch für die Leitung: 1
Anspruch für die Gruppe: 2
Aufwand: 3
Sozialform: Einzelarbeit, Partnerarbeit, Gruppenarbeit, Plenum

Material: Laufkarten zu den Stationen, Material für die einzelnen Stationen, Tische

Beschreibung

Eine Lernstraße besteht aus mehreren Stationen, an denen die Jugendlichen selbständig etwas ausprobieren oder erarbeiten.

Durchlaufen wird eine Lernstraße allein oder in kleineren Gruppen von höchstens fünf Personen. Es gibt Lernstraßen, bei denen die Stationen aufeinander aufbauen, in der Praxis leichter zu handhaben sind Lernstationen, bei denen man überall einsteigen und dort weitermachen kann, wo gerade nichts los ist. Eine Station benötigt in der Regel 5 – 10 Minuten Zeit für die Durchführung.

Bei der Einführung wird erklärt, wo die einzelnen Stationen zu finden sind. Im Anschluss trifft sich die Gruppe, um die Ergebnisse einzelner Stationen zu besprechen und offene Fragen zu klären.

Anwendungsbeispiele

Eine Lernstraße kann man z. B. zu den Zehn Geboten, zum Thema Taufe, Nächstenliebe oder zum Thema Behinderungen machen (Beispiel: Schweiker, Wolfhard: Mit Handicaps begabt, in: Anknüpfen – Praxisideen, Stuttgart ^{2}2013, S. 866 – 871).

LIGHTPAINTING

Mittels Langzeitbelichtung malt man in der Dunkelheit mit Licht.

Kategorie: Kreativ
Thema: Heiliger Geist, Konfirmation
Zeitaufwand: 80 Minuten
Gruppengröße: bis 10, 10 – 20, 20+
Alter: ab 12

Anspruch für die Leitung: 3
Anspruch für die Gruppe: 2
Aufwand: 3
Sozialform: Gruppenarbeit, Plenum

Material: 1 starke Taschenlampe, (farbige) Lichter, 1 gute Digitalkamera/Handykamera mit Langzeitbelichtung, 1 Stativ, farbige Filter-Folie, Schablonen, 1 Computer zur Bildbearbeitung, Karten mit Bibelversen (s. „Tool-Pool_Lightpainting_Bibelverse.pdf" im Downloadbereich)

Beschreibung
Am besten eignet sich für Lightpainting eine digitale Spiegelreflex- oder Systemkamera, manche Digitalkameras haben aber auch einen „Feuerwerk"-Modus. Man stellt eine möglichst lange Belichtungszeit ein, mindestens 10 Sekunden, besser 30. Sinnvoll ist ein Stativ. Kameraeinstellung: hohe Blendenzahl (kleine Blende), das bringt mehr Schärfentiefe, und eine kleine ISO-Zahl, damit das Bildrauschen nicht zu stark wird.

Man braucht eine lichtstarke, fokussierbare Taschenlampe zur selektiven Beleuchtung von Gegenständen. Zum direkten Malen in die Kamera eignen sich alle Lichter, die ruhig schwach sein dürfen (z. B. Wunderkerzen, Taschenlampen, LED-Lichterketten). Schablonen vor einer Taschenlampe oder einem Foto-Blitz ergeben Lichtstempel, farbige Filter-Folie ermöglicht Farbeffekte. Außerdem kann man mit einer Schnur zum Schleudern der Lampen arbeiten.
Licht kann man vor und hinter der Kamera machen, auch beide Effekte gleichzeitig oder in Ruhe hintereinander. Achtung: Das Licht hinter der Kamera ist deutlich schwächer und muss länger angelassen werden.
Die Helligkeitseinstellungen muss man nachjustieren, wenn das Bild zu dunkel wird: die ISO-Zahl erhöhen oder die Blende etwas weiter öffnen.

Wichtig ist die Nachbearbeitung der Bilder mit einer Bildbearbeitung. Man sollte den Schwarzpunkt korrigieren, das ist der Punkt, ab dem ein Grauwert schwarz dargestellt wird. Die Helligkeit ändert man am besten mithilfe der Gammakorrektur. Beides geht gut mit dem kostenlosen Open-Source Programm gimp (www.gimp.org).
(Beispiel unter: www.medienpaedagogik-praxis.de/wp-content/uploads/2012/09/Kolloquium_Lightpainting.pdf)

Variante
Groß ausgedruckte Texte können mithilfe von Lightpainting veranschaulicht und in ein neues Licht gerückt werden.

Anwendungsbeispiele

- Gruppenbild „Gemeinschaft der Heiligen“: Alle bekommen einen Heiligenschein (Beispiel: Ebinger, Thomas: Die Gemeinschaft der Heiligen. Lightpainting macht sie sichtbar. In: anKnüpfen update 2.2, 2015, S. 57 – 62)
- Menschen als Engel
- Gebetshaltungen in der Kirche in Szene gesetzt
- Orte und Gegenstände in der Kirche inszenieren (Karten mit Bibelvers s. Downloads)

LOGICALS

Methode zum Erschließen von umfangreichen Sachverhalten oder Texten.

Kategorie: Quiz; Digitales Arbeiten, Spiel, Text
Thema: Alle Themen
Zeitaufwand: 45 Minuten
Gruppengröße: bis 10, 10 – 20, 20+
Alter: ab 12

Anspruch für die Leitung: 1
Anspruch für die Gruppe: 1
Aufwand: 2
Sozialform: Einzelarbeit, Gruppenarbeit

Material: Logical (s. „Tool-Pool_Logical.pdf" im Downloadbereich)

Beschreibung
Jugendliche neigen dazu es abzulehnen, zu lange Texte zu lesen. Sie werfen auch teilweise schnell die Flinte ins Korn, wenn sie denken, dass sie etwas nicht schaffen können, oder sie etwas schlicht langweilig finden. Ein Logical hilft dabei, umfangreichere Geschichten oder Inhalte zu vermitteln, weil es nur wenig Text beinhaltet, durch Zusatztipps der/des Mitarbeitenden noch einfacher zu lösen ist und aufgrund der Rätselhaftigkeit Spaß macht und die Jugendlichen herausfordert.

Anwendungsbeispiel
Bei einem Logical kombinieren die Teilnehmenden verschiedene Hinweise, um am Ende das Rätsel zu lösen. Das Logical sowie der Lösungsweg und die Lösung findet sich im Downloadbereich.

MEIN AVATAR

Die Teilnehmenden stellen sich als Spielecharaktere, Superhelden, Märchenfiguren oder Tiere vor und können so auch analog einen Avatar nutzen.

Kategorie: Demokratiebildung; Digitales Arbeiten, Erlebnispädagogik, Kreativ, Warm-up
Thema: Identität, Vertrauen
Zeitaufwand: 20 Minuten
Gruppengröße: bis 10, 10 – 20, 20+
Alter: ab 12
Anspruch für die Leitung: 1
Anspruch für die Gruppe: 1
Aufwand: 2
Sozialform: Einzelarbeit, Plenum

Material: einfache Dinge zum Verkleiden, z. B. Tücher, Decken, Masken, Mützen; Papier, Stifte

Beschreibung
Avatare sind künstliche Personen oder Grafikfiguren, die sich eine Internetbenutzerin / ein Internetbenutzer in der virtuellen Welt zuordnet. In dieser Methode erhalten die Teilnehmenden die Möglichkeit, sich auch in der Realpräsenz einen Avatar zu erstellen. Dazu suchen sie sich eine Gestalt aus oder erfinden eine und verkleiden sich in 5 Minuten so, dass Elemente dieser Figur erkennbar werden. Wichtig ist dabei, die Teilnehmenden zu ermuntern, dass es nicht um die korrekte Darstellung der Figur, sondern um eine spielerische Umsetzung geht.
Anschließend überlegen sich die Teilnehmenden ein Wort oder eine Wortgruppe sowie eine Gestik und Mimik, die diese Figur repräsentiert.

Im Kreis zeigen alle Teilnehmenden gleichzeitig (z. B. „auf drei") ihre Bewegung und rufen ihr Wort in den Raum. Das kann anschließend thematisch wiederholt werden, z. B. alle Tiere, alle Märchenfiguren, Figuren aus Videospielen oder Comics, Romanhelden.

Varianten
Als Warm-up kann die Methode hier beendet werden, möglich ist es aber auch, inhaltlich weiterzuarbeiten. Dazu stellt jeder Teilnehmerin / jeder Teilnehmer seinen Charakter kurz in der Gruppe vor. Anschließend reflektiert die Gruppe darüber, was Kennzeichen eines guten Avatars sind.
Im nächsten Schritt kann ein Gespräch genutzt werden, um über die gesellschaftliche Rolle von Kunstfiguren nachzudenken. Welche Identifikationsebenen bieten sie? Welche Rollen spielen sie im Aufwachsen junger Menschen?

Anwendungsbeispiel

Die Methode eignet sich auch gut als Aktivierung der Teilnehmenden in Videokonferenzen. Dann erhalten alle 5 bis 10 Minuten Zeit, um sich entsprechende Requisiten zu Hause oder im Büro zu suchen.

Weitere Beispiele finden sich auf den Seiten der Bundeszentrale für politische Bildung: www.bpb.de/gesellschaft/bildung/kulturelle-bildung/60357/mein-avatar-und-ich?p=all.

MEIN NAME UND SEINE GESCHICHTE

Die Jugendlichen bringen wichtige Aspekte ihres Vor- oder Nachnamens zu Gehör.

Kategorie: Kennenlernen; Einstieg
Thema: Alle Themen
Zeitaufwand: 10 Minuten
Gruppengröße: bis 10, 10 – 20, 20+
Alter: ab 12
Anspruch für die Leitung: 1
Anspruch für die Gruppe: 1
Aufwand: 1
Sozialform: Plenum

Material: 1 Namensschild pro Person

Beschreibung

Diese Methode eignet sich für ein erstes Kennenlernen. Die Jugendlichen sitzen im Kreis auf dem Boden. In der Kreismitte befinden sich, bunt gemischt, Namensschilder (mit Vor- und Nachnamen) der Jugendlichen. Die Leitung beginnt und nimmt ihr/sein Namensschild aus der Mitte und stellt sich vor, indem sie/er erzählt, was sie/er mit ihrem/seinem Vor- oder Nachnamen verbindet, woher dieser kommt, wie sie/er ihn findet oder was sie/er mit ihm schon erlebt hat (Beispiele: „Ich fand meinen Vornamen immer doof, weil ihn niemand aussprechen konnte"; „Bitte nennt mich bei meinem Spitznamen, weil …").

Variante

Bei kleineren Gruppen könnte man nach erfolgter Vorstellung die Schilder umgedreht in die Mitte legen. Dann zieht jede/jeder ein Namensschild, muss die Person finden und dessen Namensschild übernehmen. Dies geht so lange, bis man sein eigenes Namensschild wieder zurückbekommt.

Anwendungsbeispiel

Möglich wäre es, die „Namensgeschichten" in einem Vorstellungsgottesdienst der Konfirmandinnen und Konfirmanden (z. B. in Bezug auf Jes 43) zu verwenden.

MEINE FILTER-BUBBLES UND ICH

Die Teilnehmenden beschreiben ihre eigenen Filter-Bubbles, erkennen daraus resultierende Begrenzungen und Chancen und entdecken die Vielfalt in der Gruppe.

Kategorie: Demokratiebildung; Kennenlernen
Thema: Alle Themen
Zeitaufwand: 60 Minuten
Gruppengröße: bis 10, 10 – 20
Alter: ab 12
Anspruch für die Leitung: 2
Anspruch für die Gruppe: 2
Aufwand: 2
Sozialform: Einzelarbeit, Plenum, Partnerarbeit

Material: 2 – 3 Vorlagen der Filter-Bubble-Vorlage pro Person (s. „Tool-Pool_Meine-Filter-Bubbles-und-ich_Vorlage.pdf" im Downloadbereich)

Beschreibung
Den Teilnehmenden wird gesagt, dass in der Methode die eigenen Filter-Bubbles unter die Lupe genommen werden. Filter-Bubbles stehen für verschiedene Lebenskontexte oder -bereiche, in denen wir uns viel aufhalten und die wichtig für uns sind. Zu jeder Bubble gehören verschiedene Orte, Personen und Themen. Die eigene Rolle und das eigene Verhalten kann in jeder Bubble anders sein.

In ca. 15 Minuten füllen die Teilnehmenden 2 oder 3 Arbeitsblätter und damit Bubbles aus. Danach werden die Bubbles im Stuhlkreis vorgestellt. Dafür wählt jede/jeder die Bubble, in der sie oder er gerade jetzt am liebsten wäre.
Anschließend stellt jeweils eine/einer einen Aspekt aus dieser Bubble im Plenum vor und stellt sich dabei hin. Alle, auf deren Bubble das auch zutrifft, stehen auch auf. Dann ist die oder der nächste dran.

Wichtig: Es geht nicht der Reihe nach, sondern es stellt vor, wer etwas vorstellen möchte. In der zweiten Runde wählt jede/jeder die Bubble, in der sie oder er gerade jetzt am wenigsten gern wäre. Die Aufgabe wird wie in der ersten Runde wiederholt.

Wichtig: Die Bubbles können sehr persönlich sein. Deshalb sollten sie nicht öffentlich im Plenum komplett vorgestellt oder gar ausgehängt werden. Die Entscheidung darüber, was vorgestellt wird, sollte jederzeit bei den Teilnehmenden liegen.

Anschließend werden die Erfahrungen im Plenum reflektiert:

- Was habt ihr über eure Filter-Bubbles erfahren?
- Welche Art von Dingen habt ihr nicht vorgestellt?
- Wann fühlt ihr euch in euren Bubbles (nicht) wohl?

Variante

Wenn viel Zeit zur Verfügung steht, können sich die Teilnehmenden ergänzend zu der Aufsteh-Übung oder stattdessen zu zweit als Murmelpärchen gegenseitig ihre Bubbles vorstellen. Die Partnerinnen und Partner können getauscht werden, um mit mehreren Leuten ins Gespräch zu kommen. Leitfragen sind hier: „Was ist dir an dieser Bubble wichtig?" „Warum würdest du dich in der Filter-Bubble deiner Partnerin/ deines Partners (nicht) wohlfühlen?"

Anwendungsbeispiel

Generell gilt: Je älter die Teilnehmenden, desto mehr relevante Bubbles gibt es vermutlich in ihrem Leben, z. B. die Schule, ein Verein oder eine andere Freizeitbeschäftigung, die Kirchengemeinde oder die Familie.

In der Methode stellen die Teilnehmenden sehr konkrete Aspekte vor, zum Beispiel für „Medien und Kommunikationsmittel": „In meiner Bubble kommunizieren wir viel über WhatsApp." Oder: „Wichtige Personen" sind für mich andere Konfis.

Diese und weitere Bubblecrasher-Methoden: www.bubblecrasher.de

MEMORY®-KENNENLERNSPIEL

Kennenlernspiel mit gutem „Durchmischungsfaktor" der jeweiligen Gruppe.

Kategorie: Kennenlernen; Einstieg, Gespräch, Warm-up
Thema: Alle Themen
Zeitaufwand: 20 Minuten
Gruppengröße: bis 10, 10 – 20, 20+
Alter: ab 12

Anspruch für die Leitung: 1
Anspruch für die Gruppe: 1
Aufwand: 1
Sozialform: Plenum

Material: Memory®-Spielkarten oder sonstige Bildkarten, die doppelt vorhanden sind; 1 Stoppuhr

Beschreibung

Das Memory®-Kennenlernspiel verspricht eine gute Gruppendurchmischung und kann inhaltlich jederzeit neu gefüllt werden.
Diese Methode benötigt Platz. Es bedarf einer Anzahl an Bildkarten, die der Gruppengröße entspricht. Die Karten werden verdeckt ausgeteilt und auf ein Zeichen der/des Leitenden umgedreht. Die Gruppe erhält den Auftrag, sich durch den Raum zu bewegen und ihre Karten möglichst oft untereinander zu tauschen. Um eine optimale Durchmischung zu ermöglichen, dauert die Tauschphase 2 – 3 Minuten.
Anschließend folgt die Arbeitsanweisung, dass sich die Jugendlichen mit den jeweils identischen Karten finden sollen. Danach stellt die/der Leitende eine Frage, die die Paare sich gegenseitig beantworten. Diese Phase dauert 3 – 5 Minuten.

Variante

Die Jugendlichen können in der Findungsphase auf verschiedene Weise auf sich aufmerksam machen (z. B. pantomimisch).

Anwendungsbeispiel

Mögliche Impulsfragen: „In welcher Epoche hättest du gern gelebt?" „Auf welches der Zehn Gebote könntest du verzichten? Begründe."

MENSCHEN-MEMORY®

Digitale Methode zur Aktivierung und zum spielerischen Einstieg.

Kategorie: Digitales Arbeiten; Feedback, Kennenlernen, Spiel
Thema: Bibel, Religion
Zeitaufwand: 20 Minuten
Gruppengröße: bis 10, 10 – 20
Alter: ab 10

Anspruch für die Leitung: 1
Anspruch für die Gruppe: 1
Aufwand: 2
Sozialform: Plenum

Material: Post-it®/Klebezettel, Liste mit biblischen Namen

Beschreibung
„Menschen-Memory®" ist eine Videokonferenz-Methode, um die Selbstorganisation der Teilnehmenden zu unterstützen und dabei jede/jeden konstant mit einzubinden.

Zwei Teilnehmende sind aufgefordert, die Gruppe kurzzeitig zu verlassen. Die Leitung legt dem Rest der Gruppe eine Liste mit biblischen Namen vor. Die Bleibenden finden sich in Teams zusammen. Haben sich die Paare gefunden, wählen sie einen Namen, der dann von der Liste gestrichen wird. Er ist für andere Teams nicht mehr verfügbar.

Das Paar verdeckt nun die Kamera mit einem Post-it®/Klebezettel. Sind alle Paare gebildet und die Namen verteilt, werden die Ratenden wieder zurückgeholt. Sie rufen nun beliebig den Namen eines anderen Teilnehmenden auf. Diese/dieser entfernt den Post-it®/Klebezettel von der Kamera und nennt den biblischen Namen. Die Ratenden müssen nun aus den Teilnehmenden die Paare mit dem gleichen biblischen Namen finden.

Zum Verlassen für die Ratenden eignen sich folgende Verfahren: Die Ratenden verlassen die Videokonferenz ...

- ... ganz, indem sie aus der Konferenz hinausgehen. Sie werden über einen Messenger-Dienst wieder hineingebeten, wenn alle Paare sich gefunden haben.
- ... in so genannte Breakouträume (s. Methode „Gruppenarbeiten in Videokonferenzen"). Von dort können sie jederzeit von der Leitung wieder zurückgeholt werden, wenn die Paare sich gefunden haben.

Anwendungsbeispiele

- Als Auflockerung nach einem Input können statt biblischer Namen zentrale Worte als Ratebegriff ausgewiesen werden (z. B. Vater, Himmel, Reich, Samariter, Pharisäer).
- Es können auch Variationen aus Gesten und Begriffen verwendet werden (z. B. Danke – höfliche Verbeugung; Gruß – Winken).
- Auch eine Eigenschaft und der Name einer Person können für die Abschlussrunde oder das Kennenlernen verwendet werden.

Statt biblischer Namen können auch Paare der Bibel verwendet werden, die einander zugeordnet werden müssen (z. B. Maria – Joseph; David – Goliath).

MINDMAPPING

Methode zur Vernetzung, Darstellung und Sicherung von Inhalten.

Kategorie: Einstieg; Abschluss, Digitales Arbeiten
Thema: Alle Themen
Zeitaufwand: 10 Minuten
Gruppengröße: bis 10, 10 – 20, 20+
Alter: ab 12
Anspruch für die Leitung: 1
Anspruch für die Gruppe: 2
Aufwand: 1
Sozialform: Einzelarbeit, Partnerarbeit, Gruppenarbeit, Plenum

Material: 1 Flipchart/Tafel, Moderationskarten, Papierstreifen, 1 Plakat, Eddings (farbig), 1 Schnur

Beschreibung

Mindmaps sind eine Art thematische „Landkarte". Ein oft komplexes Leitthema wird in verschiedene Schlüsselworte unterteilt, welche dann inhaltlich miteinander „verzweigt" werden. Die jeweiligen Bereiche und Verzweigungen sollten farblich unterschiedlich gestaltet werden.

Erstellt werden können Mindmaps auf einem Plakat oder einer Tafel. Mindmaps können auch als Bodenbild entwickelt werden. Hier bedarf es Kärtchen, auf denen die thematischen Punkte vermerkt werden, und Papierstreifen, welche die „Verästelungen" symbolisieren. Das Zentrum der Mindmap bildet ein vorgegebenes Thema wie z. B. „Taufe", das dann untergliedert wird. Diese Unterkategorien können dann beliebig weiter differenziert werden.

Variante

Mindmaps lassen sich auch sehr gut digital erstellen (Beispiel: www.deutsche-startups.de/2012/02/24/die-10-besten-programme-um-mind-maps-zu-erstellen)

Anwendungsbeispiel

Man kann mit den Jugendlichen im Gottesdienst auch eine „living mindmap" darstellen. Die Mindmap wird dann wie ein Bodenbild entwickelt. Eine Moderation kommentiert die Geschehnisse. Die Jugendlichen halten die Themenfelder in Plakatform hoch, zeigen die Verbindungen mit einer Schnur an und können dazu auch interviewt werden.

MINECRAFT®/MINETEST

Virtuell eine „Open World“ bauen und erkunden.

Kategorie: Digitales Arbeiten; Kreativ, Spiel
Thema: Bibel, Gebet, Gemeinde
Zeitaufwand: 90 Minuten
Gruppengröße: bis 10, 10 – 20
Alter: ab 12
Anspruch für die Leitung: 3
Anspruch für die Gruppe: 2
Aufwand: 3
Sozialform: Gruppenarbeit, Plenum

Material: 1 vernetzter Computer (am besten Laptops) pro Person, 1 Beamer, ggf. 1 vorbereitete Welt

Beschreibung

Immer mehr wird Minecraft® auch für die Bildungsarbeit entdeckt. Um Kosten zu sparen, kann man auch mit der Open-Source-Variante Minetest arbeiten.
Grundsätzlich gilt: Man kann mit einer zufallsgenerierten Welt beginnen oder im Vorfeld eine Erlebniswelt erstellen. Hilfreich ist die Möglichkeit, bei Bedarf zusätzlich Textfelder in die Welten einzubauen.
In welchem Modus spielt man: Während man im Kreativmodus alle Materialien frei zur Verfügung hat und sich nicht gegenseitig verletzen und töten kann, kommt im Überlebensmodus ein kämpferisches Moment hinein. Beides hat seinen Reiz, der Spielmodus muss aber zur Aufgabenstellung passen.
Wichtig ist auch, im Vorfeld zu klären, was hinterher mit der erstellten Welt geschieht.

Anwendungsbeispiele

- die eigene Kirche und das Gemeindehaus nachbauen
- mein Lebensweg mit Höhen und Tiefen
- Psalm 23 oder eine biblische Geschichte in 3-D-Bilder umsetzen
- Eine Erlebniswelt zu biblischen Bildern von Gemeinde:
  Unter www.thomas-ebinger.de/2016/01/minecraft-minetest-im-konfi kann man eine vorbereitete Welt herunterladen, in der drei Gruppen die Aufgabe haben, jeweils ein biblisches Bild von Gemeinde kreativ zu gestalten.

MISSION POSSIBLE

Die Jugendlichen sollen einen Gegenstand finden, der ihrem Verständnis eines spezifischen Themas entspricht.

Kategorie: Spiritualität; Kreativ
Thema: Alle Themen
Zeitaufwand: 40 Minuten
Gruppengröße: bis 10, 10 – 20, 20+
Alter: ab 12
Anspruch für die Leitung: 2
Anspruch für die Gruppe: 3
Aufwand: 1
Sozialform: Einzelarbeit, Plenum

Material: Liederbücher, Zettel, Stifte, Musik, 1 Abspielgerät, 1 akustisches Signal, verschiedene Gegenstände

Beschreibung

Bei dieser Andachtsmethode wird die „Predigt" von der Gruppe übernommen. Die Jugendlichen erhalten die „Mission", sich allein auf den Weg zu machen, um einen Gegenstand zu suchen, der für sie zum vorher angegebenen Thema passt. Jeder Gegenstand, der sich bewegen lässt, ist geeignet. Ist der Gegenstand gefunden, kann er in die Mitte des Andachtsraumes gestellt werden. Während bei der Gegenstandssuche gesprochen werden darf, ist es im Andachtsraum still (leise Hintergrundmusik empfiehlt sich). Die Suchphase wird mit einem akustischen Signal beendet. Danach nehmen die Jugendlichen im Andachtsraum Platz und beschreiben auf einem Zettel, was ihren Gegenstand mit dem Thema verbindet. Nach einem kurzen Betrachten der Gegenstände werden diese der Gruppe vorgestellt. Stillere Jugendliche können ihren Zettel auch einfach „nur" neben den Gegenstand legen. Die „Ergebnisse" können in ein Gebet aufgenommen werden.

Anwendungsbeispiel

Ablauf zum Thema „Heiliger Geist": Votum, Lied, Psalm 139,5, Hinführung (biblisch / persönlich / liturgisch), Predigt (Gegenstandssuche und Vorstellung), Gebet, Lied, Segen, gemeinsames Aufräumen.

MIT SPECK FÄNGT MAN MÄUSE

Die Wahl einer Süßigkeit führt zur Gruppenfindung.

Kategorie: Gruppeneinteilung	**Anspruch für die Leitung:** 1
Thema: Alle Themen	**Anspruch für die Gruppe:** 1
Zeitaufwand: 5 Minuten	**Aufwand:** 1
Gruppengröße: bis 10, 10 – 20, 20+	**Sozialform:** Plenum
Alter: ab 6	

Material: verschiedene Süßigkeiten, 1 Döschen pro Süßigkeit

Beschreibung

Eine schnelle und zuckersüße Gruppeneinteilungsmethode. Die Teilnehmenden werden aufgefordert, sich eine Süßigkeit aus einem Korb zu nehmen. Wichtig ist dabei, dass die Anzahl der Süßigkeiten der gewünschten Gruppengröße entspricht (z. B. zehn Teilnehmende, je fünf Zweierteams, d. h. zwei identische Süßigkeiten). Danach bilden die Teilnehmenden mit derselben Süßigkeit ein Team. Gegessen werden darf die Süßigkeit natürlich auch.

Variante

Die jeweiligen Süßigkeiten können auch in „Hülsen" wie Überraschungseierbehältnissen versteckt werden. Dann ist der Vermischungseffekt wahrscheinlich höher.

Anwendungsbeispiel

Für jede Gelegenheit anwendbar.

MOBILE

Ein Mobile zeigt schön, wie verschiedene Elemente im Gleichgewicht sind.

Kategorie: Kreativ
Thema: Gerechtigkeit, Gruppe
Zeitaufwand: 120 Minuten
Gruppengröße: bis 10, 10 – 20, 20+
Alter: ab 6
Anspruch für die Leitung: 2
Anspruch für die Gruppe: 2
Aufwand: 3
Sozialform: Einzelarbeit, Partnerarbeit, Gruppenarbeit, Plenum

Material: Stäbe, Schnur, Elemente (z. B. Kugeln), Texte, Bilder

Beschreibung
Zuerst werden die einzelnen Mobile-Elemente gestaltet, die ruhig unterschiedlich groß sein können. Anschließend wird das Mobile von unten nach oben ins Gleichgewicht gebracht. Besonders schön ist ein Mobile, wenn es auch außergewöhnliche Gleichgewichtssituationen abbildet: Elemente, die man von außen nicht als schwer erkennt; Elemente, die mithilfe der Hebelgesetze viele andere im Gleichgewicht halten.

Anwendungsbeispiele
Es wird gemeinsam überlegt, was der Gruppe wichtig ist. Die Ergebnisse werden als Element gestaltet (z. B. als Quader oder Holzbrett). Die Gewichtung wird deutlich durch die Größe der Elemente und die Position im Mobile.
Man kann auch ein Gruppenmobile bauen, auf dem jede/jeder sich in Porträtform vorstellt oder ihren/seinen Konfirmationsspruch oder Lieblingsvers aus der Bibel gestaltet. Ein Mobile eignet sich auch, um Themen darzustellen, bei denen Gerechtigkeit und Ungerechtigkeit eine Rolle spielen (Ressourcenverbrauch, ökologischer Fußabdruck).

NETZWERK DER GEMEINSAMKEITEN

Auf einem großen Plakat entstehen Verbindungslinien, wenn Gruppenmitglieder Gemeinsamkeiten haben.

Kategorie: Kennenlernen; Einstieg
Thema: Gemeinde, Gruppe
Zeitaufwand: 20 Minuten
Gruppengröße: 10 – 20, 20+
Alter: ab 12
Anspruch für die Leitung: 1
Anspruch für die Gruppe: 1
Aufwand: 2
Sozialform: Plenum

Material: 1 Rolle Packpapier, 1 Filzschreiber pro Person, Musik, 1 Abspielgerät

Beschreibung
Eine Gruppe repräsentiert eine große Vielfalt. Ein Netz hält umso besser, je mehr Knotenpunkte miteinander verbunden sind.
Jede/jeder schreibt zunächst den Namen gut verteilt auf das Plakat und zieht einen Kreis darum. Im Hintergrund läuft Musik. Wenn die Musik aufhört, sucht jede/jeder sich eine Partnerin / einen Partner. Diese überlegen, welche ungewöhnliche Gemeinsamkeit sie haben (eine bestimmte Vorliebe, ein Hobby, eine seltene Kompetenz). Dann ziehen sie eine Linie zwischen den beiden Namen und schreiben an die Linie, was sie verbindet. Man kann auch ein passendes Symbol dazu malen. Zur Musik mischt sich die Gruppe wieder, es folgen sechs bis acht Runden, in denen Gemeinsamkeiten entdeckt werden können. Zur Auswertung kann sich eine Reflexion anschließen. Welche Vorteile hat es, gut vernetzt zu sein? Das Netzwerk wird anschließend im Gruppenraum aufgehängt.

Variante
Bei sehr großen Gruppen kann man auch mehrere Plakate verwenden, allerdings verliert die Methode dann symbolisch an Aussagekraft.

Anwendungsbeispiel
Die Methode passt gut in die Phase des Kennenlernens einer Gruppe.

OHNE ENDE SCHREIBEN ...

Die Jugendlichen sollen sich ihre Gedanken aus dem Kopf schreiben, allerdings ohne diese zu reflektieren.

Kategorie: Text; Warm-up
Thema: Alle Themen
Zeitaufwand: 15 Minuten
Gruppengröße: bis 10, 10 – 20, 20+
Alter: ab 12
Anspruch für die Leitung: 1
Anspruch für die Gruppe: 2
Aufwand: 1
Sozialform: Einzelarbeit, Plenum

Material: Papier, Stifte, 1 akustisches Signal, 1 Stoppuhr, Musik, 1 Abspielgeräte, ggf. 1 Kopfhörer pro Person

Beschreibung
Diese Methode kann den Jugendlichen helfen, den Kopf freizubekommen, ihre Gedanken zu ordnen oder sich thematisch zu positionieren.
Die Jugendlichen erhalten die Aufgabe, ihre Gedanken zu einem bestimmten Thema aufzuschreiben, sie haben dafür 4 Minuten Zeit. Der Clou besteht darin, dass der Stift während der gestoppten Zeit nicht abgesetzt werden darf. Kein Gedanke soll verloren gehen. Das heißt, alles muss aufgeschrieben werden, auch wenn das bedeutet, dass sich auf dem Papier Sätze wie: „Ich weiß nicht mehr, was ich schreiben soll. Ich finde das hier blöd. Ich wäre lieber am Strand." finden werden. Nach 4 Minuten ertönt ein akustisches Signal und beendet die Phase. Danach können die Jugendlichen ihre Ergebnisse für sich ordnen und dann, wenn sie das wollen, im Wortlaut verlesen.

Variante
Vielen Jugendlichen hilft es, wenn sie während des Schreibens Musik (die eigene Musik mit Handy und Kopfhörern) hören können.

Anwendungsbeispiel
Eine zu durchdenkende Frage könnte z. B. lauten: „Hat Gott mit dem Leid auf der Welt etwas zu tun? Ja, weil ... Nein, weil ..."

ORIGAMI-METHODE

Eine Frage bekommt schriftlich viele voneinander unabhängige Antworten.

Kategorie: Text
Thema: Bibel
Zeitaufwand: 30 Minuten
Gruppengröße: bis 10, 10 – 20
Alter: ab 12

Anspruch für die Leitung: 1
Anspruch für die Gruppe: 1
Aufwand: 1
Sozialform: Einzelarbeit, Plenum

Material: 1 weißes DIN-A4-Blatt pro Person, Stifte, 1 Stoppuhr, 1 akustisches Signal

Beschreibung
Ein Bibeltext wird gemeinsam gelesen. Anschließend soll jede/jeder auf ein weißes Blatt Papier eine Frage zum Text aufschreiben, die sie/ihn beschäftigt. Diese wird ganz unten auf das Papier geschrieben. Anschließend wird das Blatt im Kreis nach links weitergegeben.
Ganz oben formuliert nun die Nachbarin / der Nachbar eine mögliche Antwort. Diese wird so nach hinten gefaltet, dass man sie nicht mehr lesen kann. Das Blatt wird so lange weitergegeben, bis es wieder am Ausgangspunkt angelangt ist. Die Fragenstellerin /der Fragensteller darf jetzt alle Antworten lesen und sich Gedanken dazu machen. Man kann nach einer gewissen Zeit ein akustisches Signal geben, dass die nächste Runde beginnt. Im anschließenden Gespräch werden die Fragen und Antworten ausgetauscht (nach: Hüttmann, Karsten / Pfalzer, Bernd: Liest du mich noch? 69 Methoden zum Bibellesen mit Gruppen. Ein Ideenbuch für Mitarbeitende, Neukirchener / Born / buch+musik, Neukirchen-Vluyn / Kassel / Stuttgart 2021, S. 79 – 80.).

Variante
Bei größeren Gruppen wandert das Blatt nach einer festgelegten Zahl von Antworten – empfehlenswert sind sechs bis acht Stationen – wieder zum Ausgangspunkt zurück.

Anwendungsbeispiel
Für diese Methode eignen sich besonders Texte, die viele Fragen auslösen (z. B. das Gleichnis von den anvertrauten Talenten (Mt 25,14-30), das Gleichnis von den Arbeitern im Weinberg (Mt 20,1-16).

PARACORD-ARMBAND

Ein Armband als Andenken knüpfen.

Kategorie: Kreativ	**Anspruch für die Leitung:** 3
Thema: Freundschaft	**Anspruch für die Gruppe:** 2
Zeitaufwand: 45 Minuten	**Aufwand:** 2
Gruppengröße: bis 10, 10 – 20	**Sozialform:** Einzelarbeit
Alter: ab 12	

Material: Paracord-Schnur (ca. 3 m pro Armband), Schließen, 1 Schere, 1 Feuerzeug

Beschreibung

Eine ausführliche Anleitung in Bildern findet man bei YouTube.
Zunächst misst man den Umfang des Handgelenks (plus 2 cm Luft). Anschließend wird die Schnur halbiert und die Schließe mit Ankerstich eingeknotet. Die Schließe sollte dabei nicht verdreht werden.
Die losen Enden werden nun verknotet, bis der ganze Raum zwischen den Schließen geflochten ist. Die Knoten dabei immer wieder nach oben schieben. Zum Schluss werden die Enden abgeschnitten, mit einem Feuerzeug angeschmolzen und plattgedrückt.

Anwendungsbeispiel

Das Armband bietet eine schöne Erinnerung an das gemeinsam Erlebte, z. B. auf einem Camp. Natürlich kann es auch an einen netten Menschen verschenkt werden.

PEOPLE BINGO

Um die Wette werden auf einem Bingo-Blatt Personen aus der Gruppe gesucht, die besondere Eigenschaften oder Fähigkeiten haben.

Kategorie: Kennenlernen; Spiel
Thema: Gruppe, Identität
Zeitaufwand: 20 Minuten
Gruppengröße: 10 – 20, 20+
Alter: ab 12

Anspruch für die Leitung: 1
Anspruch für die Gruppe: 1
Aufwand: 1
Sozialform: Plenum

Material: 1 Bingo-Blatt pro Person (s. „Tool-Pool_People-Bingo.pdf" im Downloadbereich), Stifte, 1 Stoppuhr

Beschreibung

Jede/jeder bekommt ein Bingo-Blatt und muss darauf so viele Unterschriften wie möglich von Gruppenmitgliedern sammeln, die diese Eigenschaft oder Fähigkeit haben. Aber Vorsicht: Am Ende wird überprüft, ob das auch wirklich stimmt. Mehrere Unterschriften von einer Person sind erlaubt. Wer zuerst alle voll hat, schreit „Bingo". Wenn ein vorgegebenes Zeitlimit überschritten ist (10 – 15 Minuten) und keiner alle Felder voll hat, gewinnt diejenige/derjenige mit den meisten Unterschriften. Die Felder werden dann einzeln überprüft und wenn möglich vorgeführt.

Variante

Man kann die Fragen an die Gruppe anpassen, wenn man bestimmte Besonderheiten kennt, vermutet oder erfahren will (z. B. „Ich spiele ein Musikinstrument.").

Anwendungsbeispiel

Das Spiel passt gut in die Kennenlernphase einer Gruppe. Man kann es aber auch thematisch anpassen. Beim Thema Nächstenliebe und Diakonie könnte z. B. gefragt werden, wer im letzten halben Jahr im Altersheim war oder wer schon einmal eine Wohngruppe für Menschen mit Behinderung besucht hat.

PERLENBAND FÜR DAS GEBET

Mithilfe eines Perlenbandes kann die Bedeutung des Glaubens erschlossen/meditiert werden.

Kategorie: Spiritualität
Thema: Glaubensbekenntnis, Gott, Rituale
Zeitaufwand: 60 Minuten
Gruppengröße: bis 10, 10 – 20
Alter: ab 12
Anspruch für die Leitung: 2
Anspruch für die Gruppe: 2
Aufwand: 2
Sozialform: Plenum

Material: Perlenband, eventuell Perlentagebuch

Beschreibung

In vielen religiösen Traditionen gibt es Gebets- oder Meditationsketten, die durch die Hand gleiten und dabei helfen, dem Gebet eine Struktur zu geben. Ein Perlenband kann man leicht selbst basteln. Jeder Perle wird ein Satz eines Gebetes oder eine bestimmte Bedeutung zugeordnet. Die Perlen sollten unterschiedliche Größen und Farben haben, sodass eine Zuordnung erleichtert wird. So bekommen gerade bestimmte Sätze eines Gebetes mithilfe der Perlen, die sich im Verlauf des Betens immer wieder wiederholen, eine ganz neue Bedeutung und Tiefe.

Anwendungsbeispiele

Jede/jeder hat ein Perlenband in der Hand. Eine biblische Geschichte wird vorgelesen. Dann wird gemeinsam überlegt, welche Bedeutung man den Perlen passend zum Text zuschreiben könnte und warum. Diese Perlenbänder sollten immer wieder vorkommen, z. B. im Rahmen von Andachten. (Beispiel: Feine, Gerlinde: Ein Katechismus für die Hand – Mit den Perlen des Glaubens durch das Konfi-Jahr. In: anKnüpfen update 7, 2012, S. 74 – 83)
Ideen für den Einsatz der Perlenmethode in der Jugendarbeit findet man in Kargl, Marco: Heartbeads. Die Perlenmethode für Schule und Jugendarbeit, Don Bosco / buch+musik, München / Stuttgart 2017.

PERSPEKTIVWECHSEL PER BILD

Anhand von Bildern von Personen und eines sehr bunten und diversen Wimmelbilds üben die Teilnehmenden Perspektivwechsel – und zwar gleich doppelt.

Kategorie: Demokratiebildung; Einstieg, Gespräch, Gruppendynamik, Kennenlernen
Thema: Alle Themen
Zeitaufwand: 45 Minuten
Gruppengröße: bis 10, 10 – 20
Alter: ab 12
Anspruch für die Leitung: 2
Anspruch für die Gruppe: 1
Aufwand: 2
Sozialform: Einzelarbeit, Plenum

Material: Abbildung von Personen, die aus dem Fenster blicken; 1 Wimmelbild eines gut besuchten Parks in der Großstadt oder Toleranzbild (z. B. https://thema.schule.at/thema/detail/-8159dc9840.html)

Beschreibung
Mithilfe von Abbildungen, die Personen und Szenen zeigen, versetzen sich die Teilnehmenden in unterschiedliche Rollen. Im Kern steht die Frage, wie die eingenommene Perspektive den Blick auf eine Situation verändern kann. Ziel ist es, zu verdeutlichen, dass bereits auf kleinem Raum Menschen mit verschiedensten Meinungen aufeinandertreffen. Die Methode ist ein Einstieg in den Umgang mit Perspektivvielfalt.

Zunächst soll nur das Bild von den Personen im Fenster betrachtet werden, die gemeinsam in einem Haus leben. Alle Teilnehmenden werden aufgefordert, sich eine der Personen auszusuchen und sich Gedanken zu ihr machen:

- Name, Alter und Tätigkeit/Beruf der Person.
- Was macht diese Person besonders gern?
- Was hat sie heute schon erlebt?

Die Teilnehmenden stellen die Personen, die sie sich ausgedacht haben, gegenseitig vor. Daraufhin wird das Wimmelbild gezeigt. Was würden die Personen bei dem Blick auf die jeweilige Szene denken und fühlen? Die Teilnehmenden sollen erneut ihre Gedanken schildern. Fragen, um die Gedanken und Gefühle der ausgedachten Person zu schildern:

- Was bringt sie/ihn zum Lächeln?
- Was erstaunt oder irritiert sie/ihn?
- Was macht sie/ihn wütend?

Abschließend werden die Erfahrungen in der Gruppe reflektiert:

- Was fällt auf, wenn die einzelnen Aussagen verglichen werden?
- Wie sähe ein Gespräch zwischen den einzelnen Parteien des Hauses aus?
- Was sind meine eigenen Gedanken im Blick auf die Szene(n)?
- Wie fühle ich mich, wenn jemand eine Meinung vertritt, die von meiner (stark) abweicht?

Anwendungsbeispiele

Konkret geht es bei der Methode um einen doppelten Perspektivwechsel. Eine Jugendliche /ein Jugendlicher beschreibt eine Person aus einem Fensterrahmen z. B. als Tom, Mitglied der Jungen Union, der gern ein Instrument spielt und ganz frisch an der Uni ist. Anschließend stellt sie oder er sich vor, wie Tom auf ein sehr diverses Wimmelbild schaut und beschreibt Toms Begeisterung und/oder Irritationen anhand konkreter Szenen des Bildes.
Größere Gruppen sollten besser für die Präsentationsrunden geteilt werden. Oder die Aufgaben werden jeweils als Paar- oder Kleingruppenarbeit organisiert.
Alternativ können auch verschiedene Toleranzbilder gezeigt werden. Die Teilnehmenden stellen sich die Person, die sie sich ausgedacht haben, vor und suchen sich ein bis drei Toleranzbilder aus, die ihre Person sehr ansprechen oder auch aufregen und verärgern könnten. Was sieht die Person auf diesem Bild? Was denkt oder fühlt sie? Die Teilnehmenden sollen auch hier ihre Gedanken schildern.
Diese und weitere Bubblecrasher-Methoden: www.bubblecrasher.de

PILGERSCHRITT

Meditativ durch die Kirche ziehen.

Kategorie: Spiritualität; Musik	**Anspruch für die Leitung:** 2
Thema: Kirche, Sterben und Tod	**Anspruch für die Gruppe:** 2
Zeitaufwand: 10 Minuten	**Aufwand:** 1
Gruppengröße: 10 – 20, 20+	**Sozialform:** Plenum
Alter: ab 6	

Material: Musik, 1 Abspielgerät

Beschreibung

Jede/jeder legt die rechte Hand auf die linke Schulter der Person vor ihr/ihm. Im gemeinsamen Rhythmus zu ruhiger Musik im Viervierteltakt (z. B. zu dem Kanon von Pachelbel) zieht man in die Kirche ein und bewegt sich dort durch den Raum. Dabei geht man mit rechts beginnend drei Schritte nach vorne und dann wiegend einen Schritt zurück. Dieser Schritt symbolisiert das meditative Innehalten und dass man sich bewusst Zeit nimmt und ohne Hektik unterwegs ist. Um in eine meditative Stimmung zu kommen, kann es hilfreich sein, wenn alle bis auf die erste Person die Augen schließen.

Spirale

Anwendungsbeispiel

Für einen „Auferstehungstanz“ bildet man einen nach außen gewendeten Kreis und fasst sich an den Händen. Im Pilgerschritt geht es voran. In einer langen Spirale geht es nach innen, durch die Wende im Mittelpunkt führt der Weg so wieder nach außen, dass alle am Ende sich sehen und wahrnehmen können.

PLACEMAT

In einer Schreibdiskussion werden verschiedene Meinungen bearbeitet, um am Ende eine gemeinsame Position zu formulieren.

Kategorie: Gespräch
Thema: Alle Themen
Zeitaufwand: 30 Minuten
Gruppengröße: bis 10, 10 – 20, 20+
Alter: ab 12
Anspruch für die Leitung: 1
Anspruch für die Gruppe: 2
Aufwand: 2
Sozialform: Gruppenarbeit, Plenum

Material: 1 Placemat in Flipchartgröße oder DIN A3 pro Gruppe mit Thema oder Fragestellung in der Mitte, 1 Stoppuhr, 1 akustisches Signal, 1 Digitalkamera/Handykamera

Beschreibung
Menschen hatten schon immer verschiedene Ansichten und mussten sich einigen. Placemats sind viergeteilte „Tischdecken", auf denen die Felder mit verschiedenen Meinungen bearbeitet und am Schluss eine gemeinsame Position formuliert werden muss. Es werden Vierergruppen gebildet. Jede/jeder schreibt zunächst ihre/seine Meinung zu der Frage in das Feld, das vor ihr/ihm liegt. Das dauert etwa 2 bis 3 Minuten. Nach einem akustischen Signal wird das Blatt einmal um 90° gedreht. Jede/jeder kann jetzt kommentieren, was eine andere / ein anderer geschrieben hat, es bestätigen oder widersprechen. Es wird noch zweimal gedreht und kommentiert. Am Schluss muss sich die Gruppe in ein bis zwei Sätzen auf eine gemeinsame Antwort einigen, die alle geäußerten Meinungen aufgreift. Diese Antwort wird anschließend in der Gesamtgruppe vorgestellt.

Bei ungerader Personenzahl können auch Fünfer- oder Dreier-Placemats verwendet werden. Die Ergebnissätze sollten nach der Vorstellung aufgehängt und (fotografisch) dokumentiert werden.

Placemat

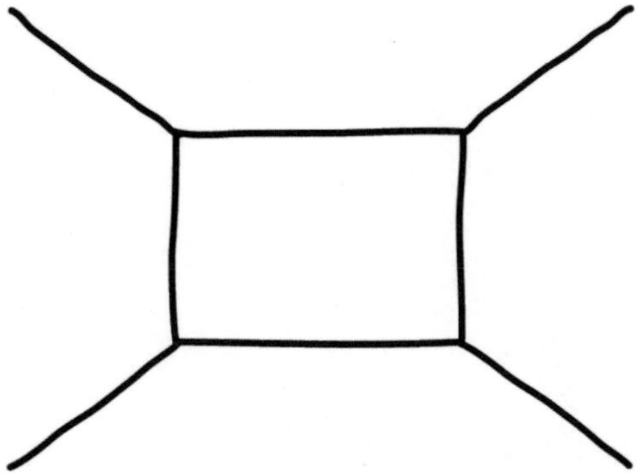

Variante

Die Diskussionsthemen können auch zusammen mit der ganzen Gruppe festgelegt werden.

Anwendungsbeispiele

- Umgang mit anderen Religionen (Beispiel: Ebinger, Thomas: Andere glauben anders – (k)ein Grund, sich zu streiten? In: Anknüpfen – Praxisideen, Stuttgart ^{2}2013, S. 140)
- Kindertaufe oder Erwachsenentaufe
- Schöpfung, Glaube und Naturwissenschaft
- Werteprioritäten

PLAKAT GESTALTEN

Visualisierung, Vertiefung und Sicherung diverser Themen.

Kategorie: Text; Gespräch
Thema: Alle Themen
Zeitaufwand: 30 Minuten
Gruppengröße: bis 10, 10 – 20, 20+
Alter: ab 12

Anspruch für die Leitung: 1
Anspruch für die Gruppe: 2
Aufwand: 2
Sozialform: Partnerarbeit, Gruppenarbeit

Material: 1 Text pro Gruppe, Plakate, Eddings, Metaplankarten, Klebestifte, Scheren, Zeitschriften

Beschreibung
Plakate sollten so gestaltet sein, dass sie durch ihre Visualisierung zum Betrachten anregen. Daher sollte im Vorfeld darauf hingewiesen werden, dass eine grafische Umsetzung des zu bearbeitenden Textes gewünscht ist (z. B. Diagramme). Die Jugendlichen können zudem aus Zeitschriften diverse Motive verwenden. Wichtig sind kurze, stichhaltige Aussagen, Überschriften sowie eine sinnvolle Gliederung. Auch sollte das Plakat Raum für eigene Fragen und Anmerkungen der Gruppe bieten.

Variante
Statt mit Plakaten kann auch mit Metaplankarten gearbeitet werden, die dann flexibel arrangiert werden.

Anwendungsbeispiel
Es entstehen Assoziationsplakate zum Thema „Liebe und Hass“.

PLANSPIEL

Ein Planspiel simuliert das echte Leben.

Kategorie: Spiel	**Anspruch für die Leitung:** 3
Thema: Gebote, Gemeinde, Gerechtigkeit	**Anspruch für die Gruppe:** 3
Zeitaufwand: 120 Minuten	**Aufwand:** 2
Gruppengröße: 10 – 20, 20+	**Sozialform:** Einzelarbeit, Gruppenarbeit
Alter: ab 12	

Material: Rollenkarten, Briefpapier, Stifte

Beschreibung
Planspiele sind eine besondere Form des Rollenspiels. Komplexe reale Systeme werden hierbei simuliert. Es geht weniger um den Charakter der Personen als um deren Funktion.

Ablauf:

1. Einführung ins Thema.
2. Vorstellung der Rollen und Gruppeneinteilung. Rollen können von Einzelpersonen oder Gruppen übernommen werden.
3. Spielphase mit fest definierten Möglichkeiten der Kommunikation (Briefe, Telefonate).
4. Plenum, z. B. in Form einer Bürgerversammlung.
5. Schlussreflexion: Was war realistisch?

Jede Gruppe braucht einen eigenen Raum.

Anwendungsbeispiel
Ein Idee für ein Planspiel zur Kirchenpolitik auf lokaler Ebene gibt es unter www.jugendarbeit.online/dpf_einheit/planspiel-jugend-und-kirchengemeinde.

POPSONG BEARBEITEN

Ein Popsong bringt lebensweltliche Farbe in ein Thema und lädt zur Auseinandersetzung damit ein.

Kategorie: Musik	**Anspruch für die Leitung:** 2
Thema: Alle Themen	**Anspruch für die Gruppe:** 2
Zeitaufwand: 60 Minuten	**Aufwand:** 1
Gruppengröße: bis 10, 10 – 20, 20+	**Sozialform:** Plenum
Alter: ab 12	

Material: 1 Popsong, 1 Abspielgerät, 1 Textblatt pro Person

Beschreibung

Viele Lieder beschäftigen sich heute mit Sinn- und Gegenwartsfragen. Diese Methode wird besonders spannend, wenn man populäre Lieder aufgreift.

Zum Einstieg wird der Popsong vorgespielt. In einer ersten Rückmeldungsrunde geht es nur darum, wie der Song wirkt, welche Gefühle er transportiert.

Er wird ein zweites Mal gehört. Jede/jeder bekommt den Auftrag, sich eine Textzeile zu merken, von der man sich besonders angesprochen fühlt. Auf einem Plakat werden anschließend diese Textfragmente gesammelt.

Nun wird der Text des Songs ausgeteilt (findet man oft im Internet). Jede/jeder formuliert zunächst für sich Fragen an die Songtexterin / den Songtexter, die anschließend gemeinsam besprochen werden. Aus diesen Fragen kann dann ein fiktiver Dialog mit der Texterin / dem Texter entstehen.

Variante

Man kann auch versuchen, ein passendes christliches Lied zu finden, das als Kommentar oder Kontrast dient und gemeinsam eingeübt wird.

Anwendungsbeispiele

Der Song von Sido „Zu Hause ist die Welt noch in Ordnung“ spielt auf das finstere Tal von Psalm 23 an. Der Song „Astronaut“ von Sido und Andreas Bourani stellt die Frage, was es bedeutet abzuheben, die Welt mit Abstand zu betrachten.

Andachtsideen zu Songs gibt es auch in: Flohrer, Katja / Diez, Nicole: Lautstark 3, buch+musik, Stuttgart ^{2}2018.

POSITION BEZIEHEN / VIER-ECKEN-SPIEL

Alle stellen sich zu der Aussage, die ihrer Meinung am besten entspricht.

Kategorie: Einstieg; Gespräch	**Anspruch für die Leitung:** 1
Thema: Alle Themen	**Anspruch für die Gruppe:** 1
Zeitaufwand: 10 Minuten	**Aufwand:** 1
Gruppengröße: 10 – 20	**Sozialform:** Plenum
Alter: ab 12	

Material: DIN-A4-Blätter mit ausformulierter Position

Beschreibung
Zu einem Thema werden klar unterschiedene Positionen formuliert und groß auf Papier geschrieben. Diese können in den vier Ecken eines Raumes angebracht oder auf dem Boden ausgelegt werden.

Jede/jeder Jugendliche stellt sich zu der Meinung, die seiner/ihrer am ehesten entspricht. Anschließend kann für jede Position eine/einer seine Stimme erheben und so miteinander ins Gespräch kommen.

Anwendungsbeispiel
Zum Thema Familie sollen sich die Jugendlichen zu einer der vier Aussagen stellen:

- Man kann auch als Single glücklich werden.
- Eine Partnerin / ein Partner ja, aber Kinder brauche ich nicht unbedingt.
- Ich wünsche mir später einmal eine Familie mit Kindern.
- Ich warte ab, was sich ergibt. Da lege ich mich heute noch nicht fest.

POST-IT®-FRAGEN

Im Kirchenraum hängt man eine Haftnotiz mit einer Frage an einen Gegenstand, zu dem man mehr wissen will.

Kategorie: Gespräch
Thema: Kirche
Zeitaufwand: 30 Minuten
Gruppengröße: 10 – 20, 20+
Alter: ab 12
Anspruch für die Leitung: 1
Anspruch für die Gruppe: 1
Aufwand: 1
Sozialform: Einzelarbeit, Plenum

Material: verschieden farbige, große Post-it®-Zettel; Stifte

Beschreibung

Jede/jeder bekommt ein oder mehrere Post-it®-Zettel. Darauf formuliert jede/jeder mindestens eine Frage und heftet sie an den Gegenstand oder Ort, auf den sich die Frage bezieht. Bei einem Gang durch die Kirche versucht man so gut es geht, gemeinsam die Fragen zu klären. Die Gruppenleitung kann vorab auch eigene Fragen aushängen, um Schwerpunkte zu setzen.

Die Methode lebt davon, dass man auch besonders wertvolle oder sogar „heilige" Gegenstände wie ein Kruzifix berühren darf, allerdings kann ein Hinweis nicht schaden, dass man in der Kirche mit ihrer wertvollen Ausstattung bitte vorsichtig sein soll.

Variante

Bevor man gemeinsam die Fragen klärt, versucht jede/jeder eine Frage einer anderen Person auf einem andersfarbigen Post-it® zu beantworten und hängt die Antwort daneben.

Anwendungsbeispiel

An einem Grabmal in der Kirche hängt ein Zettel mit der Frage „Wurde man früher tatsächlich in der Kirche beerdigt?" Die Antwort: „Ja, das gab es tatsächlich. Dafür hat man dann den Fußboden geöffnet und die Person (nur besondere Persönlichkeiten) darunter beerdigt. Den Menschen früher war es wichtig, möglichst nah am Altar der Kirche beerdigt zu sein, der als besonders heilig galt."

POSTKARTEN-PUZZLE

Eine zerschnittene Postkarte führt zur Gruppenbildung.

Kategorie: Gruppeneinteilung; Spiel
Thema: Alle Themen
Zeitaufwand: 5 Minuten
Gruppengröße: 10 – 20, 20+
Alter: ab 6

Anspruch für die Leitung: 1
Anspruch für die Gruppe: 1
Aufwand: 1
Sozialform: Plenum

Material: zerschnittene Postkarten

Beschreibung
Es werden so viele Postkarten in Teile zerschnitten, wie Gruppen gebildet werden sollen. Jede/jeder zieht jeweils ein Teil, ohne erkennen zu können, zu welchem Motiv es gehört. Dann soll jede Gruppe so schnell wie möglich ihr Motiv zusammenpuzzeln.

Schöne Postkarten gibt es kostenlos als Werbepostkarten. Wer hier fleißig sammelt, hat immer inspirierende und witzige Karten parat.

Anwendungsbeispiele
Besonders schön ist es, wenn die Postkartenmotive etwas mit dem Inhalt der Gruppenarbeit zu tun haben und z. B. beim Thema „Taufe“ Motive mit Wasserbildern verwendet werden.
Auch zum Thema passende Bibelspruchkarten sind schön und anregend.

PRO- UND KONTRALISTEN

Die Jugendlichen sollen Konsequenzen diverser Inhalte abwägen, Pro- und Kontralisten erstellen und sich schließlich positionieren.

Kategorie: Gespräch; Text	**Anspruch für die Leitung:** 1
Thema: Alle Themen	**Anspruch für die Gruppe:** 1
Zeitaufwand: 20 Minuten	**Aufwand:** 1
Gruppengröße: bis 10, 10 – 20, 20+	**Sozialform:** Einzelarbeit, Partnerarbeit, Plenum
Alter: ab 12	

Material: Infomaterialien, Papier, Stifte

Beschreibung

Die Jugendlichen beschäftigen sich mithilfe verschiedener Infomaterialien eingehend mit einem Thema, das dann auf eine bestimmte Problemstellung zugespitzt wird. Danach sollen sie in Einzel- oder Partnerarbeit Pro- und Kontralisten erstellen. Es empfiehlt sich, eine grobe inhaltliche Vorgabe zu machen (z. B. nicht weniger als drei Punkte pro Liste). Danach verteilen sich die Jugendlichen, je nach ihrer eigenen Position, im Raum (s. Methode „Zahlenstrahl"). Erst jetzt werden die unterschiedlichen Listenergebnisse vorgestellt und diskutiert. Danach kann eine erneute Positionierung vorgenommen werden, deren, eventuell veränderte, Ergebnisse wiederum zur Diskussion stehen.

Anwendungsbeispiele

Mögliche Problemstellungen, die von den Jugendlichen mithilfe unterschiedlicher Materialien gut vorbereitet werden sollten:

- Kirchenaustritt – ja oder nein?
- Flüchtlinge – raus oder rein?
- Todesstrafe – sinnvoll oder nicht?
- Mobbing – eingreifen oder zuschauen?

PROJEKT

Eine ungewöhnliche, meist öffentlichkeitswirksame und hilfreiche Aktion.

Kategorie: Outdoor/Unterwegs	**Anspruch für die Leitung:** 2
Thema: Alle Themen	**Anspruch für die Gruppe:** 3
Zeitaufwand: 300 Minuten	**Aufwand:** 3
Gruppengröße: bis 10, 10 – 20, 20+	**Sozialform:** Gruppenarbeit, Plenum
Alter: ab 12	

Material: je nach Projekt

Beschreibung
Ein Projekt geht in der Regel über einen längeren Zeitraum und bricht die übliche Wochenstruktur auf. Es sollte mit der Gruppe zusammen entwickelt werden.

Mögliche Projektphasen:

1. Entwicklung der Projektidee und Verständigung über das Projektziel
2. Planung und Informationsbeschaffung
3. Durchführung
4. Präsentationserstellung
5. Präsentation (Schautafeln, Internet, Gemeindebrief, Lokalpresse, Informationsveranstaltung, Gottesdienst)
6. Abschlussreflexion

Anwendungsbeispiele

- Ein Projekt mit Geflüchteten: Die Gruppe besucht eine Flüchtlingsunterkunft und schaut, wo sie konkret helfen kann.
- Ein Umweltprojekt: Gemeinsam einen Baum pflanzen, den Wald aufräumen oder Nisthilfen für Wildbienen bauen.
- Ein diakonisches Projekt: Senioren in einem Altersheim besuchen oder mit ihnen spazieren gehen/fahren.
- Ein politisches Projekt: Die nationalsozialistische Vergangenheit eines Ortes aufarbeiten.

RAKETE

Eine Gruppenrakete steigen lassen.

Kategorie: Gruppendynamik; Inklusiv/Basal
Thema: Alle Themen
Zeitaufwand: 3 Minuten
Gruppengröße: 10 – 20, 20+
Alter: ab 6

Anspruch für die Leitung: 1
Anspruch für die Gruppe: 1
Aufwand: 1
Sozialform: Plenum

Material: keines

Beschreibung
Immer wieder gibt es in Gruppen Situationen, die eine besondere Aktion erfordern. Zu solchen Anlässen kann eine Gruppenrakete Wunder wirken.

Eine Rakete braucht eine Vorsprecherin / einen Vorsprecher und besteht aus drei Phasen:

- Phase eins: Alle trampeln auf den Boden.
- Phase zwei: Alle trommeln auf die Oberschenkel.
- Phase drei (der Start): Alle springen auf und rufen laut.

Anwendungsbeispiel
Diese Methode eignet sich gut für Geburtstage, Festessen usw.

RAP

Ein Text wird passend zu einem Rap-Rhythmus formuliert und eingeübt.

Kategorie: Musik; Auswendiglernen, Text	**Anspruch für die Leitung:** 2
Thema: Alle Themen	**Anspruch für die Gruppe:** 3
Zeitaufwand: 60 Minuten	**Aufwand:** 2
Gruppengröße: bis 10, 10 – 20	**Sozialform:** Partnerarbeit, Gruppenarbeit
Alter: ab 12	

Material: 1 Abspielgerät, Rap-Beats zum Abspielen, Schemata
(s. „Tool-Pool_Rap.pdf" im Downloadbereich)

Beschreibung

Hip Hop und Rap stellen eine eigene Art von Musik dar, die bei vielen Jugendlichen sehr beliebt ist. Weil nicht jede/jeder singen, aber jede/jeder sprechen kann, ist der Zugang oft leichter und niederschwelliger.
Grundsätzlich gibt es zwei Möglichkeiten, die sich auch mischen lassen:

1. Man bringt einen vorgegebenen Text in Rap-Form.
2. Man formuliert einen eigenen Text.

Durch das Einsetzen von Refrains kann man leicht auch größere Gruppen einbeziehen und trotzdem große Textmengen wirkungsvoll inszenieren.
Wenn man einen Rap als Gruppe aufführt, hilft es, die Texte silbengenau in einem Schema zu notieren (s. Downloads).
Um in Stimmung zu kommen, empfiehlt es sich, einen gelungenen Rap einzuspielen oder mit rhythmischen Übungen zu beginnen.

Variante

Als Rhythmusgrundlage kann man auch die Methode „Body Percussion" verwenden.

Anwendungsbeispiel

Alle Texte der Konfi-Zeit, die auswendig gelernt werden sollen, können als Rap gestaltet werden. Schön ist eine Mischung aus Originaltext und Interpretation der Jugendlichen unter der Fragestellung: „Wie können wir das in heutiger Sprache ausdrücken?" Besonders eignen sich dafür das Glaubensbekenntnis und die Zehn Gebote.

REGEL-SPIEL

Die Gruppe gibt sich spontan Regeln.

Kategorie: Einstieg; Spiel
Thema: Gebote, Gruppe
Zeitaufwand: 15 Minuten
Gruppengröße: 10 – 20
Alter: ab 6

Anspruch für die Leitung: 1
Anspruch für die Gruppe: 2
Aufwand: 1
Sozialform: Plenum

Material: 1 Tafel/Flipchart, Kreide/Stifte

Beschreibung
Normalerweise stehen die Regeln eines Spieles vorher fest. Bei diesem Spiel werden sie der Reihe nach entwickelt.
Die Gruppe steht im Kreis. Reihum sagt jede/jeder eine Regel, an die sich alle halten müssen. Zum Beispiel: „Wir stehen alle auf einem Bein." „Wir schließen alle das rechte Auge." Jede/jeder, die/der sich nicht an alle Regeln hält, scheidet aus. Wer hält am längsten durch? Wie viele Regeln kann man aufstellen, ohne dass sich diese widersprechen?

Es können mehrere Runden gespielt werden. Dabei ist es sinnvoll, die Ausgangslage zu variieren (auf dem Boden liegend, am Tisch sitzend). Eine kurze Reflexionsrunde schließt sich an.

Variante
Ein Gruppenmitglied wird zum Notar bestellt. Er schreibt der Reihe nach alle Regeln gut sichtbar auf. Dann kann am Ende besser reflektiert werden, wie die Regeln zustande kamen und welche nicht zueinander passen.

Anwendungsbeispiel
Das Spiel eignet sich gut als Einstieg zum Thema Gebote. Dabei können folgende Fragen bedacht werden: Woher kommen die Regeln, nach denen wir zusammenleben? Wie müssen Regeln aussehen, damit sie auch funktionieren? Wie viele Regeln kann man gleichzeitig beachten? Was ist der Unterschied zwischen Gottes Regeln und denen der Menschen?

ROBOTERSPIEL

Roboter marschieren wild durch den Raum, gesteuert von Technikern.

Kategorie: Spiel
Thema: Gott, Theodizee
Zeitaufwand: 20 Minuten
Gruppengröße: 10 – 20, 20+
Alter: ab 6

Anspruch für die Leitung: 1
Anspruch für die Gruppe: 1
Aufwand: 1
Sozialform: Plenum

Material: ggf. Musik, 1 Abspielgerät

Beschreibung
Die Gruppe teilt sich paarweise auf. Eine/einer ist Roboter, die andere Person Technikerin/Techniker. Die Roboter laufen geradeaus und bewegen die Beine auf der Stelle, wenn sie auf ein Hindernis stoßen. Die Technikerinnen und Techniker können sie umprogrammieren. Eine Berührung an der rechten Schulter bedeutet, 90° nach rechts abbiegen, an der linken Schulter nach links.

Variante
Für weitere Runden, bei denen die Rollen wechseln, können weitere Programmierbefehle vereinbart werden: ein Schnellgang, ein Rückwärtsgang.

Anwendungsbeispiel
Das Spiel lässt sich leicht auf das Verhältnis von Gott und Mensch übertragen: Wie steuert und führt Gott uns Menschen? Sind wir wie Roboter? (nach: Baer, Ulrich: 666 Spiele für jede Gruppe, für alle Situationen, Kallmeyer, Seelze-Velber ^{26}2013)

ROLLENSPIEL

Aus vorgegebenen Rollen, die meist eine Konfliktsituation beschreiben, wird eine Theaterszene entwickelt.

Kategorie: Theater
Thema: Freundschaft, Gebote
Zeitaufwand: 40 Minuten
Gruppengröße: bis 10, 10 – 20
Alter: ab 12

Anspruch für die Leitung: 2
Anspruch für die Gruppe: 2
Aufwand: 2
Sozialform: Gruppenarbeit

Material: Rollenbeschreibungen, Requisiten

Beschreibung
Zu einem bestimmten Thema werden Rollenbeschreibungen entwickelt, in denen durch einen Konflikt oder ein Dilemma Handlungsalternativen angelegt sind. Die Teilnehmenden bekommen die Rollen zugeteilt oder dürfen sie auswählen. Dann erarbeiten sie eine Theaterszene, in der die Rollen möglichst authentisch gespielt werden. Die ganze Gruppe kann sich anschließend Gedanken machen, wie gelungen sie diese Umsetzung der Rollen findet und alternative Möglichkeiten vorschlagen, mit dem Konflikt umzugehen.

Variante
Verschiedene Gruppen schreiben Rollenbeschreibungen zu einem bestimmten Thema, die anschließend ausgetauscht werden.

Anwendungsbeispiel
Ein inklusives Rollenspiel von Martin Lübking zum Streit um das Abendmahl in Korinth gibt es unter www.thomas-ebinger.de/wp-content/uploads/Rollenspiel-Abendmahl-in-Korinth-inklusiv.pdf.

SAMEN DER DEMOKRATIE

Die Methode bemüht sich um den Transfer des Demokratiebegriffs auf die persönliche Haltung der Menschen im Alltag. Dabei sollen Vorerfahrungen mit demokratischen Wahl- und Aushandlungsprozessen aufgenommen und erweitert werden.

Kategorie: Demokratiebildung; Kreativ, Text	**Anspruch für die Leitung:** 2
Thema: Diakonie, Gerechtigkeit	**Anspruch für die Gruppe:** 2
Zeitaufwand: 45 Minuten	**Aufwand:** 1
Gruppengröße: 10 – 20	**Sozialform:** Gruppenarbeit, Plenum
Alter: ab 16	

Material: Moderationskarten, DIN-A4- oder DIN-A5-Papier, Kresse-Samen

Beschreibung

Einstieg: Gemeinsame Sammlung einer Mindmap zur Fragestellung „Was bedeutet Demokratie?". Die diversen Stränge (auf Moderationskarten übertragen) werden die unterschiedlichen Vorstellungen von Demokratie verdeutlichen. Im Gruppengespräch und gemeinsamen Sortieren der Karte können die verschiedenen Formen und Erfahrungsräume bereits benannt werden.

Erarbeitung: Die unten beschriebenen Rollenspiele thematisieren unterschiedliche Aspekte und Entscheidungen in Alltagssequenzen, die verschiedene Haltungen deutlich machen. Die Teilnehmenden nehmen hierzu die szenische Beschreibung auf, setzen die Sequenz um und spielen sie anschließend nach ihren Vorstellungen weiter.

1. Familie: Die Eltern verkünden das Ziel der Urlaubsreise für die nächsten Ferien. Die Kinder sind mit der Wahl nicht einverstanden.
2. Familie: Die Familie sitzt beim Abendessen. Dabei teilt der Vater seiner Familie mit, auf welche Schule das jüngste Kind der Familie in Zukunft gehen wird. Wie reagieren die anderen Familienmitglieder?
3. Jugendarbeit: In der Jugendgruppe wollen zwei Teilnehmende am gleichen Tag ihren 18. Geburtstag feiern. Allerdings können sie sich gegenseitig nicht leiden und würden sich wohl auch nicht einladen. Wie lassen sich die Feiern gestalten bei sich überschneidendem Freundeskreis und begrenztem Taschengeld?
4. Schule: Die Klasse darf das Ziel und den Inhalt der Klassenfahrt bestimmen. Die Schülerinnen und Schüler einigen sich untereinander auf eine Fahrt nach Hamburg und sammeln bereits voller Vorfreude mögliche Angebote, die man besuchen, und Ideen, die man umsetzen könnte. Am Tag der Entscheidung verkündet die Lehrerin: Es geht nach Bremen!
5. Jugendarbeit: Die Pfarrerin freut sich darüber, dass sich die Jugend im Gottesdienst einbringen möchte und hat die Fürbitten schon fertig formuliert mitgebracht. Wie reagieren die Jugendlichen auf diese Form der Beteiligung?

Anschließend werden die Teilnehmenden nach ihren Empfindungen in den jeweiligen Rollen befragt. Dann steigen sie aus ihren Rollen aus und die Gruppe bespricht gemeinsam, wie demokratische Beteiligung und Mitbestimmung in der Szene ermöglicht oder verhindert wurde sowie welche Haltung notwendig wäre, um mehr Beteiligung und Mitbestimmung zu ermöglichen. Gegebenenfalls wird die Szene im Anschluss an das Gespräch noch einmal mit einem anderen Ausgang gespielt.

Alternative
Die Kurzgeschichte „Wir verkaufen nur den Samen" nach G. Schöne vorlesen oder nacherzählen (www.materialboerse.ejo.de/wir-verkaufen-nur-den-samen): Ein junger Mann betrat im Traum einen Laden. Hinter der Theke stand ein Engel. Hastig fragte er ihn: „Was verkaufen Sie, mein Herr?" Der Engel antwortete freundlich: „Alles, was Sie wollen." Der junge Mann begann aufzuzählen: „Dann hätte ich gern das Ende aller Kriege in der Welt, bessere Bedingungen für die Randgruppen der Gesellschaft, Beseitigung der Elendsviertel in Lateinamerika, Arbeit für die Arbeitslosen, mehr Gemeinschaft und Liebe in der Kirche und ... und ..." Da fiel ihm der Engel ins Wort: „Entschuldigen Sie, junger Mann, Sie haben mich falsch verstanden. Wir verkaufen keine Früchte, wir verkaufen nur den Samen."
Welche Samen bräuchte es, damit mehr demokratisches Verhalten im Alltag und in unserer Gesellschaft wachsen kann?
Die „Samen der Demokratie" (bspw. Respekt, Toleranz, Kompromissbereitschaft) können nun gesammelt und auf Moderationskarten notiert werden.

Vertiefung: Im Anschluss werden die Teilnehmenden gebeten, für sich selbst mögliche Vorsätze für eine deutlichere demokratische Haltung im Alltag zu notieren. Gemeinsam können symbolisch Kresse-Samen gepflanzt und die persönlichen Vorsätze damit verknüpft werden.

Anwendungsbeispiel
Diese Einheit bietet sich im Kontext von Kirchenvorstandswahlen, Bundestagswahlen, Kommunalwahlen usw. an oder wenn es in der Kommune zu streitbaren Entscheidungen gekommen ist. Diese berühren die Lebens- und Alltagswelt der Teilnehmenden oft unbewusst und bieten einen aktuellen Anknüpfungspunkt sowie die Möglichkeit, vom expliziten Fall auf das gesamtgesellschaftliche Bild zu skalieren.

SÄNGERWETTSTREIT

Zwei Gruppen müssen abwechselnd möglichst viele Lieder zu einem Stichwort vorsingen.

Kategorie: Musik; Spiel
Thema: Alle Themen
Zeitaufwand: 30 Minuten
Gruppengröße: 10 – 20, 20+
Alter: ab 12

Anspruch für die Leitung: 1
Anspruch für die Gruppe: 2
Aufwand: 1
Sozialform: Plenum

Material: keines

Beschreibung
Man bildet zwei Gruppen. Eine Schiedsrichterin / einen Schiedsrichter überlegt sich ein Stichwort. Abwechselnd muss jede Gruppe ein Lied vorsingen, in dem dieses Stichwort vorkommt. Es reicht, wenn eine/einer aus der Gruppe das Lied kennt. Fällt der Gruppe nichts ein, wird 10 Sekunden oder auch mehr gewartet und ein Countdown gezählt. Wenn dann nichts kommt, bekommt die gegnerische Gruppe einen Punkt, und ein neues Stichwort wird genannt, mit dem die Gewinnergruppe starten muss.

Anwendungsbeispiel
Durch die Auswahl der Stichwörter kann man den Wettbewerb mit einem Thema verbinden. Geeignet sind z. B. Begriffe wie Sonne, Gott, Liebe, Freund, Erde, Herz, Mund.

SATZANFÄNGE VOLLENDEN

Persönlicher Einstieg in ein Thema.

Kategorie: Einstieg; Kennenlernen, Spiritualität
Thema: Religionen
Zeitaufwand: 20 Minuten
Gruppengröße: bis 10, 10 – 20
Alter: ab 12
Anspruch für die Leitung: 1
Anspruch für die Gruppe: 2
Aufwand: 2
Sozialform: Einzelarbeit, Plenum

Material: Satzanfänge, Moderationskarten, Stifte, Klebeband

Beschreibung
Diese Methode eignet sich besonders als thematischer Einstieg. Sie hilft den Jugendlichen, sich in eine Problematik hineinzudenken und unterschiedliche Erfahrungen und Einstellungen auszudrücken.

Alle Satzanfänge sind ringsum an der Wand angebracht. Es liegen Moderationskarten bereit, mit denen alle Beteiligten die jeweiligen Satzanfänge vervollständigen. Ziel ist, dass jede/jeder für sich mindestens einen Satzanfang vervollständigt. Zeit zum Kommentieren gibt es im Anschluss.
Wenn alle Sätze vollständig sind, werden alle der Reihe nach angeschaut. Die verschiedenen Erfahrungen und Einstellungen zum Thema werden so sichtbar. Fragen und Probleme können in einer folgenden Diskussion weiter vertieft werden.

Anwendungsbeispiel
Das Gleichnis vom Sämann Matthäus 13,3-9:

- Wenn ich anderen von meinem Glauben erzähle, dann ...
- Ich erzähle anderen von meinem Glauben, wenn ...
- Ich schweige lieber, weil ...
- Wenn andere von ihrem Glauben reden, dann ...
- Mein Glaube geht keinen etwas an, denn ...
- Wenn ich mir überlege, was es bringt von meinem Glauben zu reden, dann muss ich sagen ...

SCHERENSCHNITT

Die Silhouette eines Kopfes oder Gegenstandes wird in Papierform verewigt.

Kategorie: Kreativ
Thema: Identität, Schöpfung
Zeitaufwand: 60 Minuten
Gruppengröße: 10 – 20
Alter: ab 12

Anspruch für die Leitung: 2
Anspruch für die Gruppe: 2
Aufwand: 2
Sozialform: Partnerarbeit

Material: 1 helle Lampe oder Overheadprojektor, weißes Papier, schwarzes Tonpapier, Scheren, Kleber, 1 Beamer, 1 Computer

Beschreibung
Der Scherenschnitt ist eine uralte Kulturtechnik, die die Chinesen zur Meisterschaft gebracht haben. An einer Wand wird ein großes, weißes Papier angebracht. Darauf wird der Kopf im Profil projiziert und mit Bleistift umrandet. Die Bleistiftzeichnung schneidet man mit einer guten Schere aus und befestigt sie auf dem schwarzen Tonpapier.
Da das Abzeichnen des Schattens seine Zeit braucht, ist es gut, mehrere Lichtstationen zu haben oder den Scherenschnitt als Teil einer Stationenarbeit zu verwenden.

Variante
Mithilfe eines Overheadprojektors können Gegenstände auch gut vergrößert werden. Dafür legt man sie auf die Glasfläche.

Anwendungsbeispiel
Aus den einzelnen Scherenschnitten kann ein schönes Gruppenporträt entstehen. Zusätzlich zum Kopf gestaltet jeder noch einen Scherenschnitt mit einem Gegenstand, der für ihn typisch ist. Man kann auch geeignete Bilder aus dem Internet per Beamer projizieren und ausschneiden.

SCHLIMMER GEHT ES IMMER NOCH ...

Ein Entscheidungsspiel, das den Gerechtigkeitssinn provoziert und Diskussionen anregt.

Kategorie: Gespräch; Spiel	**Anspruch für die Leitung:** 3
Thema: Gerechtigkeit, Theodizee	**Anspruch für die Gruppe:** 3
Zeitaufwand: 90 Minuten	**Aufwand:** 2
Gruppengröße: 10 – 20, 20+	**Sozialform:** Einzelarbeit, Plenum
Alter: ab 12	

Material: bunte Klebezettel, Papiere mit Biografie-Informationen

Beschreibung

Diese Methode eignet sich dazu, das Gerechtigkeitsempfinden der Teilnehmerinnen und Teilnehmer infrage zu stellen.

Vorbereitend erstellt die/der Leitende diverse Papiere mit Biografie-Informationen. Es werden verschiedene, fiktive Personen konstruiert, aus deren Leben pro neuer Runde neue Details bekannt gegeben werden.

Die Jugendlichen sitzen im Kreis und erhalten einen Klebezettel (z. B. in gelb). Der Arbeitsauftrag lautet: „Stellt euch vor, ihr seid heute an Gottes Stelle. Ihr entscheidet über Leben und Tod. Ich stelle euch jetzt verschiedene Menschen vor, die bereits gestorben sind. Ihr dürft euren Klebezettel auf die Person legen, die ihr ‚retten' wollt. Die Person mit den meisten Klebezetteln darf leben, die anderen nicht." Die/der Leitende legt nach und nach die jeweiligen Zettel (für die erste Runde) in die Mitte des Kreises und liest diese vor. Die Jugendlichen müssen sich nun dazu positionieren. Dann werden die Ergebnisse gemeinsam betrachtet und diskutiert.

Danach erhalten die Jugendlichen einen neuen Klebezettel (z. B. in lila) und die Biografien werden um je einen Zettel erweitert. Wieder müssen sich die Jugendlichen positionieren, und die Ergebnisse werden diskutiert.

Es empfiehlt sich, dieses Spiel drei bis vier Runden lang zu spielen. Die/der Leitende sollte die Diskussionen gut anleiten. Am Ende könnte ein Zettel mit biblischem Input ausgeteilt werden, der dann in Verbindung mit den Ergebnissen diskutiert wird.

Anwendungsbeispiel

Mögliche Merkmale der Biografien bezüglich der Theodizeeproblematik:

- Runde eins (Was wissen wir?):
  - » 1. Säugling, 3 Monate
  - » 2. Arzt, 42 Jahre, Ehefrau und 3 Kinder
  - » 3. Sozialarbeiter, 56 Jahre, arbeitet mit Straßenkindern
  - » 4. Jugendliche, 15 Jahre, Klassensprecherin
- Runde zwei (An was sind die Personen gestorben?):
  - » 1. Verhungert
  - » 2. Erstochen
  - » 3. Alkoholiker
  - » 4. Suizid
- Runde drei (Was wissen wir noch?):
  - » 1. lebt in einem Kriegsgebiet
  - » 2. geht oft ins Bordell
  - » 3. spendet alles Geld, das er verdient, an soziale Einrichtungen
  - » 4. wird im Internet gemobbt
- Biblischer Input: z. B. Jesaja 55,8

SCHMINKEN

Zeig ein anderes Gesicht.

Kategorie: Kreativ	**Anspruch für die Leitung:** 2
Thema: Gebote, Identität	**Anspruch für die Gruppe:** 2
Zeitaufwand: 45 Minuten	**Aufwand:** 3
Gruppengröße: bis 10, 10 – 20	**Sozialform:** Partnerarbeit
Alter: ab 6	

Material: Faschingsschminke, Tagescreme, Papiertücher, Schminkschwämmchen, Pinsel, Schminkspiegel, 1 Digitalkamera/Handykamera

Beschreibung
Das auch bei uns immer populärer werdende, aus Indien stammende Holi-Festival zeigt: Farbe und Schminken sind beliebt, nicht nur an Fasching. Auch bei Männern kommt Schminken im Alltag allmählich in Mode.
Bevor Farbe aufgetragen wird, empfiehlt es sich, das Gesicht mit einer Tagescreme einzureiben. Es werden Paare gebildet, die sich gegenseitig schminken. Je konkreter der Auftrag ist, was ausgedrückt werden soll, desto besser.

Anwendungsbeispiel
Verschiedene Mächte und Kräfte bestimmen unser Leben. Diese können gut durch Schminkgesichter dargestellt werden. Mächte, die unser Leben bestimmen sind z. B.: Geld, Fernsehen, Autoritätspersonen (Eltern, Lehrerinnen/Lehrer), Politik, Internet. Wie kann das in einem geschminkten Gesicht zum Ausdruck kommen? Die dargestellte Macht wird als Text beim Fotografieren vor das Gesicht gehalten (nach: Wildermuth, Bernd: Die apokalyptischen Reiter oder Geister gibt es überall. In: Anknüpfen – Praxisideen, Stuttgart ^{2}2013, S. 170 f.).

SCHNEEFLOCKE

Alle haben dasselbe Ausgangsmaterial und die gleichen Arbeitsanweisungen. Trotzdem entstehen ganz unterschiedliche Formen, welche an Schneeflocken erinnern.

Kategorie: Demokratiebildung; Einstieg, Gespräch, Kreativ
Thema: Gebote, Gemeinde, Gerechtigkeit, Gruppe
Zeitaufwand: 5 Minuten
Gruppengröße: bis 10, 10 – 20, 20+
Alter: ab 12
Anspruch für die Leitung: 1
Anspruch für die Gruppe: 3
Aufwand: 1
Sozialform: Einzelarbeit, Plenum

Material: 1 DIN-A4- oder DIN-A5-Papier pro Person

Beschreibung
Alle Teilnehmenden erhalten ein Blatt Papier und werden gebeten, genau der Anleitung zu folgen: Alle sollen die Augen schließen, keine Zwischen- oder Rückfragen stellen und auch nicht miteinander kommunizieren. Wenn alle Teilnehmenden soweit sind, wird ihnen folgende Anleitung gegeben:

- Bitte faltet das Papier und dreht es dann um 90°!
- Reißt die linke obere Ecke ab und faltet das Papier erneut!
- Reißt die rechte obere Ecke ab, danach reißt die linke obere Ecke ab!
- Dreht das Papier um 90° und reißt dann einen langgezogenen Bogen aus der oberen Kante heraus!
- Öffnet die Augen, entfaltet das Papier und schaut euch eure Ergebnisse an!

Reflexion: Eine gleiche, klare Anleitung führt zu unterschiedlichen Ergebnissen. Jede Schneeflocke ist einzigartig. Jeder Mensch ist anders und geht mit vermeintlich klaren Anweisungen unterschiedlich um. Eine Schneeflocke allein macht keinen Winter, erst ein Zusammenspiel vieler Schneeflocken führt zu einer Schneedecke. Trotz vergleichbarer Ausgangslagen entstehen unterschiedliche Ansichten, Ideen und Gedanken. Diese Unterschiedlichkeit kann für die Gemeinschaft bereichernd sein und jeder Beitrag ist wertvoll.

Anwendungsbeispiel
Die Methode kann als Baustein im Rahmen eines längeren Themenblocks Verwendung finden. So kann sie als Einstieg in die Themenfelder „Individuum und Gemeinschaft" oder „Gesellschaft und Kirche" oder „Konflikt und Frieden" verwendet werden.

SCHREIBGESPRÄCH

Gespräche und Diskussionen in geschriebener Form.

Kategorie: Einstieg; Feedback, Gespräch	**Anspruch für die Leitung:** 1
Thema: Alle Themen	**Anspruch für die Gruppe:** 2
Zeitaufwand: 20 Minuten	**Aufwand:** 1
Gruppengröße: 10 – 20, 20+	**Sozialform:** Einzelarbeit, Partnerarbeit,
Alter: ab 12	Gruppenarbeit, Plenum

Material: Plakate, Kreppband, Musik, 1 Abspielgerät, runde Metaplankarten, Stifte

Beschreibung

Es werden diverse Thesen oder Aussagen auf je ein Plakat geschrieben. Diese Plakate werden nicht zu dicht nebeneinander im Raum aufgehängt. Die Jugendlichen erhalten die Aufgabe, sich zu den jeweiligen Plakatinhalten schriftlich zu positionieren bzw. diese zu kommentieren. Anschließend verteilen sie sich auf die jeweiligen Plakate, lesen die These und die Kommentare der anderen Jugendlichen und „diskutieren" schriftlich mit. Es empfiehlt sich, die Methode mit einer ruhigen Hintergrundmusik zu unterlegen. Haben alle Jugendlichen alle Plakate kommentiert, können die Plakate abgenommen und in die Mitte gelegt werden. Danach kann eine gemeinsame Auswertung und Vertiefung erfolgen.

Variante

Da diese Methode sehr kognitiv ist, ist es auch denkbar, dass Jugendliche ihre Position visualisieren. Dazu eignen sich z. B. die vielfältigen Emojis wie sie sich in WhatsApp, Facebook oder anderen sozialen Netzwerken finden. Die Jugendlichen könnten diese auf runde Metaplankarten malen und hinter die jeweiligen Thesen heften oder auf Kommentare anderer reagieren. (Beleidigende bzw. unsachliche Emojis sind nicht zielführend.)

Anwendungsbeispiel

Für ein Schreibgespräch eignen sich gerade christliche Kernstücke wie z. B. das Vaterunser. Besonders hier empfiehlt es sich, eine vielleicht etwas weniger bekannte Übersetzungsvariante zu wählen (z. B. BasisBibel), die dann mit der gängigen Lutherübersetzung korrespondiert. Beispielplakat: „Und stell uns nicht auf die Probe, sondern rette uns vor dem Bösen" (Mt 6,13 BB). – „Und führe uns nicht in Versuchung, sondern erlöse uns von dem Bösen" (Mt 6,13 Lu).

SEGEN EMPFANGEN UND WEITERGEBEN

Ich will dich segnen ... und du sollst ein Segen sein!

Kategorie: Spiritualität; Abschluss
Thema: Gottesdienst, Heiliger Geist, Rituale, Segen
Zeitaufwand: 3 Minuten
Gruppengröße: bis 10, 10 – 20, 20+
Alter: ab 6
Anspruch für die Leitung: 1
Anspruch für die Gruppe: 1
Aufwand: 1
Sozialform: Plenum

Material: keines

Beschreibung
Der Segen Gottes ist ein zentrales und ausdrucksstarkes Element des christlichen Glaubens. Glauben wird erlebbar, wenn wir Segen empfangen und weitergeben. Eine Segenshandlung braucht Zeit und Ruhe um sich darauf einlassen zu können. Sie kann gesprochen, gesungen oder durch Gesten umgesetzt werden.

Methoden für Segensrituale im Kreis:

1. **Empfangen** und **weitergeben**: Alle strecken die linke Hand in die Mitte und legen die rechte Hand auf die Schulter der Person rechts neben sich, bis der Kreis geschlossen ist. Einen Segen hören oder gemeinsam sprechen (s. auch Methode „Hindurchfließender Segen").
2. **Empfangen** und **gegenseitig zusprechen**: Im Kreis wird der Segen reihum weitergegeben. Dazu drehen sich nacheinander alle paarweise zueinander. Person 1: „Gott sagt: Ich will dich segnen" Person 2 antwortet: „... und du sollst ein Segen sein". Person 2 dreht sich zu Person 3 um und beginnt von vorn. Dazu kann auch die jeweils sprechende Person ihre Hände über die der anderen Person halten.
3. Segen **gemeinsam Sprechen** und diesen durch Händedruck **weitergeben.**

Anwendungsbeispiel
In den meisten Zusammenhängen dient der Segen dazu, einen guten Abschluss und Übergang zu ermöglichen. Er passt also in Schlussrunden, Stehkreise mit gefassten Händen, Verabschiedungszeremonien in Partner- oder Gruppenform oder in die letzten Minuten vor dem Weg nach draußen. In Gruppen bietet sich auch ein eigener, in der Gruppe erarbeiteter Segen an, der gemeinsam gesprochen wird.

SKULPTURENBAU

Ein plastisches Kunstwerk entsteht.

Kategorie: Kreativ	**Anspruch für die Leitung:** 1
Thema: Alle Themen	**Anspruch für die Gruppe:** 1
Zeitaufwand: 45 Minuten	**Aufwand:** 2
Gruppengröße: bis 10, 10 – 20, 20+	**Sozialform:** Gruppenarbeit, Plenum
Alter: ab 12	

Material: Bausteine (LEGO®, Holz), Kreativmaterial, Figuren, 1 Digitalkamera/ Handykamera pro Gruppe

Beschreibung

Zu verschiedenen Aspekten eines Themas baut jede Gruppe ein Kunstwerk, in das sie ihre Gedanken hineinlegt.

Nach einer Präsentationsphase versuchen zunächst die anderen Gruppen das Kunstwerk zu deuten, bevor die Künstlerinnen/Künstler ihr Kunstwerk erklären. Abschließend wird von jeder Skulptur ein Foto gemacht.

Es ist wichtig, ansprechendes Baumaterial zur Verfügung zu haben, das auch symbolischen Mehrwert hat.

Anwendungsbeispiel

Zu den Bitten des Vaterunsers entstehen Skulpturen. Die Bitten werden groß aufgeschrieben und bilden einen Teil des Kunstwerkes (nach: Wildermuth, Bernd / Conrad, Jörg: Ein Lebensbegleiter – das Vaterunser. In: Anknüpfen – Praxisideen, Stuttgart ^{2}2013, S. 76).

SO WILL ICH LEBEN – OFFLINE-MINECRAFT®

Anknüpfend an die Gaming-Welt zeigen Jugendliche in begehbaren Landschaften, wie sie sich die Welt oder konkreten Szenarien vorstellen.

Kategorie: Demokratiebildung; Gruppendynamik, Kennenlernen, Kreativ, Spiel
Thema: Freundschaft, Gerechtigkeit, Gruppe, Identität, Vertrauen
Zeitaufwand:
Gruppengröße: bis 10, 10 – 20
Alter: ab 6
Anspruch für die Leitung: 2
Anspruch für die Gruppe: 2
Aufwand: 3
Sozialform: Einzelarbeit, Partnerarbeit, Gruppenarbeit, Plenum

Material: mind. 5 ungefähr gleichgroße Pappkartons je Teilnehmender/Teilnehmendem (ideal sind Kirchentagshocker oder Umzugskartons), mehrere Tücher oder Stoffreste in unterschiedlichen Farben, farbiges Krepppapier oder Fotokarton, Zeitungen, Stifte, ausreichend weiteres Dekomaterial (um alle Kartons zu gestalten)

Beschreibung

Mit dieser Beteiligungsmethode können Meinungen, Wünsche, Erfahrungen oder auch Forderungen junger Menschen räumlich in einer begehbaren Landschaft dargestellt und erkundet werden. Inhaltlich kann es dabei um sehr allgemeine Themen gehen (Zukunft, mein Leben) oder auch sehr konkrete Themen (Gestaltung Gemeinde(haus), ich in meiner Stadt oder meine Konfi-Zeit).
Um Jugendliche dafür zu begeistern, wird an die bei vielen durch Games geprägte Lebenswelt angeknüpft. Minecraft® ist seit Jahren eins der beliebtesten Videogames bei Jugendlichen. Aus Würfeln, die für Landschaftsfelder (Wiese, Wasser, Steine, Ziegel, Kopfsteinpflaster, Sand etc.) stehen, werden in dem Spiel komplexe Landschaften gebaut.

Nach einem kurzen themenbasierten Einstieg (z. B. einem Aufstellungsspiel) werden die Teilnehmenden aufgefordert, die Kartons wie in Minecraft® an- oder auch aufeinander zu legen, sodass eine Welt entsteht, die ihre Wünsche, Erfahrungen oder Forderungen zum Thema ausdrücken. Dazu werden einzelne Kartons gestaltet. Möglich ist auch die Gestaltung eines Sets von Kartons durch große Stoffe. Bestimmte Farben stehen dann für bestimmte Elemente (z. B. helles Gelb für Sand, dann für Wüste oder Strand und ggfs. auch für eine Übertragung wie Dürre oder Schwierigkeiten).

Die entstandene Landschaft wird anschließend gemeinsam begangen. Dabei berichten die Teilnehmenden, was sie gebaut haben. Die Leitung fragt gezielt nach, was die Teilnehmenden damit ausdrücken wollen und ermuntert die Teilnehmenden, dahinterliegende Vorstellungen und Erfahrungen anzusprechen. Die Feedbacks oder Wünsche werden als

Video und schriftlich auf einer Pinnwand dokumentiert und für weitere Schritte im Beteiligungsprozess genutzt.

Anwendungsbeispiel

Besonders spannend ist die Methode, wenn Jugendliche aus sehr verschiedenen Lebenswelten kommen, etwa bei einer internationalen Begegnung oder bei einem Projekt mit Geflüchteten. Wichtig ist, den Teilnehmenden zu erklären, dass es anders als in Minecraft hier nicht viele Blöcke braucht, um etwas darzustellen. Ein See kann z. B. aus ein oder zwei Wasserkartons bestehen und ein Haus aus einem Ziegel und einem Dach.

Die Methode wurde hier als Feedback für die Konfizeit beschrieben in: Weusten, Steffen / Thiel, Tobias: Offline-Minecraft oder „Der König meiner Konfi-Zeit". Ein produktorientiertes Feedback, in: KU-Praxis 61, Gütersloher Verlagshaus, Gütersloh 2016, S. 58 – 61.

SOLO

Zeit für mich und meine Gedanken haben.

Kategorie: Erlebnispädagogik; Outdoor/Unterwegs, Spiritualität
Thema: Alle Themen
Zeitaufwand: 30 Minuten
Gruppengröße: bis 10, 10 – 20, 20+
Alter: ab 12
Anspruch für die Leitung: 1
Anspruch für die Gruppe: 3
Aufwand: 1
Sozialform: Einzelarbeit

Material: Bibelverse

Beschreibung

Zeit für eigene Gedanken und Alleinsein gibt es nur wenig im Alltag. Diese Methode schafft die Möglichkeit dazu. Sie kann auch mit konkreten Beobachtungsaufgaben oder Bibelversen gestaltet werden.
Für die Zeit des Solos bleibt jede/jeder für sich. Die Dauer kann eine vereinbarte Wegstrecke oder ein Zeitraum sein. Alle Beteiligten kommunizieren für diese Zeit nicht miteinander und gehen sich nach Möglichkeit aus dem Weg. Bei zeitlich offenen Varianten kann auch ein zentraler Ort (Zimmer, Kreis) vereinbart werden. Das Solo beginnt, sobald der Ort verlassen wird, und endet für die Person bei der Rückkehr.

Anwendungsbeispiele

- **Meditationsweg:** Die Jugendlichen werden einzeln mit einigen Minuten Abstand auf einen Weg geschickt. Der Weg ist durch Stationen in Abschnitte unterteilt. Für die jeweiligen Abschnitte bekommen sie einen Vers mit auf den Weg.
- **Zeit der Stille:** Gemeinsamer Beginn an einem zentralen Ort mit guter Übersicht. Wer den Ort verlässt, sucht sich einen schönen Ort und verbringt dort die Zeit. Der Zeitumfang kann je nach Gruppe und Situation auch auf eine Übernachtung im Freien ausgedehnt werden. Die einzelnen Orte können danach gemeinsam besucht werden.

SONGTEXT NEU DICHTEN

Ein thematisch passender Song wird verfremdet und umgedichtet.

Kategorie: Musik
Thema: Alle Themen
Zeitaufwand: 60 Minuten
Gruppengröße: bis 10, 10 – 20
Alter: ab 12

Anspruch für die Leitung: 1
Anspruch für die Gruppe: 2
Aufwand: 2
Sozialform: Gruppenarbeit, Plenum

Material: 1 ausgedruckter Songtext pro Person, Musik, 1 Abspielgerät oder Instrumente

Beschreibung
Oft ist es viel einfacher, Lieder, die jeder im Ohr hat, umzudichten als ein neues Lied zu lernen. Viele Kirchenlieder aus dem Gesangbuch sind letztlich genau so entstanden. Heute ist es rechtlich nicht mehr erlaubt, nachgedichtete Lieder zu veröffentlichen. Aber für den Eigengebrauch kann einem das niemand verbieten. Am besten wählt man ein Lied, das allgemein bekannt ist und inhaltlich schon Anklänge an das Thema hat. Bei größeren Gruppen bildet man Kleingruppen, die für ihre Strophe ein Thema zugeteilt bekommen.
Von vielen Popsongs kann man im Internet Playbacks erwerben, sodass man den Song sehr authentisch singen kann, wenn man keine Möglichkeit für eine eigene Begleitung hat.

Anwendungsbeispiel
Der UEFA-Euro-Song 2016 von David Guetta „This One's For You“ wird umgedichtet zum Thema Gemeinschaft, Feiern, Abendmahl, Umgang miteinander.

SPEAKERS CORNER

Wer ein Stück eines Textes auswendig kann, stellt sich auf ein Podest
und spricht den Text laut.

Kategorie: Auswendiglernen
Thema: Bibel, Glaubensbekenntnis
Zeitaufwand: 15 Minuten
Gruppengröße: bis 10, 10 – 20, 20+
Alter: ab 6
Anspruch für die Leitung: 1
Anspruch für die Gruppe: 1
Aufwand: 1
Sozialform: Plenum

Material: 1 Podest, 1 Auswendiglerntext pro Person, Musik, 1 Abspielgerät, 1 Beamer, 1 Computer/Overheadprojektor

Beschreibung

Jede/jeder bekommt den auswendig zu lernenden Text auf einem Zettel ausgehändigt. Zu lockerer Musik gehen alle im Raum auf und ab. Sobald eine/einer einen vorher festgelegten Teil des Textes oder den ganzen Text auswendig kann, stellt sie/er sich auf das Podest und sagt ihn laut der Gruppe vor. Diese wiederholt ihn noch einmal gemeinsam. So geht es weiter, bis der ganze Text einmal vom Podest zu hören war.

Variante

Der Text kann auch mit Beamer oder Overheadprojektor an die Wand projiziert werden.

Anwendungsbeispiel

Mit dieser Methode können die Memoriertexte für die Konfirmation gelernt werden, es ist aber auch sonst eine gute Möglichkeit, sich wertvolle Bibeltexte einzuprägen. Sehr gut eignen sich Psalmen oder auch Texte aus dem Johannesevangelium.

SPEEDDATING

Schneller und vielfältiger Austausch innerhalb einer Gruppe.

Kategorie: Abschluss; Einstieg, Feedback, Gespräch, Gruppendynamik, Kennenlernen
Thema: Alle Themen
Zeitaufwand: 30 Minuten
Gruppengröße: 10 – 20, 20+
Alter: ab 6

Anspruch für die Leitung: 1
Anspruch für die Gruppe: 2
Aufwand: 1
Sozialform: Partnerarbeit, Plenum

Material: Stühle, Papier, Stifte, 1 Stoppuhr, 1 akustisches Signal

Beschreibung
Die Jugendlichen teilen sich in zwei Gruppen auf und sitzen sich in einer Reihe gegenüber. Um eine Durchmischung zu fördern, könnte die/der Leitende eine Anweisung geben (z. B. „Alle, die außen sitzen, rutschen drei Stühle nach links."). Die Leitung stellt eine zu diskutierende Frage, die dann von den Paaren in 3 Minuten diskutiert wird. Die Ergebnisse werden schriftlich fixiert. Nach einem akustischen Signal werden die Paare neu gemischt, indem sie einen Stuhl weiterrücken. Eine neue Frage wird gestellt. Wenn sich alle Paare einmal besprochen haben, werden die Ergebnisse vorgestellt.

Variante
Wenn diese Methode als Kennenlernspiel verwendet wird, empfiehlt es sich, bei der Ergebnissicherung den Namen des Gegenübers zu nennen und diesen auch im Raum ausfindig zu machen. „XY hatte eine spannende Antwort zu Frage X. Ich sehe sie/ihn da hinten stehen."

Anwendungsbeispiel
Für alle Gelegenheiten anwendbar.

SPITZER, BLEISTIFT, ZETTEL

Zwischen Kleingruppen wird über Arbeitsmaterialien verhandelt. Entscheidungen müssen im Team getroffen, Argumente ausgetauscht und Kompromisse erarbeitet werden.
Was zählt mehr: individueller Gewinn oder das große Ganze?

Kategorie: Demokratiebildung; Einstieg, Erlebnispädagogik, Gespräch, Gruppendynamik, Spiel
Thema: Gebote, Gemeinde, Gerechtigkeit, Gruppe
Zeitaufwand: 25 Minuten
Gruppengröße: bis 10, 10 – 20
ab 12

Anspruch für die Leitung: 3
Anspruch für die Gruppe: 3
Aufwand: 1
Sozialform: Gruppenarbeit, Plenum

Material: Notizzettelblock, Bleistiftspitzer, Bleistifte ohne Spitze, Spielanleitung

Beschreibung
Die Gruppe teilt sich in drei Kleingruppen. Je eine Gruppe bekommt den Spitzer, die Bleistifte und den Zettelblock, außerdem erhalten alle die Spielanleitung. Zu Beginn legt jede Gruppe einen Gruppennamen für sich fest. Anschließend wird die Spielzeit gestartet und die Verhandlungen können beginnen. Ziel ist es, am Ende der vereinbarten Spielzeit so viele Zettel wie möglich mit dem eigenen Gruppennamen beschrieben zu haben und diese dann an eine Pinnwand o. Ä. zu kleben.
Die Spielleitung sollte darauf achten, dass einmal vereinbarte bzw. kommunizierte Regeln unbedingt eingehalten werden müssen.

Anleitung
Besprechung: Die Gruppenmitglieder sollen stets als Team handeln. Es bleibt ihnen überlassen, wie sie zu Entscheidungen kommen.

Verhandlung: Besteht im Team Einigkeit über die Vorgehensweise, kann verhandelt werden. Zu einer der beiden anderen Gruppen wird Kontakt aufgenommen und der jeweilige Vorschlag unterbreitet. Wichtig: Über neue Vorschläge und Herangehensweisen muss zuerst Einigkeit innerhalt der Gruppe hergestellt werden.

Ausführung: Die Gruppen sind zu einer Einigung gekommen und führen die Aufgabe durch. Es dürfen nur die bereitgestellten Materialien verwendet werden.

Reflexion: In der Auswertung können die einzelnen Phasen der Methode verlangsamt nachvollzogen werden. Folgende Fragen können für die Reflexion hilfreich sein: „Wie sind die Teams vorgegangen und welche Gemeinsamkeiten und Unterschiede in den Strategien der Teams sind festzustellen?" „Wie wurde mit möglichen Konflikten umgegangen und welche Lösungen wurden angestrebt?" „Sind die Teilnehmenden fair und aufrichtig miteinander umgegangen oder wurde versucht, die anderen Gruppen zu übervorteilen?" „Welche Strategieanpassungen haben geholfen?"

Anwendungsbeispiel

Diese Methode macht die unterschiedliche Verfügbarkeit von Ressourcen und die Notwendigkeit der Kooperation sehr plastisch erfahrbar. Auf diesem Hintergrund kann die Methode als Einstieg in verschiedene Themen dienen. Neben Fragen des globalen Handels bzw. der Globalisierung und den damit verbundenen Ungerechtigkeiten könnten auch die theologischen Aspekte der Nächstenliebe und Weltverantwortung eröffnet werden.

STAB ABLEGEN

Die Gruppe muss einen Stab ablegen, der auf den Fingern der Teilnehmenden liegt. Dabei muss der Stab von allen durchgängig berührt werden.

Kategorie: Demokratiebildung; Einstieg, Erlebnispädagogik, Gruppendynamik, Spiel, Warm-up
Thema: Vertrauen, Gruppe
Zeitaufwand: 30 Minuten
Gruppengröße: bis 10
Alter: ab 12
Anspruch für die Leitung: 1
Anspruch für die Gruppe: 3
Aufwand: 1
Sozialform: Gruppenarbeit

Material: 1 leichte Zeltstange oder Zollstock

Beschreibung
Die Teilnehmenden stellen sich in zwei Reihen mit dem Gesicht gegenüber. Alle Teilnehmenden strecken einen Arm etwa in Brusthöhe vor sich und strecken dabei den Zeigefinger nach vorne. Die Gruppe insgesamt sollte etwa so lang sein wie die Stange (auf keinen Fall jedoch länger). Die Spielleitung nimmt nun die Stange auf und legt sie auf die Zeigefinger der Teilnehmenden.
Die Stange muss nun auf dem Boden abgelegt werden. Allerdings müssen alle die Stange jederzeit, zumindest leicht, mit dem Zeigefinger von unten berühren – die Hand darf also niemals von der Stange entfernt werden.

Reflexion: Anschließend wird der Prozess noch einmal rekapituliert und es werden Gelingens- und Erschwernisbedingungen miteinander festgehalten.

Variante
Noch schwieriger kann die Aufgabe gestaltet werden, wenn die Teilnehmenden nicht kommunizieren dürfen. Ansonsten kann die Gruppe die Aufgabe am leichtesten meistern, wenn eine Person das Kommando übernimmt.

Anwendungsbeispiele
Mit dieser Methode kann ein Einstieg in eine neue Gruppe oder der Beginn einer längeren gemeinsamen Zeit (Konfi-Fahrt, Woche des gemeinsamen Lebens ...) gestaltet werden. Dadurch gelingt es ohne viel Mühe, die grundlegenden Fragen nach Achtsamkeit im Umgang miteinander, Vereinbarungen über gemeinsame Ziele oder auch den Umgang mit Frustration und unterschiedlichem Verhalten im Konfliktfall zu thematisieren. Oft wird diese Methode auch als eine Art „Fieberthermometer“ für die Gruppenstimmung verwendet. Für die Gruppenleitung kann es sehr ertragreich sein, ein bestimmtes Verhalten oder Aussagen einzelner Teilnehmender während der Methode zu dokumentieren und in der Reflexion wörtlich wiedergeben zu können. Nicht selten führt diese Verlangsamung und Bewusstmachung des Verhaltens zu erstaunlichen Erkenntnissen.

STANDBILDER BAUEN

Ein Erbauer bringt ein Thema bildlich mithilfe des Körperausdrucks der anderen Gruppenmitglieder zum Ausdruck.

Kategorie: Theater
Thema: Alle Themen
Zeitaufwand: 20 Minuten
Gruppengröße: bis 10, 10 – 20
Alter: ab 12

Anspruch für die Leitung: 2
Anspruch für die Gruppe: 2
Aufwand: 1
Sozialform: Gruppenarbeit, Plenum

Material: 1 Digitalkamera/Handykamera

Beschreibung

Man bildet Gruppen, die in getrennten Räumen verschiedene Aufgabenstellungen bearbeiten. Eine/einer übernimmt die Rolle des Erbauers, die anderen lassen sich wie weiches Wachs durch die Hände des Erbauers formen, der dabei nur durch Gesten und Gesichtsausdrücke zeigen kann, wie er sich sein Kunstwerk vorstellt. Formbar ist nicht nur die Körperhaltung, sondern auch Gesichtsausdrücke und Blickrichtungen. Vorhandene Gegenstände dürfen einbezogen werden, spezielle Requisiten sind nicht notwendig.
Anschließend werden die Standbilder allen präsentiert. Die Szene wird für 20 bis 30 Sekunden eingefroren (möglichst fotografieren), damit sich die anderen gut in das Standbild hineindenken können. Die Besprechung erfolgt immer in der Reihenfolge: 1. Zuschauende, 2. Mitwirkende, 3. Erbauer.

Impulse der Leitung: Was seht ihr? Was drückt diese besondere Haltung aus?

Danach ist es spannend zu sehen, wie sich dem Kunstwerk durch kleine Änderungen, die von den Zuschauenden durchgeführt werden, eine andere Bedeutung geben lässt.

Anwendungsbeispiel

Das letzte Abendmahl kann gut in Szenen aufgeteilt und als Standbild dargestellt werden. Auch eine Auswahl der Gebote lässt sich gut mit Standbildern bearbeiten.

STATIONENGESPRÄCH

Die Jugendlichen tauschen sich mithilfe von Gesprächsimpulsen aus, die auf verschiedene Stationen verteilt sind.

Kategorie: Gespräch; Abschluss, Einstieg
Thema: Alle Themen
Zeitaufwand: 30 Minuten
Gruppengröße: 10 – 20, 20+
Alter: ab 12

Anspruch für die Leitung: 1
Anspruch für die Gruppe: 2
Aufwand: 2
Sozialform: Partnerarbeit, Gruppenarbeit, Plenum

Material: Plakate, Kreppband, Moderationskarten, Stifte, 1 akustisches Signal

Beschreibung
Die Methode eignet sich zur Hinführung oder Vertiefung von Themen. Die Thesen oder Textpassagen werden auf Plakaten im Raum verteilt. Die Jugendlichen werden in Kleingruppen aufgeteilt. Wenn das akustische Signal ertönt, sollen die Plakate gelesen und anhand der Fragestellung gemeinsam diskutiert werden. Die Ergebnisse können auf Moderationskarten fixiert werden. Ertönt das Signal wieder, sollen sich die Kleingruppen neu ordnen und zu einer neuen Station weiterziehen. Wenn alle Stationen in diversen Gruppenkonstellationen bearbeitet worden sind, können die Ergebnisse im Plenum stationsweise vorgestellt werden.

Anwendungsbeispiel
Thesen für Stationen: Statements („Flüchtlinge haben keinen Platz in Deutschland!", „Gott ist tot?!"), Texte (z. B. die verschiedenen Bitten des Vaterunsers auf je einem Plakat).

STATIONENGOTTESDIENST

Eine Gottesdienstform mit einzelnen Stationen.

Kategorie: Spiritualität; Kreativ
Thema: Abendmahl, Gottesdienst
Zeitaufwand: 60 Minuten
Gruppengröße: 10 – 20, 20+
Alter: ab 12

Anspruch für die Leitung: 2
Anspruch für die Gruppe: 1
Aufwand: 2
Sozialform: Einzelarbeit, Plenum

Material: je nach Station z. B. Papier, Ölkreiden, 1 Digitalkamera/Handykamera

Beschreibung
Bei einem Stationengottesdienst findet der Teil der Verkündigung an verschiedenen Stationen statt. Es gibt einen liturgischen Beginn und ein gemeinsames Ende.

Beispiele:

- Meditation: In ruhiger Atmosphäre wird der Bibeltext vorgelesen.
- Gestalten: Ein gemeinsames Bild wird mit Ölkreiden gestaltet.
- Standbilder: Das Thema wird als Standbild umgesetzt und fotografisch festgehalten.

Anwendungsbeispiel
Schriftlesung: 1. Korinther 12,12 ff.
Einstieg ins Thema „Kirche und ich?“: Kirche heute ist alt und verstaubt. Oder: Kirche lebt heute noch, ist aktiv.
Stationen können z. B. sein:

- Diskussionswand: Hinter was stehe ich? – Ich glaube ... Ich glaube nicht ...
- Meine Kirche – Fürbitten für meine Kirche formulieren

STEINE DER HERRSCHAFT

Gruppenaufgabe um die Frage der Macht.

Kategorie: Gruppendynamik
Thema: Gerechtigkeit, Gruppe
Zeitaufwand: 25 Minuten
Gruppengröße: bis 10, 10 – 20
Alter: ab 12
Anspruch für die Leitung: 1
Anspruch für die Gruppe: 2
Aufwand: 1
Sozialform: Plenum

Material: 8 Steine pro Person, Schokolade, 1 Stoppuhr

Beschreibung

Jede/jeder Teilnehmende erhält acht Steine. Die Gruppe soll nun einen geeigneten Chef finden. Dies wird durch die Verteilung der Steine geregelt. Wer nach 10 Minuten die meisten Steine vor sich liegen hat, ist der Chef und erhält eine Tafel Schokolade.

Regeln:

- Die Spielenden kommen reihum dran.
- Jede/jeder darf pro Runde höchstens drei Steine in die Hand nehmen.
- Die Steine dürfen nach Belieben aus dem eigenen Vorrat oder von einer/einem anderen bzw. mehreren Spielern genommen werden.
- Die genommenen Steine dürfen nach Belieben auf den eigenen Vorrat und/oder an andere Spieler verteilt werden.
- Jede/jeder Spielende muss pro Runde mindestens einen Stein aufnehmen.

Anwendungsbeispiele

Mögliche Fragestellungen:

- Wurde die Chefin / der Chef einvernehmlich oder mit Gewalt ernannt?
- Wurden Fähigkeiten bzw. Stärken ins Feld geführt?
- Gab es Koalitionen?
- Warum haben Teilnehmende Steine an sich genommen oder abgegeben?
- Was bedeutet es für eine Gruppe, wenn die Macht einseitig verteilt ist?

STILLE

Stille ist ein ungewöhnliches Erlebnis, das Einübung braucht.

Kategorie: Inklusiv/Basal; Spiritualität	**Anspruch für die Leitung:** 3
Thema: Rituale	**Anspruch für die Gruppe:** 2
Zeitaufwand: 5 Minuten	**Aufwand:** 1
Gruppengröße: bis 10, 10 – 20	**Sozialform:** Plenum
Alter: ab 6	

Material: ruhige Musik, 1 Abspielgerät, Perlen, 1 Schale mit Wasser, verschiedene Gegenstände, 1 Klangschale

Beschreibung

Stille gehört zum Glauben, denn nur wer gelernt hat, die äußeren Geräusche auszublenden, wird Gottes Stimme und die Stimme des Gewissens hören. Deshalb muss Stille in unserer lauten Zeit immer wieder eingeübt werden.

Damit eine Zeit der Stille gelingt, braucht es eine gute Einführung und die passenden Rahmenbedingungen. Die Dauer der Stille sollte nicht zu lang sein. Es kann helfen, ein Symbol oder Bibelvers in die Zeit der Stille mitzugeben.

Wenn sich alle im Kreis nach außen drehen und die Augen schließen, ist die Stille weniger störanfällig.

Anwendungsbeispiele

Zum Einüben können diese Formen sinnvoll sein:

- Es wird sanfte Meditationsmusik eingespielt, die ganz langsam ausgeblendet wird.
- Wassertropfenmeditation: Jede/jeder bekommt Perlen in eine Hand und schließt die Augen. Die Leitungsperson lässt Wassertropfen in eine Schale mit Wasser tropfen. Immer wenn man einen Tropfen gehört hat, wandert eine Perle in die andere Hand.
- Gegenstände zum Fühlen werden bei geschlossenen Augen im Kreis herumgegeben.
- Auf einer Klangschale wird ein Ton angeschlagen. Jede/jeder ist so lange still, bis der Ton ganz verklungen ist.

STIMMENSKULPTUREN

Digitale Methode, um (komplexe) biblische Inhalte durch Erleben zu verstehen und zu festigen.

Kategorie: Digitales Arbeiten; Feedback, Kennenlernen, Spiel
Thema: Alle Themen
Zeitaufwand: 90 Minuten
Gruppengröße: bis 10, 10 – 20, 20+
Alter: ab 12

Anspruch für die Leitung: 2
Anspruch für die Gruppe: 2
Aufwand: 3
Sozialform: Plenum

Material: 1 biblische Geschichte, 1 Bild mit einer zur Geschichte passenden Landschaft

Beschreibung
Die Merkfähigkeit von Kindern und Jugendlichen steigt laut wissenschaftlichen Studien um 22%, wenn ihnen nicht nur harte Fakten präsentiert werden, sondern diese in einer Geschichte „verpackt" sind. Wichtig ist diese Erkenntnis für die Präsentation von Inhalten, die man selbst darstellen will, als auch für Inhalte, die die Jugendlichen erarbeitet haben.

Schritt 1: Die Leitung wählt eine biblische Geschichte aus und zeigt ein Bild einer zu dieser Geschichte passenden Landschaft. Sie fragt die Teilnehmenden: „Wo könnte Jesus gestanden haben?"

Schritt 2: Die Teilnehmenden sollen nun entscheiden, aus welcher Perspektive oder Rolle sie die Geschichte betrachten wollen und werden aufgefordert, ihre Entscheidung per Privatchat an die Leitung zu schreiben. Nun sollen sich die Teilnehmenden überlegen, wo im Bild sie sich in ihrer Perspektive/Rolle sehen, wenn die Geschichte spielt. Die Teilnehmenden tragen diese Position auf dem Bild ein. Wenn das Bild nicht von allen bearbeitet werden kann, übernimmt die Leitung das für alle.

Schritt 3: Mit dem Landschaftsbild vor Augen und im Bewusstsein ihrer gewählten Rolle sollen sich die Jugendlichen nun folgende Fragen verdeutlichen:

- Was hast du mitbekommen? Mache dir drei Stichpunkte: Was ist dir wichtig?
- Wie fühlst du dich während der Geschichte? Notiere Gefühle in Schlagworten.
- Welche Fragen beschäftigen dich nach dem Geschehen am meisten?
  Formuliere eine kurze und prägnante Frage.

Schritt 4: Es folgen drei Runden, die die Teilnehmenden auf sich wirken lassen sollen:

Runde 1: Stimmenskulptur „Der Kern der Geschichte in Schlagworten". Jede/jeder sagt ein Schlagwort, wenn auf seine Figur gezeigt wird. Wiederholungen sind nicht schlimm. Man kann mehrfach drankommen.
Reflexionsfrage: Was war besonders einprägsam in dieser Runde?

Runde 2: Stimmenskulptur „Gefühle in der Geschichte". Jede/jeder sagt ein Gefühl, wenn auf seine Figur gezeigt wird. Wiederholungen sind nicht schlimm. Man kann mehrfach drankommen.
Reflexionsfrage: Welche Gefühle dominieren in der Geschichte und warum?

Runde 3: Alle tippen ihre Rolle und eine Frage zur Geschichte in den Chat. Die Teilnehmenden haben dafür 2 Minuten Zeit. Die Fragen sollen jedoch nicht gleich abgeschickt werden, sondern auf ein Signal der Leitung hin.
Die Leitung thematisiert besonders „lohnenswerte" Fragen. Die Tatsache, dass niemand anonym ist und alle Zeit zum Schreiben haben, steigert die Qualität der Ergebnisse.

Anwendungsbeispiel
Die Methode eignet sich sehr gut, um sich in (komplexe) Bibelstellen hineinzuversetzen.

STOP-MOTION-VIDEO

Aus Einzelbildern wird ein animierter Kurzfilm zusammengestellt.

Kategorie: Digitales Arbeiten; Kreativ	**Anspruch für die Leitung:** 3
Thema: Bibel, Liebe	**Anspruch für die Gruppe:** 3
Zeitaufwand: 270 Minuten	**Aufwand:** 3
Gruppengröße: bis 10, 10 – 20	**Sozialform:** Gruppenarbeit, Plenum
Alter: ab 12	

Material: 1 Digitalkamera/Handykamera, 1 Stativ, Zeitschriften, Spielfiguren, Stoffe, Scheren, Klebstoff, buntes Papier, Büroklammern, Knetmasse, LEGO®, 1 Computer/Notebook, Software: Windows Movie Maker oder GIMP, Beleuchtung

Beschreibung

Alle überlegen, wie ein Film zum Thema aussehen kann. Das Drehbuch wird stichwortartig formuliert.

- Team 1 erstellt die Figuren aus Zeitschriften oder Knete. Beim „Dreh" verändert es die Figuren. Für jedes Foto werden sie und/oder die Gegenstände ein bisschen verschoben. Danach wird ein Foto gemacht. Je mehr Bilder pro Sekunde, desto flüssiger wirkt die Animation.
- Team 2 erstellt das Bühnenbild, den Filmtitel und eine Abspannseite mit allen Namen der Mitwirkenden.
- Team 3 kümmert sich um den Aufbau der Technik und das Fotografieren. Die Kamera wird auf ein Stativ montiert.

Wichtig:

- Das Bild braucht einen festen Untergrund (z. B. Tisch).
- Die Kamera manuell scharf stellen.
- Niedrige Bildauflösung wählen.
- Vor dem „Dreh" sollten alle einzelnen Elemente fertig sein (Figuren usw.).
- Einige Probeaufnahmen machen und auf dem Computer anschauen.

Variante

Auch mit Handys/Tablets (Apps) kann man Stop-Motion-Videos erstellen.

Anwendungsbeispiel

Es passen Themen aus der Lebenswelt der Jugendlichen (z. B. Freundschaft, Liebe), aber auch biblische Geschichten.

STREICHHOLZREFLEXION

Während ein Streichholz abbrennt, gibt jede/jeder sein/ihr Statement ab.

Kategorie: Feedback; Gespräch
Thema: Alle Themen
Zeitaufwand: 15 Minuten
Gruppengröße: 10 – 20
Alter: ab 12

Anspruch für die Leitung: 1
Anspruch für die Gruppe: 1
Aufwand: 1
Sozialform: Plenum

Material: 1 Schachtel Streichhölzer, ggf. 1 Kerze/Wunderkerze pro Person

Beschreibung

Eine Streichholzschachtel wird im Kreis herumgereicht. Jede/jeder entnimmt ein Streichholz und gibt ihr/sein Statement ab, während das Streichholz brennt. Dadurch entsteht eine natürliche Zeitbegrenzung und jede/jeder muss sich vorher gut überlegen, was sie/er sagen will.
Besonders eignet sich die Methode, um positives Feedback einzuholen: Wo hat es bei mir gezündet? Wo ist mir ein Licht aufgegangen? (nach: Gilsdorf, Rüdiger: Kooperative Abenteuerspiele 3. Eine Praxishilfe für Schule, Jugendarbeit und Erwachsenenbildung, Klett Kallmeyer, Seelze-Velber 2013, S. 197)

Varianten

Mit dem Streichholz kann in einer gestalteten Mitte auch jeweils ein Teelicht angezündet und anschließend geredet werden. So wird symbolisch deutlich, dass ein zündender Gedanke weiter wirkt.
Statt Streichhölzern können auch Wunderkerzen verwendet werden. Mit Wunderkerzen kann man das Feuer auch an die Nachbarin / den Nachbarn weitergeben, was bei Streichhölzern leicht misslingt.

Anwendungsbeispiele

Beim Abschlussgottesdienst einer gemeinsam verbrachten Freizeit sagt jede/jeder, wofür sie/er jetzt Gott dankbar ist. Die entzündeten Teelichter werden anschließend auf den Altar gestellt.
Naheliegend sind Themen, die man mit Feuer verbindet (z. B. Heiliger Geist, Liebe).

STRIPPEN ZIEHEN

Ein Stift wird von vielen Schnüren geführt.

Kategorie: Spiel; Gruppendynamik	**Anspruch für die Leitung:** 2
Thema: Gemeinde	**Anspruch für die Gruppe:** 2
Zeitaufwand: 20 Minuten	**Aufwand:** 2
Gruppengröße: bis 10	**Sozialform:** Gruppenarbeit, Plenum
Alter: ab 6	

Material: 1 Strippenzieher-Stifthalterung pro 10 Personen, Stifte (z. B. Wachsmalkreiden), Papier

Beschreibung
Bis zu zehn Personen können gleichzeitig am Strippenzieher ziehen und damit einen Stift bewegen und mit ihm etwas malen oder schreiben. Den Strippenzieher kann man fix und fertig z. B. bei der Karl-Schubert-Gemeinschaft e. V. bestellen oder selbst in unterschiedlichen Größen bauen.
Festes Papier wird mit Klebeband auf einem Tisch befestigt. Als Malstift eignen sich wasserlösliche Filzmaler oder Wachsmalkreiden.

Möglich sind ganz verschiedene Aufgaben:

- Ein Ausmalbild wird mit verschiedenen Farben ausgemalt.
- Man zeichnet einen Parcours vor, der möglichst schnell durchlaufen werden muss. Wie schnell schafft es welche Gruppe?
- Die ganze Gruppe oder ein Teil der Gruppe bekommt den Auftrag, ein bestimmtes Motiv zu zeichnen, z. B. ein Haus oder einen Baum. Wie gelingt es, das ohne zu reden umzusetzen? Was ändert sich, wenn man reden darf?

Variante
Die Aufgabe soll ganz oder teilweise mit geschlossenen Augen durchgeführt werden.

Anwendungsbeispiel
Zum Thema Gemeinschaft soll die Gruppe ein Symbolbild malen, ohne zu sprechen.

STUHL GESTALTEN

Jede/jeder gestaltet ihren/seinen persönlichen Stuhl.

Kategorie: Kreativ	**Anspruch für die Leitung:** 2
Thema: Gottesdienst, Identität, Kirche	**Anspruch für die Gruppe:** 2
Zeitaufwand: 120 Minuten	**Aufwand:** 3
Gruppengröße: bis 10, 10 – 20	**Sozialform:** Einzelarbeit
Alter: ab 12	

Material: Stühle, Acrylfarben, Bootslack, Dispersionsklebstoff, Pinsel, Zeitschriften, Bibeln, Eddings, Schleifpapier, Spraydosen, Schablonen

Beschreibung

Wenn man einen Stuhl selbst gestalten möchte, eignen sich ausrangierte Holzstühle, gern auch vom Sperrmüll. Man kann aber auch einfache, unlackierte Holzstühle kaufen. Die Stühle müssen mit Schleifpapier leicht angeraut werden. Es gibt verschiedene Techniken, mit denen die Stühle gestaltet werden können. Aus Zeitschriften werden Motive ausgerissen und mit Dispersionsklebstoff auf den Stuhl aufgebracht. Mit Acrylfarben kann gemalt werden, die Eddings dienen zum Schreiben. Auch Spraydosen und Schablonen können verwendet werden.

Damit später alles hält und nichts abfärbt, werden die bearbeiteten Flächen noch mit Bootslack lackiert (nach: Trenn, Olaf / Witting, Christian: Platz nehmen. Ein Projekt mit Stühlen zur Konfirmation, KU Praxis 55, Gütersloher Verlagshaus, Gütersloh 2010, S. 17 – 28).

Variante

Auch einfache Papphocker, wie sie beim Kirchentag verwendet werden, lassen sich auf diese Weise schön gestalten.

Anwendungsbeispiel

Die Jugendlichen sollen ihren Platz in der Gemeinde und im Gottesdienst finden. Sie können ihre Stühle beim Einzug in den Gottesdienst feierlich hereintragen und dann darauf Platz nehmen. Der Stuhl kann als Ausdruck der eigenen Persönlichkeit gestaltet sein.

STÜHLE BALANCIEREN

Schaffen es die Jugendlichen trotz gekippter Stühle den Stuhlkreis zu umrunden?

Kategorie: Gruppendynamik; Spiel
Thema: Gruppe
Zeitaufwand: 15 Minuten
Gruppengröße: 10 – 20, 20+
Alter: ab 6

Anspruch für die Leitung: 1
Anspruch für die Gruppe: 2
Aufwand: 1
Sozialform: Plenum

Material: Stühle

Beschreibung
Diese Methode kann nur gemeinschaftlich gelingen.
Die Jugendlichen bilden einen Stuhlkreis und stellen sich hinter ihre Stühle. Die Stühle werden mit der rechten Hand leicht nach vorne gekippt und festgehalten. Die linke Hand wird auf den Rücken gelegt und bleibt dort das ganze Spiel über. Die Jugendlichen sollen nun versuchen, einmal um den Kreis herumzulaufen, ohne dass ein Stuhl nach vorne kippt oder den Boden berührt. Sollte ein Stuhl fallen, müssen alle wieder an ihre ursprüngliche Ausgangsposition zurück. Das Spiel ist dann beendet, wenn der Ausgangsplatz erreicht wird oder die Konzentrationsfähigkeit nachlässt. Die Jugendlichen sollen ihre Spielstrategie selbst entwickeln. Es empfiehlt sich, dass die Leitung mitspielt, allerdings keine Kommandos übernimmt. Nach Ende des Spiels kann eine Reflexion erfolgen.

Variante
Gut eingespielte Gruppen können dieses Spiel auch mit geschlossenen Augen versuchen.

Anwendungsbeispiele
Das Spiel eignet sich wunderbar als Unterbrechung einer Arbeitsphase oder zu Beginn einer Veranstaltung bzw. kann auch zur Gruppendynamik beitragen. In der abschließenden Reflexion können folgende Fragen thematisiert werden: „Wer von euch hat am meisten gesagt?“ „Wer gar nichts?“ „Wie hat sich das angefühlt, als XY der Stuhl runtergefallen ist und ihr wieder neu anfangen musstet?“ „Warum habt ihr auf XY gehört aber die Idee von XZ nicht?“

STUMMER IMPULS

Ein ungewöhnlicher Gegenstand oder ein Bild wird ohne Worte ins Spiel gebracht.

Kategorie: Einstieg
Thema: Alle Themen
Zeitaufwand: 5 Minuten
Gruppengröße: bis 10, 10 – 20, 20+
Alter: ab 6

Anspruch für die Leitung: 1
Anspruch für die Gruppe: 1
Aufwand: 1
Sozialform: Plenum

Material: 1 Gegenstand oder Bild

Beschreibung
Ein stummer Impuls eignet sich gut, um in ein Thema einzuführen und ein Gespräch zu eröffnen. Der Gegenstand oder das Bild wird so präsentiert, dass alle gut sehen können. Dann wartet die/der Leitende so lange, bis jemand eine Idee hat, was es mit diesem Gegenstand oder Bild auf sich haben könnte. Es werden einige Kommentare abgewartet, bis im Gespräch deutlich wird, was die Verbindung zwischen Gegenstand bzw. Bild und Thema ist. Besonders gut klappt die Methode, wenn nicht sofort zu erraten ist, worum es sich handelt oder der Gegenstand oder das Bild viele Assoziationen auslöst.

Anwendungsbeispiel
Zum Thema „Bekenntnis" wird gut erkennbare Fußball-Fanausstattung mitgebracht, zum Thema „Liebe, Treue, Ehe" zwei miteinander verbundene Vorhängeschlösser, zum Thema Gewalt ein zerbrechliches Glas und ein Vorschlaghammer.

TANZ

Ein einfacher Tanz für die ganze Gruppe.

Kategorie: Musik; Warm-up	**Anspruch für die Leitung:** 3
Thema: Gruppe, Liebe	**Anspruch für die Gruppe:** 2
Zeitaufwand: 15 Minuten	**Aufwand:** 1
Gruppengröße: 10 – 20, 20+	**Sozialform:** Plenum
Alter: ab 12	

Material: Musik im Viervierteltakt, 1 Abspielgerät

Beschreibung

Ein Tanz bringt auf lockere Art Schwung in die Gruppe. Gut bewährt hat sich da der „Törner"-Tanz. Er wird zunächst ohne Musik eingeübt. Alle stehen im Kreis. Man berührt mit der rechten Hand seine linke Schulter, dann mit der linken Hand die rechte Schulter. Es folgt mit der rechten Hand das linke Knie, dann wieder mit der linken das rechte. Entsprechend der linke Fußknöchel und der rechte. Dann wird zweimal geklatscht. Diese Reihenfolge wird mehrmals rhythmisch eingeübt.

Im nächsten Teil werden die Nachbarinnen/Nachbarn rechts und links einbezogen und man berührt zunächst die rechte Schulter der linken Nachbarin / des linken Nachbarn mit der rechten Hand usw. Wem das Berühren zu heikel ist, der kann auch einfach in diese Richtung deuten. Wenn die Bewegungen im Rhythmus gut klappen, wird rhythmusbetonte Musik im Viervierteltakt eingespielt.

Anwendungsbeispiel

Der Tanz eignet sich gut als Einstieg, wenn man über das Thema Liebe und was unser Körper damit zu tun hat, ins Gespräch kommen will.

TAPE ART

Bilder und Räume schaffen mit Klebeband.

Kategorie: Kreativ	**Anspruch für die Leitung:** 1
Thema: Alle Themen	**Anspruch für die Gruppe:** 1
Zeitaufwand: 60 Minuten	**Aufwand:** 1
Gruppengröße: bis 10, 10 – 20	**Sozialform:** Einzelarbeit, Partnerarbeit, Gruppenarbeit
Alter: ab 12	

Material: Gewebeklebeband, Kreppklebeband, Isolierband

Beschreibung

Tape Art ist Kunst mit Klebeband. Klebeband lässt sich auf vielfältige Weise einsetzen und ermöglicht eine Gestaltung auf Zeit. Mögliche Gestaltungsflächen sind Wände, Böden oder Gegenstände.

Wichtig im Umgang mit Klebeband ist es, zuvor den Untergrund zu testen! Lässt sich das Klebeband wieder restlos ablösen? Beim Aufbau eines Tape Art-Projektes ist es wichtig, erst einen Zugang zum Medium „Klebeband“ und seinen Möglichkeiten zu schaffen. Dies kann z. B. durch die Gestaltung eines persönlichen Tisches geschehen. Nun können auch größere Projekte in Gruppen umgesetzt werden. Aktuelle Themen oder glaubensbezogene Themen können ein Ansatzpunkt für die Kunstprojekte sein.

Varianten

Kreppklebeband: bekommt man in verschiedenen Farben.
Isolierband: ist dehnbar und lässt sich auch in Kurven legen.

Anwendungsbeispiele

Mögliche Projektthemen: Kreuz, Tod und Auferstehung, Schöpfung und Glauben, meine Welt – deine Welt ...
Tape Art eignet sich sehr gut für Gemeindehäuser.

TAUSCHSPIEL

Stadtspiel mit viel Menschenkontakt.

Kategorie: Outdoor/Unterwegs; Spiel	**Anspruch für die Leitung:** 1
Thema: Gemeinde, Gruppe	**Anspruch für die Gruppe:** 3
Zeitaufwand: 90 Minuten	**Aufwand:** 1
Gruppengröße: bis 10, 10 – 20	**Sozialform:** Gruppenarbeit, Plenum
Alter: ab 12	

Material: mehrere Zahnbürsten pro Gruppe

Beschreibung

Das Tauschspiel bringt die Jugendlichen in Kontakt mit dem Ort, da sie nur so ihr Ziel erreichen können. Am Abend soll gemeinsam eine Pizza gebacken werden, zu der jedoch leider keine Zutaten vorhanden sind. Es gibt lediglich ein Bündel Zahnbürsten. Jede Gruppe bekommt zu Beginn eine Zahnbürste. Diese wird nun von der Gruppe immer weitergetauscht. Als Tauschpartnerinnen/Tauschpartner kommen die Bewohnerinnen/Bewohner des Ortes, Läden oder Passantinnen/ Passanten infrage. Die Gruppen sprechen sich untereinander ab, wer in welche Richtung welche Zutat tauscht, sodass am Ende auch eine Pizza gebacken werden kann. Ist die jeweilige Zutat erreicht, holt sich die Gruppe eine weitere Zahnbürste ab und zieht erneut los auf der Suche nach geeigneten Tauschpartnerinnen/Tauschpartnern für die nächste Zutat.

Wichtig beim Tauschen ist: Es muss ein echter Tausch sein, zusätzliche Geschenke gehen nicht. Es darf nicht gegen Geld getauscht werden.
Am Ende der Tauschphase, wenn alle nötigen Zutaten zusammen sind, kann das Zubereiten der Pizza beginnen.

Variante

Das Tauschspiel kann auch in eine Stadtrallye eingebaut werden. Dann wäre das Ziel, den Startgegenstand möglichst immer weiter zu tauschen.

Anwendungsbeispiel

Für jede Gelegenheit anwendbar.

TEXTE EINDAMPFEN

Texte erschließen durch Reduktion.

Kategorie: Text; Einstieg	**Anspruch für die Leitung:** 1
Thema: Alle Themen	**Anspruch für die Gruppe:** 2
Zeitaufwand: 10 Minuten	**Aufwand:** 2
Gruppengröße: bis 10, 10 – 20, 20+	**Sozialform:** Einzelarbeit
Alter: ab 12	

Material: 1 schwarzer Filzstift pro Person, 1 Text pro Person

Beschreibung

Die Methode reduziert einen Text auf seine Kernaussage. Schrittweise wird der Text verkürzt und am Ende bleibt die zentrale Aussage stehen. Mit einem schwarzen Filzstift werden unwichtige Wörter schwarz übermalt.

Anwendungsbeispiele

Mögliche Aufträge könnten sein: Es soll ...

- ... nur die zentrale Aussage übrigbleiben.
- ... nur der Handlungskern übrigbleiben.
- ... nur die Handlung stehen bleiben, die danach als Standbild/Haltung gezeigt wird.
- ... nur gestrichen werden, was für das Verständnis nicht unbedingt nötig ist.

TEXTE UM DIE WETTE LESEN

Als Gruppe eine große Menge Text erfassen.

Kategorie: Text; Spiel
Thema: Bibel, Gemeinde, Jesus Christus, Religionen
Zeitaufwand: 45 Minuten
Gruppengröße: 10 – 20, 20+
Alter: ab 12
Anspruch für die Leitung: 1
Anspruch für die Gruppe: 1
Aufwand: 1
Sozialform: Gruppenarbeit, Plenum

Material: Zeitungen, 1 Text oder Bibel pro Gruppe

Beschreibung

Man bildet drei oder mehr Gruppen, sodass in jeder Gruppe nicht mehr als vier Personen sind. Jede Gruppe bekommt den gleichen Text ausgeteilt (z. B. eine Ausgabe einer Tageszeitung). In 10 bis 15 Minuten Vorbereitungszeit muss die Gruppe versuchen, diesen Text so gut wie möglich zu erfassen. Am besten geht das, wenn man sich die Textmenge aufteilt, aber diesen Trick muss man nicht verraten.
Dann werden von der Spielleitung Fragen gestellt, die sich nur aus dem Text beantworten lassen. Jede richtige Antwort gibt 1 Punkt.

Variante

Man kann auch 2 Punkte pro Runde vergeben, den 2. Punkt bekommt die Gruppe, die zuerst die korrekte Fundstelle der Information benennt.

Anwendungsbeispiele

- Thema Kirche: der letzte Gemeindebrief
- Thema Jesus und Bibel: ein ganzes Evangelium Thema Religionen: Tageszeitung (Es werden nur Fragen gestellt, die etwas mit Glaube und Religion zu tun haben und sich z. B. auf Traueranzeigen, Gottesdienstinformationen beziehen.)

TEXTSCHLANGE

Arbeit mit einem Text in Schlangenform.

Kategorie: Text; Spiritualität	**Anspruch für die Leitung:** 2
Thema: Bibel	**Anspruch für die Gruppe:** 1
Zeitaufwand: 30 Minuten	**Aufwand:** 3
Gruppengröße: 10 – 20, 20+	**Sozialform:** Plenum
Alter: ab 12	

Material: 1 Textschlange

Beschreibung

Ein Text wird als Schlange (Querformat, DIN A3) ausgedruckt. Die Zeilen werden auseinandergeschnitten und dann in der Reihenfolge des Textes als lange Schlange wieder aneinandergeklebt.

Die Textschlange wird wild übereinandergelegt verteilt. Einige lesen nun einzelne Textfetzen vor. Dann hält jede/jeder ein Stück davon in der Hand und liest in zufälliger Reihenfolge den Abschnitt vor. Erst danach wird der Text von Anfang an in der richtigen Reihenfolge vorgelesen.

Dann wird die Textschlange wieder abgelegt. Jede/jeder darf sich ein für ihn besonderes Textstück herausreißen und mit ihm im Raum herumgehen und versuchen, ihn auf unterschiedliche Arten auszusprechen, z. B. andächtig oder aggressiv (nach: Dais, Petra: Das Spiel mit der Textschlange. In: Was dagegen, Jugendgottesdienstmaterial des Evang. Landesjugendpfarramts in Württemberg, 2002, S. 71 ff.).

Anwendungsbeispiel

Sehr gut eignet sich z. B. Psalm 23 oder Psalm 139.

THEOLOGISIEREN

Gemeinsam über zentrale Fragen der Theologie nachdenken.

Kategorie: Gespräch
Thema: Bibel, Glaubensbekenntnis, Gott, Religionen, Schöpfung, Sterben und Tod, Theodizee
Zeitaufwand: 60 Minuten
Gruppengröße: bis 10, 10 – 20
Alter: ab 12
Anspruch für die Leitung: 2
Anspruch für die Gruppe: 2
Aufwand: 1
Sozialform: Gruppenarbeit, Plenum

Material: Texte aus der Bibel, Theo-Kartei (s. „Tool-Pool_Theologisieren.pdf“ im Downloadbereich)

Beschreibung
Theologie ist nicht nur eine Wissenschaft, die an Universitäten gelehrt wird, jeder Mensch, schon jedes Kind hat eine eigene Theologie und legt sich Antworten auf die großen Fragen nach Gott und der Welt zurecht. Dass diese Theologien nicht minderwertig sind, sondern Ausdruck einer eigenständigen Denkwelt, ist die Grundthese der sogenannten Kinder- und Jugendtheologie. Es geht ihr nicht um die Vermittlung von „richtiger“ und „falscher“ Theologie, sondern darum, Denkanstöße zur Weiterentwicklung der eigenen theologischen Gedankenwelt zu geben.
Wenn sich die Gesprächsthemen in bestimmten Situationen nicht von allein ergeben, hilft es, Anstöße zu geben:

- Bibeltexte (z. B. Wundergeschichten oder Texte, in denen es um Aussagen über Gott, die Schöpfung und die jenseitige Welt geht)
- (Kurz-)Filme
- Religionskritische Texte

Ziel ist die Beschäftigung mit den großen Fragen der Theologie, die über die Jahrhunderte immer wieder neu bedacht wurden:

- **Gott:** Wie ist er, was kann er, wie kann man ihn denken? Wie erfahren wir von ihm? Führt er uns durchs Leben? Hat er die Welt erschaffen?
- **Theodizee:** Warum gibt es das Leid? Lässt Gott es zu? Hat es einen Sinn? Warum leiden auch gute Menschen?
- **Glaube**: Was ist das und warum glauben Menschen? Was ist der Ursprung der Religion? Wie verhält er sich zu den Naturwissenschaften?
- **Bibel:** Wie muss man sie verstehen? Wie kann sie „Gottes Wort“ sein?
- **Tod und ewiges Leben:** Wie geht es nach dem Tod weiter? Was bedeutet Ewigkeit?
- **Jesus und Heiliger Geist:** War Jesus Gott? Wie wirkt Gottes Kraft in uns?

(Nach: Freudenberger-Lötz, Petra: Theologische Gespräche mit Jugendlichen. Erfahrungen – Beispiele – Anleitungen. Ein Werkstattbuch für die Sekundarstufe, Kösel/Calwer, München/Stuttgart 2012.)

Anwendungsbeispiel

Die Theo-Kartei (s. Downloads), die Herbert Kolb mit freundlicher Genehmigung zur Verfügung gestellt hat, bietet zahlreiche Impulsfragen, um ins Gespräch zu kommen. Jede/jeder ist reihum dran, deckt eine Karte auf und sagt ehrlich ihre/seine Meinung zu dieser Frage. Andere aus der Gruppe dürfen auch ihre Ansicht sagen. Die Leitung fragt gezielt nach: „Wie stellst du dir das vor?“ „Wie bist du zu dieser Überzeugung gekommen?“

THINK-PAIR-SHARE

Informationen werden durch verschiedene Schritte erarbeitet und schließlich der Gruppe vorgestellt.

Kategorie: Gespräch; Text	**Anspruch für die Leitung:** 1
Thema: Alle Themen	**Anspruch für die Gruppe:** 2
Zeitaufwand: 60 Minuten	**Aufwand:** 1
Gruppengröße: bis 10, 10 – 20, 20+	**Sozialform:** Einzelarbeit, Partnerarbeit, Plenum
Alter: ab 12	

Material: Papier, Stifte, Materialblätter, Präsentationsmaterialien, Bilder

Beschreibung

Diese Methode, zuerst entwickelt von Frank Lyman und seitdem häufig variiert, eignet sich für die Erarbeitung von vielen kleineren und unterschiedlichen Themen. Sie gliedert sich in einen Dreischritt: 1. think, 2. pair, 3. share, der die jeweiligen Arbeitsphasen beschreibt. Die Jugendlichen erarbeiten in der 1. Phase in Einzelarbeit ein Thema (ca. 10 Minuten) und fixieren dieses schriftlich. In Phase 2 suchen sie sich eine Partnerin / ein Partner, die/der ein anderes Thema erarbeitet hat, und tauschen sich darüber aus. Danach sollten beide über das Thema der/des anderen Bescheid wissen. Wichtig ist hier, dass sich die beiden Themen aufeinander beziehen. Die Ergebnisse werden schriftlich festgehalten. (10 – 15 Minuten). In der 3. Phase (15 – 20 Minuten) werden die unterschiedlichen Ergebnisse der Paare dem Plenum präsentiert, wieder werden die Ergebnisse gesichert und diskutiert. Die Darstellungsformen in der 3. Phase sollten einen gewissen Grad der Reflexion widerspiegeln (mit weiterführender Frage zur Gruppendiskussion) und können durchaus kreativ (z. B. als Diagramm, Bild, Lied, Video) umgesetzt werden.

Anwendungsbeispiele

Da diese Methode sehr kognitiv ist, empfiehlt es sich, immer auch „alternative“ Formen anzubieten. Einzelne Jugendliche könnten z. B. in der 1. Phase auch in einer Art „Galerie“ Bilder mit einem bestimmten Arbeitsauftrag betrachten (z. B. „Was siehst du?“ „Wo hast du eine Frage?“ „Wie wird z. B. Jesus hier dargestellt?“). Andere bearbeiten in der 1. Phase zum Bild passende Bibeltexte. In der 2. Phase könnten sie so voneinander profitieren, indem sie in der 3. Phase z. B. ein eigenes Bild ihrer Interpretation malen, vorstellen und mit einer selbst formulierten Fragestellung zur Diskussion stellen.

ULTIMATUMSPIEL

Ein Spiel, das die Bereitschaft zum Teilen von Geld untersucht.

Kategorie: Spiel
Thema: Diakonie, Gerechtigkeit, Konfirmation
Zeitaufwand: 30 Minuten
Gruppengröße: bis 10, 10 – 20
Alter: ab 12
Anspruch für die Leitung: 2
Anspruch für die Gruppe: 1
Aufwand: 1
Sozialform: Plenum

Material: mehrere 10-Euro-Scheine, Wechselgeld

Beschreibung
Diese Methode wurde von Werner Güth entwickelt und in einem Experiment umgesetzt. Von der Spielleitung werden zwei Freiwillige ausgewählt und nach vorn gebeten. Zuerst werden die Regeln erklärt: „Eine/einer von euch (Besitzer) bekommt von mir zehn Euro. Die muss sie/er mit der/dem anderen (Empfänger) teilen. Der Besitzer darf selbst entscheiden, wie viel er von seinem neuen Besitz abgeben will. Allerdings hat der Empfänger die Möglichkeit, den Deal komplett abzulehnen. Dann bekommt keiner von euch beiden Geld. Das Geld dürft ihr übrigens wirklich behalten. Was ihr anschließend damit macht, ist mir egal. Wenn es euch nicht wohl ist dabei, könnt ihr es ja spenden." Es können nun mehrere Runden gespielt werden. Dabei kann man Besitzer und Empfänger tauschen oder neue Freiwillige auswählen. Wichtig ist, dass echtes Geld eingesetzt wird. (nach: Springer Gabler Verlag (Hrsg.), Gabler Wirtschaftslexikon, Stichwort: Ultimatumspiel, Springer Gabler Verlag, Heidelberg [18]2013)

Variante
Das Spiel lässt sich auch mit attraktiven Süßigkeiten spielen.

Anwendungsbeispiel
Auch bei der Konfirmation bekommt man viel Geld geschenkt. Wer ist wohl bereit, davon etwas zu schenken? Wie wäre es, wenn eine Vierzehnjährige / ein Vierzehnjähriger aus einem Entwicklungsland ein Veto zu allen Geschenken einlegen könnte, wenn er nicht ausreichend mit Spenden bedacht wird?

UMRISS

Was macht eine Christin / einen Christen aus? Diskussion um Ideal und Realität.

Kategorie: Spiritualität; Gespräch
Thema: Identität, Konfirmation
Zeitaufwand: 60 Minuten
Gruppengröße: bis 10, 10 – 20
Alter: ab 12
Anspruch für die Leitung: 2
Anspruch für die Gruppe: 2
Aufwand: 2
Sozialform: Gruppenarbeit, Plenum

Material: 1 Packpapierrolle, Stifte

Beschreibung
Die Methode verläuft in drei Phasen. In der ersten Phase wird der Umriss eines Menschen gezeichnet und „angezogen".
In der zweiten Phase wird der Umriss mit Eigenschaften und Begriffen gefüllt, die die Gruppe einer idealen Christin / einem idealen Christen zuschreibt. Was macht sie/ihn aus? Was muss sie/er haben? Was muss sie/er glauben und wissen?
In der dritten Phase geht es um die Auseinandersetzung mit diesem idealisierten christlichen Zerrbild. Wie geht es der Gruppe mit diesem Bild? Finden wir uns darin wieder? Sind wir das? Für die Weiterarbeit mit diesem Umriss ist es oft hilfreich, eine Priorisierung der Eigenschaften vorzunehmen. Was ist für uns Christen das Wichtigste? Was macht meinen Glauben aus?

Variante
Um die Anforderungen, die von außen an Christen herangetragen werden, sichtbar zu machen, können diese auch außerhalb des Umrisses notiert werden.

Anwendungsbeispiel
Die/der ideale Mitarbeitende: Diese Methode eignet sich auch gut für andere Themen, z. B. im Rahmen der Mitarbeiterschulung.

UNSER VERTRAG(EN)

Eine gruppendynamische Bestandsaufnahme mit einem Vertrag als Ergebnis.

Kategorie: Gruppendynamik
Thema: Freundschaft, Gruppe, Vertrauen
Zeitaufwand: 30 Minuten
Gruppengröße: bis 10, 10 – 20, 20+
Alter: ab 12
Anspruch für die Leitung: 3
Anspruch für die Gruppe: 2
Aufwand: 2
Sozialform: Einzelarbeit, Partnerarbeit, Gruppenarbeit, Plenum

Material: Stifte, Papier, 1 Poster

Beschreibung
Diese Methode soll die Jugendlichen zu einem Perspektivwechsel animieren. Es sollte eine andere Methode vorausgegangen sein (z. B. könnten sich die Jugendlichen zu denjenigen stellen, denen sie sich nah fühlen). Nach einer Bestandsaufnahme folgt ein Interview mit Fragen nach dem Empfinden und eine Diskussion über die Gründe eines möglichen gruppendynamischen Ungleichgewichts. Diese werden schriftlich fixiert und anschließend ins Gegenteil verkehrt („Was brauchen wir, damit unsere Gruppe wieder ins Lot kommt?"). Das Regelwerk dazu wird thesenartig in Gruppen erarbeitet und im Plenum vorgestellt. Die Jugendlichen stimmen darüber ab, welche „Regeln" sie einhalten wollen. Diese werden in einem „Vertrag" schriftlich fixiert und von allen unterschrieben. Der Vertrag sollte sichtbar im Raum angebracht werden. Ab jetzt ist dieser bindend.

Anwendungsbeispiel
Bei Konflikten und deren Aufarbeitung empfiehlt es sich, mit der Gruppe oder den Beteiligten einen Vertrag abzuschließen (s. Methode „Stühle balancieren").

UNTERSCHRIFTENSAMMLUNG

Zu einer These oder Forderung werden möglichst viele Unterschriften gesammelt.

Kategorie: Warm-up; Spiel
Thema: Alle Themen
Zeitaufwand: 10 Minuten
Gruppengröße: 10 – 20, 20+
Alter: ab 12

Anspruch für die Leitung: 1
Anspruch für die Gruppe: 1
Aufwand: 1
Sozialform: Plenum

Material: Papier, Stifte

Beschreibung
Jede/jeder denkt sich eine Forderung aus oder überlegt sich eine Aussage, die Unterstützung verdient hat. Diese wird auf ein Blatt geschrieben. Dann versuchen alle gleichzeitig, für ihre Aussage so viele Unterstützende wie möglich zu bekommen. Die Dauer des Spiels hängt von der Gruppengröße ab und sollte eher knapp bemessen sein. Der Themenbereich, aus dem die Aussagen kommen sollen, kann vorgegeben werden.

Variante
Das Leitungsteam hat vorbereitete Aussagen und versucht, in der Gruppe dafür Unterstützung zu bekommen.

Anwendungsbeispiele

- Alle überlegen sich Forderungen, wie die Kirche sich ändern soll, was in Zukunft anders sein muss.
- Als Thema werden Aussagen vorgegeben, wie Frauen und Männer oder Mitglieder einer Familie miteinander umgehen sollen.

VÄSTERAS-METHODE

Die Västeras-Methode bearbeitet (Bibel-)Texte mit Zeichen am Rand.

Kategorie: Text
Thema: Bibel
Zeitaufwand: 20 Minuten
Gruppengröße: bis 10, 10 – 20
Alter: ab 12

Anspruch für die Leitung: 1
Anspruch für die Gruppe: 2
Aufwand: 1
Sozialform: Einzelarbeit, Partnerarbeit, Gruppenarbeit, Plenum

Material: 1 Bibeltext (mit Randspalte) pro Person, Stifte

Beschreibung

Jede/jeder liest und bearbeitet in Stillarbeit ihren/seinen Text mit folgenden vier Zeichen:

- Fragezeichen: Das verstehe ich nicht.
- Ausrufezeichen: Das leuchtet mir ein, das finde ich gut.
- Pfeil: Das spricht mich persönlich an.
- Blitz: Da bin ich anderer Meinung.

Anschließend wird Aussage für Aussage durchgegangen. Wer ein Fragezeichen gesetzt hat, meldet sich und versucht, die Frage zu präzisieren. Antworten müssen diejenigen, die kein Fragezeichen gesetzt haben. Anschließend können diejenigen sich äußern, die persönlich angesprochen oder anderer Meinung sind.

Die Methode sollte möglichst nicht für sich stehen, anschließend sollte man den Text in irgendeiner Form kreativ weiterbearbeiten.

Variante

Es können noch weitere Zeichen erfunden und vereinbart werden, z. B. eine „Hand", wenn man zum Tun aufgefordert wird.

Anwendungsbeispiel

Als Text eignet sich z. B. der zwölfjährige Jesus im Tempel aus Lukas 2,41-52.

VERSWAHL

Den wichtigsten Vers finden.

Kategorie: Text; Einstieg, Gespräch	**Anspruch für die Leitung:** 1
Thema: Bibel	**Anspruch für die Gruppe:** 1
Zeitaufwand: 15 Minuten	**Aufwand:** 1
Gruppengröße: bis 10, 10 – 20	**Sozialform:** Plenum
Alter: ab 12	

Material: Papierstreifen, Stifte, 1 Bibeltext pro Person

Beschreibung
Diese Methode hilft, wesentliche Aussagen von Bibeltexten herauszuarbeiten und darüber ins Gespräch zu kommen. Dabei kommt es fast unbemerkt zu einer intensiven Auseinandersetzung mit dem Text. Ziel ist es, mit demokratischen Mitteln den wichtigsten Vers auszuwählen.

Vorgehen:

1. Der Text wird mit der gesamten Gruppe gelesen.
2. Für jeden Vers wird eine kurze Inhaltsangabe gefunden und auf einen Papierstreifen geschrieben.
3. Die Papierstreifen werden untereinander abgelegt und bilden so den gesamten Text ab.
4. Nun beginnt die Verswahl in drei Wahlgängen: Zuerst werden alle „unwichtigen" Aussagen des Textes auf die linke Seite gelegt, danach alle besonders wichtigen auf die rechte Seite. Von den besonders wichtigen Versen wird nun in geheimer Abstimmung der wichtigste Vers ausgewählt.

Variante
Es können auch ganze Verse ausgelegt werden, ohne sie zusammenzufassen. Auswahl erfolgt wie oben beschrieben.

Anwendungsbeispiel
Für alle Bibeltexte anwendbar.

VERTRAUENSLAUF – SCHILFMEERDURCHQUERUNG

Ein Vertrauenslauf der zum Exodus-Erlebnis werden kann.

Kategorie: Erlebnispädagogik	**Anspruch für die Leitung:** 2
Thema: Vertrauen	**Anspruch für die Gruppe:** 2
Zeitaufwand: 30 Minuten	**Aufwand:** 1
Gruppengröße: 10 – 20, 20+	**Sozialform:** Gruppenarbeit, Plenum
Alter: ab 6	

Material: keines

Beschreibung

Die Teilnehmenden werden gebeten, eine Gasse zu bilden. Beide Gruppenhälften stehen sich im Abstand einer Armeslänge gegenüber. Uhren und Ringe müssen abgelegt werden, dann wird die Gasse durch Ausstrecken der Arme geschlossen. Nun dürfen alle, die wollen, einmal durch diese Gasse laufen. Sie starten an einem Punkt in ca. 10 m Abstand. Vor dem Loslaufen müssen die Laufenden die Gruppe laut nach ihrer Bereitschaft fragen und diese muss das Startsignal geben. Erreicht die/der Laufende dann die Gasse, reißen die Mitspielenden nacheinander ihre Arme kurzfristig in die Höhe und geben somit die Gasse frei. Unmittelbar nachdem die Person die Gasse durchquert hat, senken die Personen, die die Gasse bilden, ihre Arme wieder, sodass eine Art Wellenbewegung entsteht.

Personenaufstellung

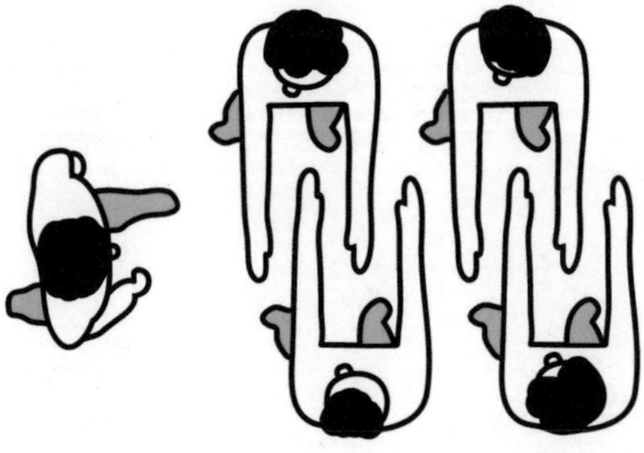

Wichtig:

- Die Mitspielenden müssen ihre Arme auf jeden Fall rechtzeitig hochreißen. Andererseits sollten sie es so lange wie möglich hinauszögern, sodass der Eindruck entsteht, auf eine geschlossene Wand zuzulaufen.
- Die Laufenden können die Geschwindigkeit selbst bestimmen. Eine Erhöhung des Tempos während des Laufes muss aber ausgeschlossen werden.

Anwendungsbeispiel
Die Erzählung vom Volk Israel, das vor den Ägyptern flieht und vor dem Meer als Sackgasse steht, hilft, sich den Ablauf und die Herausforderungen der Methode vorzustellen. Die Gasse wird hier zum Meer, das sich teilt. Bei dem klaren Ritual vor dem Loslaufen ruft die/der Laufende nun: „Ich sitze in der Falle!“, um die Gruppe nach ihrer Bereitschaft zu fragen. Die Gruppe antwortet dann mit dem Startsignal: „Hab keine Angst!“

(VOR)ANGESPIELT

Die Jugendlichen erarbeiten sich Szenen selbst, in Auseinandersetzung mit diversen Themen.

Kategorie: Theater; Kreativ
Thema: Alle Themen
Zeitaufwand: 180 Minuten
Gruppengröße: bis 10, 10 – 20
Alter: ab 12
Anspruch für die Leitung: 2
Anspruch für die Gruppe: 3
Aufwand: 2
Sozialform: Einzelarbeit, Partnerarbeit, Gruppenarbeit, Plenum

Material: Requisiten, 1 Text mit Hintergrundinformation pro Person, 1 Kamera, 1 Laptop

Beschreibung

Die Jugendlichen erhalten einen Text bzw. ein Thema, mit dem sie sich eingehend beschäftigen sollen. Sie entwickeln eine szenische Umsetzung und setzen diese um. Es empfiehlt sich, als Ausgangslage eine „Problemstellung" zu provozieren (z. B. ein Text mit offenem Ausgang, eine Dilemmageschichte).
Da nicht alle Jugendlichen gleich gern im „Rampenlicht" stehen, ist eine vorherige Rollenverteilung, die jede/jeden in ihren/seinen Gaben wahrnimmt, sinnvoll (z. B. Regisseurin/Regisseur, Darstellerin/Darsteller, Erzählerin/Erzähler, Kamerafrau/Kameramann).

Varianten

Szenische Darstellungsformen können vielfältig sein. Mögliche Umsetzungsvarianten wären z. B. Standbilder, Hörspiel, Kurzfilm, WhatsApp-Konversation, Bildergeschichte/Comics.

Anwendungsbeispiel

Lukas 10,29-37 „Der barmherzige Samariter": Es bietet sich ein Perspektivwechsel an (z. B. „Stellt euch vor, der Verletzte trifft auf den Samariter, wie könnte das aussehen? Überlegt euch drei unterschiedliche Ausgänge dieses Treffens.") Eine weitere Option wäre es, eine moderne „Beispielgeschichte" (Flüchtlingskrise, Mobbing usw.) zu verfassen.

WALT-DISNEY-METHODE

Ideen kreativ betrachten und Lösungen weiterdenken.

Kategorie: Demokratiebildung; Einstieg, Kreativ
Thema: Alle Themen
Zeitaufwand: 60 Minuten
Gruppengröße: bis 10, 10 – 20, 20+
Alter: ab 12

Anspruch für die Leitung: 2
Anspruch für die Gruppe: 2
Aufwand: 2
Sozialform: Einzelarbeit, Partnerarbeit, Gruppenarbeit

Material: keines

Beschreibung
Für komplexe Fragen und Themen braucht es oft verschiedene Blickwinkel, um sie weiterzubringen. Die Jugendlichen nehmen diese Blickwinkel bewusst ein und betrachten so die Frage oder das Thema und diskutieren darüber. Die Blickwinkel können entweder als Rollen, in die sie gleichzeitig schlüpfen können, gestaltet werden, oder alternativ als nacheinander betretbare Räume.

1. **Träumer** sind subjektiv orientiert und zuversichtlich, es geht ihnen um Ideen, die Umsetzung interessiert sie erst einmal nicht.
2. **Realisten** nehmen einen pragmatisch-praktischen Standpunkt ein, sie entwickeln Handlungspläne und untersucht die notwendigen Arbeitsschritte und Voraussetzungen.
3. **Kritiker** fordern heraus, sie stellen Fragen und prüfen die Vorgaben der anderen. Ziel ist dabei konstruktive und positive Kritik, die hilft, mögliche Fehlerquellen zu identifizieren.

Wenn die Schritte nacheinander erfolgen, kann es sinnvoll sein, mit einer neutralen Position zu starten, um das Problem oder die Fragestellung zu analysieren. Die Jugendlichen nehmen ihre Ideen mit in die Räume. Die Methode kann sowohl von Einzelpersonen als auch von Gruppen angewendet werden. Sie ist besonders hilfreich, wenn es darum geht, Ziele und Visionen zu konkretisieren und alltagstauglich zu gestalten.

Die Methode geht auf Robert B. Dilts zurück, der über den berühmten Filmproduzenten und Zeichentrick-Pionier Walt Disney schrieb: „... tatsächlich gab es drei Walts: den Träumer, den Realisten und den Miesepeter." (Nach: Dilts, Robert B. / Epstein, Todd / Dilts, Robert W.: Know-How für Träumer. Strategien der Kreativität – NLP & Modelling – Struktur der Innovation, Junfermann, Paderborn 1994.)

Anwendungsbeispiel

Das Gestalten von realen Räume zu den einzelnen Blickwinkeln hilft beim Hineinfinden. In den Räumen kann das Thema kreativ, über Diskussion oder Schreibgespräche bearbeitet werden. Für ein Weiterarbeiten ist eine Ergebnissicherung sinnvoll.
Zum Thema „Wie wünsche ich mir die Kirche der Zukunft“ könnten etwas folgende Räume gestaltet werden:

- Ein Kirchenraum, der mit Luftballons dekoriert ist: Wie wünsche ich mir meine Kirche?
- Handabdrücke oder -umrisse: Wo packe ich konkret an? Was können wir umsetzen?
- Klagemauer: Was stelle ich in Frage? Was sollte überdacht werden?

WARME DUSCHE

Stärkung der positiven Selbstwahrnehmung und positive Beeinflussung der Fremdwahrnehmung anderer Gruppenmitglieder

Kategorie: Digitales Arbeiten; Feedback, Kennenlernen, Spiel
Thema: Freundschaft, Gruppe, Vertrauen
Zeitaufwand: 30 Minuten
Gruppengröße: bis 10, 10 – 20, 20+
Alter: ab 10
Anspruch für die Leitung: 1
Anspruch für die Gruppe: 1
Aufwand: 2
Sozialform: Plenum

Material: keines

Beschreibung
Bei der „Warmen Dusche“ steht eine Videokonferenz-Teilnehmerin / ein Videokonferenz-Teilnehmer im Mittelpunkt. Es sind alle Teilnehmenden aufgefordert, etwas Positives über diese/diesen zu äußern. Um eine Struktur zu haben, kann man sich an der Anzahl der Teilnehmenden orientieren.

Varianten
Rasant wird es, wenn die Teilnehmenden beschreibende Adjektive, die zu bestimmten Jugendlichen passen, in alphabetischer Reihenfolge benennen müssen. Nur die/der erste, die/der die Eigenschaft mit dem Anfangsbuchstaben sagt oder postet, hat seine Aufgabe bereits erfüllt.
Qualitativ hochwertiger wird es bei einer Vorformulierungsphase von 2 bis 3 Minuten. Am Ende dieser Zeit fordert die Spielleitung zum gleichzeitigen Absenden der Texte auf. Die/der Beschriebene kann dann einmal sichten und rückmelden, ob die eine oder andere Aussage überraschend ist oder besonders gefreut hat.

Anwendungsbeispiel
Zum Ende einer Gruppenstunde durchführen, um das Selbstbewusstsein der Teilnehmenden zu steigern.

WAS SINGST DU?

Die Jugendlichen sollen erraten, welches Lied ihnen vorgesungen wird. Sie müssen sich dabei auf die Interpretation des Sängers / der Sängerin verlassen.

Kategorie: Quiz; Musik, Spiel
Thema: Alle Themen
Zeitaufwand: 25 Minuten
Gruppengröße: 10 – 20, 20+
Alter: ab 6
Anspruch für die Leitung: 1
Anspruch für die Gruppe: 2
Aufwand: 2
Sozialform: Einzelarbeit, Gruppenarbeit

Material: 1 Laptop, Lautsprecher, 2 Kopfhörer, 2 Mikrofone, 1 Playlist, 1 Stoppuhr

Beschreibung
Vorbereitend werden diverse Lieder ausgesucht. Pro Runde sollten zwei (nicht vollkommen unbekannte) Lieder mit ähnlichem Schwierigkeitsgrad bereitgestellt werden (Playlist erstellen). Die Jugendlichen werden in zwei Gruppen eingeteilt. Jeweils zwei Sängerinnen/Sänger treten gegeneinander an. Die anderen müssen herausfinden, welchen Song „ihre Sängerin / ihr Sänger“ ihnen gerade vorsingt. Sie haben dazu 60 Sekunden Zeit. Die Sängerin / der Sänger erhält einen Kopfhörer und ein Mikrofon. Dann wird ihr/ihm der Song vorgespielt. Ob sie/er diesen Song kennt, ist nebensächlich. Es geht darum, die Melodie mitzusingen oder Textstücke wiederzugeben. Der Song sollte in gut hörbarer Lautstärke abgespielt werden, da die Geräuschkulisse oft recht hoch ist. Die Leitung achtet auf die Zeit und richtige Antworten (pro richtiger Antwort 1 Punkt). Nach Ablauf der Zeit wird das Lied (erraten oder nicht) für alle nochmal laut abgespielt.

Anwendungsbeispiel
Neben YouTube und diversen anderen Portalen empfiehlt sich gerade für EG-Lieder das „Klingende Gesangbuch“ (www.klingendesgesangbuch.de).

WASSERREFLEXION

Jede/jeder schöpft Wasser mit einem Kommentar in das positive oder negative Glas.

Kategorie: Feedback
Thema: Alle Themen
Zeitaufwand: 15 Minuten
Gruppengröße: 10 – 20
Alter: ab 12
Anspruch für die Leitung: 1
Anspruch für die Gruppe: 1
Aufwand: 1
Sozialform: Plenum

Material: 1 Glasschale, 2 große Gläser, 1 großer Löffel / kleine Schöpfkelle

Beschreibung

Ob das Glas halb voll oder halb leer ist, ist eine Frage der Perspektive. Die Optimistin / der Optimist wird es immer mindestens halb voll finden, hoffentlich sieht es nach dieser Feedbackmethode auch so aus.

In der Mitte steht eine Glasschale mit Wasser, daneben ein großes positives und negatives Glas, die mit „+“ bzw. „–“ gekennzeichnet sind. Jede/jeder darf jetzt mit einer kurzen Begründung einmal oder mehrfach Wasser in eines der Gläser oder auch in beide schöpfen. Am Schluss sieht man schön, welche Rückmeldung überwiegt (nach: Klein, Ursula / Wustrau, Christian: Abenteuer City Bound. Spielideen für soziales Lernen in der Stadt, Klett Kallmeyer, Seelze-Velber 2014, S. 143).

Variante

Die Gläser können auch anders definiert werden, sodass nur positives Feedback zählt, z. B. Stimmung in der Gruppe, Ertrag für mich persönlich, Organisation und Rahmenbedingungen. Diese Begriffe stehen auf einem kleinen Zettel, der vor dem jeweiligen Glas liegt.

Anwendungsbeispiel

Für jede Gelegenheit anwendbar.

WEGE AUF DEM A ZURÜCKLEGEN

Balance als Gruppenaufgabe.

Kategorie: Erlebnispädagogik; Gruppendynamik, Outdoor/Unterwegs, Spiel
Thema: Gruppe, Vertrauen
Zeitaufwand: 45 Minuten
Gruppengröße: 10 – 20
Alter: ab 12
Anspruch für die Leitung: 2
Anspruch für die Gruppe: 2
Aufwand: 2
Sozialform: Plenum

Material: 2 Holzstangen (4 m lang), 1 Holzstange (2 m lang), mind. 8 Stricke (5 m lang), Seile zum Zusammenbinden

Beschreibung

Die drei Holzstangen werden zu einem großen „A" gebunden. Es muss so groß sein, dass eine Person bequem auf dem Querholz im A stehen kann. Alle Stangen sollten daher eine Mindestdicke von 6 cm haben. An der Spitze des As werden die langen Stricke befestigt. Das A wird gemeinsam aufgerichtet und in Balance gebracht. Eine Person stellt sich auf den Querbalken. Aufgabe der Gruppe ist es nun, das A „laufend" über eine bestimmte Strecke zu bewegen, nur mithilfe der Stricke und der Person auf dem A. Das „Laufen" benötigt von der Gruppe die richtige Mischung aus Halten und Kippen mithilfe der Seile. Achtung: Alle Seilverbindungen müssen bei der Vorbereitung sehr fest geknotet werden, da sonst Verletzungsgefahr besteht!

Variante

Zur Wiederverwendung kann das A auch aus Kanthölzern gebaut werden und mit Schlossschrauben verschraubt werden.

Anwendungsbeispiel

Die Gruppe kann nur mit dem A laufen, wenn sie es aufgerichtet in Balance hält. Alle werden zum Gelingen gebraucht. Mit dieser Erfahrung kann im Anschluss z. B. im Gespräch weitergearbeitet werden. Themen wie „Was gibt mir Halt?" oder „Auf was verlasse ich mich?" bieten sich an.

WER GEWINNT DIE MILLION?

Ein Quiz nach den Prinzipien der Fernsehshow.

Kategorie: Quiz
Thema: Bibel, Religionen
Zeitaufwand: 30 Minuten
Gruppengröße: bis 10, 10 – 20, 20+
Alter: ab 12

Anspruch für die Leitung: 1
Anspruch für die Gruppe: 2
Aufwand: 2
Sozialform: Gruppenarbeit, Plenum

Material: 1 Laptop, 1 Beamer, Internetzugang oder vorbereitete PowerPoint-Präsentation

Beschreibung

Die Methode basiert auf „Wer wird Millionär®" mit Günther Jauch. In fünfzehn Gewinnstufen werden jeweils vier Antwortmöglichkeiten auf jede Frage vorgegeben, von denen nur eine richtig ist. Jeder Kandidat hat drei Joker. Beim 50:50-Joker werden zwei falsche Antworten ausgeblendet. Beim Publikumsjoker sieht man, wie das Publikum antworten würde. Beim Telefonjoker darf man 30 Sekunden lang mit einer vorher festgelegten Person telefonieren. Statt des Publikumsjokers kann man einen Internetjoker einführen, der eine kurze Recherche erlaubt.
Entweder spielt die ganze Gruppe gleichzeitig darum, möglichst weit zu kommen, oder zwei Gruppen wechseln sich ab. Wie beim echten Spiel sollte es einen attraktiven Preis geben, wenn eine Gruppe es bis zur Millionenfrage schafft.

Variante

Zwei Gruppen entwickeln füreinander Fragensets.

Anwendungsbeispiele

- Ein grafisch schön umgesetztes Online-Bibelquiz im Stil von „Wer wird Millionär?®" gibt es unter www.biblionaer.sv-ec.de.
- Quizfragen in verschiedenen Schwierigkeitsstufen zu den Weltreligionen findet man unter www.religionen-entdecken.de/quiz/startseite.

WERBEPLAKAT GESTALTEN

Für eine Veranstaltung, ein Produkt oder ein Anliegen wird ein Werbeplakat gestaltet und ausgehängt.

Kategorie: Kreativ
Thema: Bibel, Gerechtigkeit, Gottesdienst, Konfirmation
Zeitaufwand: 60 Minuten
Gruppengröße: 10 – 20, 20+
Alter: ab 12
Anspruch für die Leitung: 1
Anspruch für die Gruppe: 1
Aufwand: 2
Sozialform: Gruppenarbeit

Material: Tonpapier (DIN A2 oder größer), Stifte, Farben, Kreativmaterial, Zeitschriften

Beschreibung
Die Gestaltung eines Werbeplakates führt zur intensiven Beschäftigung mit dem beworbenen Produkt, auch wenn man sich mit diesem zunächst nicht identifizieren kann.
Wie bei Werbeagenturen kann es eine Ausschreibung geben: In einer ersten Phase werden die Entwürfe eingereicht, dann wird gemeinsam überlegt, welche Plakate in Serie gehen können. Oder man lässt von vornherein die Freiheit, Plakate selbst zu gestalten.

Variante
Werbung kann natürlich auch online gemacht werden: auf einer Homepage, in sozialen Netzwerken, durch ein Video, das womöglich viral wird.

Anwendungsbeispiel
Mögliche Ideen:

- Die Gruppe gestaltet Werbeplakate für einen (Jugend-)Gottesdienst oder die Konfirmation (Beispiel: Conrad, Jörg: Tut mir auf die schöne Pforte. In: Anknüpfen – Praxisideen, Stuttgart ²2013, S. 159).
- Sie wirbt für die Teilnahme an der Gruppe oder am nächsten Konfi-Jahrgang.
- Sie gestaltet Werbeplakate zu einzelnen Büchern der Bibel.
- Es wird überlegt, welche gesellschaftliche Herausforderung in den Medien zu kurz kommt. Wie könnte ein Kampagnenplakat aussehen?

WERKSTATTGOTTESDIENST

In verschiedenen Gruppen wird ein ganzer Gottesdienst vorbereitet und anschließend gemeinsam gefeiert.

Kategorie: Spiritualität
Thema: Gebet, Gottesdienst
Zeitaufwand: 180 Minuten
Gruppengröße: 10 – 20, 20+
Alter: ab 12
Anspruch für die Leitung: 2
Anspruch für die Gruppe: 2
Aufwand: 1
Sozialform: Gruppenarbeit, Plenum

Material: Aufgaben (s. „Tool-Pool_Werkstattgottesdienst.pdf" im Downloadbereich), Bibeln (verschiedene Übersetzungen), Konkordanz, Andachts- und Gebetsbücher, Segensworte, verschiedene Liederbücher, Musikinstrumente, passende Musik-CD, 1 Abspielgerät, Teelichter/Kerzen, Dekomaterial

Beschreibung
Die Gruppenleitung sollte schon im Vorfeld ein Thema festlegen und sich über geeignete Predigttexte Gedanken machen. Alles andere wird mithilfe der Aufgabenblätter an die Gruppen delegiert. Die Einteilung der Gruppen erfolgt nach Neigung, es sollten nur möglichst alle Gruppen zustande kommen oder geklärt werden, wer die entsprechenden Aufgaben übernehmen kann.
Diese Gruppen bieten sich an:

- **Musikgruppe:** sucht passende Lieder zum Thema aus
- **Theatergruppe:** entwickelt ein Theaterstück zum Thema
- **Textgruppe:** wählt den Predigttext, Gebete und Segen passend zum Thema aus
- **Predigtgruppe:** erarbeitet die Predigt
- **Raumgestaltungsgruppe:** gestaltet den Raum

Anwendungsbeispiel
Für jede Gelegenheit anwendbar.

WERTEPYRAMIDE

Persönliche Werte einordnen.

Kategorie: Spiritualität; Einstieg
Thema: Glaubensbekenntnis, Identität, Kirche
Zeitaufwand: 30 Minuten
Gruppengröße: bis 10, 10 – 20
Alter: ab 12

Anspruch für die Leitung: 2
Anspruch für die Gruppe: 2
Aufwand: 1
Sozialform: Einzelarbeit, Plenum

Material: 1 Bild einer leeren Pyramide mit 10 Steinen

Beschreibung

Werte sind in der heutigen Diskussion ein stark beanspruchter Begriff. Doch was sagen sie eigentlich aus? Benannt werden sie selten. Und welche Werte leiten mich? Diese Methode möchte Jugendliche einladen, darüber nachzudenken, welche Werte ihnen wichtig sind. Werte sind sehr abstrakt und nicht leicht zu benennen. Deshalb sollte man zu Beginn eine Zeit einplanen, in der darüber nachgedacht wird. Es kann hilfreich sein, in der Gruppe verschiedene Werte zu sammeln. Gegebenenfalls ist auch eine Kategorisierung interessant.
Die Jugendlichen tragen nun ihre Werte in eine Pyramide mit zehn Steinen ein. Ihr wichtigster Wert bildet den obersten Stein.

Anwendungsbeispiele

Religiöse Wertepyramide: „Was macht meine Religion für mich wertvoll? Welche Glaubensaussagen sind mir dabei wichtig?"
Mit dieser Wertepyramide lässt sich gut in Richtung Glaubensbekenntnis weiterarbeiten. Auch die Formulierung eines persönlichen Glaubensbekenntnisses ist möglich.

WOCHE GEMEINSAMEN LEBENS

Eine Woche als Gruppe zusammenziehen und den Alltag teilen.

Kategorie: Gruppendynamik
Thema: Alle Themen
Zeitaufwand: 7 Tage
Gruppengröße: 10 – 20, 20+
Alter: ab 12

Anspruch für die Leitung: 3
Anspruch für die Gruppe: 2
Aufwand: 3
Sozialform: Plenum

Material: Verpflegung und Material je nach Programm

Beschreibung

Für eine Woche zieht man zusammen ins Gemeindehaus ein, übernachtet mit Schlafsack und Isomatte, steht gemeinsam auf und frühstückt zusammen.
Neben dem Alltag, der für jede/jeden anders aussieht, gibt es gemeinsame Zeiten: einen geistlichen Start in den Tag, einen Tagesabschluss, das gemeinsame Kochen und Abendessen. Wie in einer Familie übernimmt jede/jeder Aufgaben für die Allgemeinheit. Ein Mitarbeiterteam sorgt dafür, dass der Rahmen eingehalten wird, immer etwas zu essen da ist und organisiert ein attraktives Rahmenprogramm (z. B. einen gemeinsamen Spieleabend). Da sich unter den Teilnehmenden ein intensives Verhältnis entwickelt, sollte gelten: entweder ganz teilnehmen oder gar nicht.

Variante

Es muss nicht immer das Gemeindehaus sein, vielleicht steht ein Haus im Ort zeitweise leer und darf benutzt werden. Oder es gibt ein Freizeithaus in der Nähe, das per Fahrrad noch gut erreichbar ist.

Anwendungsbeispiel

Eine Woche gemeinsamen Lebens kann ähnlich wie eine Freizeit unter ein bestimmtes Motto gestellt werden (z. B. Leben als Jünger Jesu). Jeden Tag gibt es einen Impuls zum Thema und eine Challenge des Tages. Abends tauscht man sich darüber aus, welche Erfahrungen man am Tag gemacht hat.

WORTE UND WIRKUNG

Die Bibelarbeit geht anhand des Textes aus Jakobus 3,1-12 der Frage nach dem richtigen Umgang miteinander und der persönlichen Verantwortung für die eigenen Worte nach.

Kategorie: Demokratiebildung; Gespräch, Gruppendynamik, Kreativ
Thema: Bibel, Freundschaft, Gemeinde, Gruppe, Identität
Zeitaufwand: 60 Minuten
Gruppengröße: bis 10, 10 – 20, 20+
Alter: ab 16
Anspruch für die Leitung: 2
Anspruch für die Gruppe: 2
Aufwand: 2
Sozialform: Einzelarbeit, Gruppenarbeit, Plenum

Material: Fotoequipment oder Bilderserie, 1 Beamer, DINA-A3-Papier, Stifte, Kopien des Bibeltextes oder Bibeln, ggf. Zungentattoos

Beschreibung
Einstieg
Variante A (mehr Aufwand): Die Gruppe wird zu Beginn zu einem Fotoshooting gebeten. Dabei werden die Teilnehmenden einzeln in einen Raum geholt und fotografiert. Nach dem ersten Foto sagt die/der Fotografierende: „Du bist so schön". Direkt danach wird sofort ein zweites Bild aufgenommen. Die Bilder werden dann als Bilderschau gezeigt, um deutlich zu machen, welche Wirkung Worte haben können.
Variante B (weniger Aufwand): Die Bilderschau „You are beautiful" des Fotografen Mehmet Genç zeigen und sein Projekt erklären. Daran kann ebenfalls die Wirkung von Worten verdeutlicht werden. (Link zur Bildergalerie des Fotografen Mehmet Genç: https://www.refinery29.com/de-de/2017/01/136568/fotoprojekt-you-are-so-beautiful)

Daran schließt sich ein Gespräch mit den Teilnehmenden an: „Wenige Worte können eine krasse Wirkung haben. Vielleicht kennst du Sätze, zum Beispiel aus deiner Kindheit, die immer wieder gesagt wurden. Wenige Worte mit Wirkung. Sätze, die ein ganzes Leben prägen. Welche Sätze oder Worte fallen euch ein?" Darüber erfolgt ein Austausch/Gespräch in der Gruppe. Ggf. können die Worte und Sätze auch auf ein Flipchart notiert werden.

Erarbeitung
Wenige Worte und kleine Dinge können eine große Wirkung haben. Diese Erfahrung ist nicht neu. Lest gemeinsam Jakobus 3,1-12 (Lu). Tauscht euch über folgende Punkte aus:

- „Finde die vier kleinen Gegenstände, die den Unterschied machen!" – Zaumzeug, Ruder, Funke, Zunge
- „Welcher Vers spricht dich am meisten an / springt dir am meisten ins Auge / stört dich?"
- Vers 6: Die Zunge wird als große Gefahr beschrieben. „Wie ein Funke in einem trockenen Wald kann sie einen Flächenbrand auslösen. Erinnert ihr euch an Situationen, in denen es euch oder anderen so ging?"
- Vers 10 macht die Spannung deutlich. „Aus ein und demselben Mund kommen Segen und Fluch. Das, meine Geschwister, darf nicht sein!" Viele Menschen sind schnell dabei, die Fehler und Schwächen anderer zu benennen. Gelästert wird schnell. Oft zur Bestätigung der eigenen Vorurteile über andere, manchmal auch, um von den eigenen Schwächen abzulenken. Der Text legt nahe, dass unter Christinnen und Christen ein anderes Verhalten herrschen sollte. Wieso fällt das so schwer? Wie gehst du damit um, wenn du bei dir / bei anderen die Lust am Lästern und Mobben spürst? Welche Motive liegen dahinter und wie könnte dieses Verhalten verändert werden? (Eigene Motive klären, die Motive der anderen hinterfragen / offen ansprechen)
- Vers 4: Wie hältst du deinen Kurs? Welche Menschen inspirieren dein Reden, beeinflussen dein Handeln oder prägen dein Denken? Auf welche Quellen greifst du zu?

Vertiefung

Die Teilnehmenden malen Portraitschattenbilder und kleben sie sich auf den Rücken. Die anderen Teilnehmenden dürfen nun (nur) gute Eigenschaften des Menschen auf seinem Portrait notieren. (Evtl. kann der Lieblingsbibelvers unter dem Portrait ergänzt werden.)
Während der Bibelarbeit druckt eine Mitarbeitende / ein Mitarbeitender die entstandenen Fotos vom Anfang zum Mitnehmen für die Teilnehmenden aus. (Polaroidformat mit Spruch „Du bist so schön!")

Varianten

- Einen Zungenbrecher („Fischers Fritz fischt frische Fische" usw.) um die Wette fehlerfrei aufsagen.
- Zungentattoos aus Esspapier als „Andenken"

Anwendungsbeispiel

Diese Einheit wird bei einer gefestigten Gruppe besser funktionieren, da es an verschiedenen Stellen einen offenen Umgang bzw. ein geklärtes Verhältnis miteinander braucht.
Es können auch einzelne Elemente der Bibelarbeit vertieft und bspw. im Rahmen eines Konfi-Tages behandelt werden. Dabei könnte dann nicht nur die Themen „Worte und Wirkung", sondern auch „Selbst- und Fremdbild", „Schönheitsideale und –makel" oder „Individuum und Gemeinschaft" eine größere Rolle spielen.

WÖRTER RATEN MIT HINDERNISSEN

Einen Begriff erklären, ohne eines der fünf nicht erlaubten Worte zu benutzen.

Kategorie: Quiz; Spiel
Thema: Alle Themen
Zeitaufwand: 20 Minuten
Gruppengröße: 10 – 20, 20+
Alter: ab 12

Anspruch für die Leitung: 1
Anspruch für die Gruppe: 1
Aufwand: 2
Sozialform: Plenum

Material: Tabu®-Karten, Karten, Stifte, 1 Hupe/Pfeife, 1 Sanduhr/Timer

Beschreibung

Die Methode basiert auf dem Spielprinzip von Tabu®. Die Gruppe wird in zwei Mannschaften aufgeteilt. Ein Mannschaftsmitglied erklärt seiner Gruppe in begrenzter Zeit (1 oder 2 Minuten) den Begriff, der oben auf der Karte steht, ohne diesen oder die fünf aufgeführten nicht erlaubten Worte zu benutzen. Ein Mitglied der gegnerischen Mannschaft überwacht dies und hupt, wenn die Zeit um ist oder ein nicht erlaubtes Wort genannt wurde. In diesem Fall verfällt die Karte. Wenn eine Karte zu schwer ist, darf man die nächste nehmen. Jeder erratene Begriff pro Runde bringt 1 Punkt.
Man kann unter die gekauften Tabu®-Karten thematisch passende mischen, die dann nicht übersprungen werden dürfen.

Anwendungsbeispiel

Eigene Karten zum Thema Gottesdienst könnten z. B. so aussehen:

- Predigt: Pfarrer, Kanzel, reden, langweilig, Bibel
- Segen: Hände, Talar, Pfarrer, Schluss, stehen
- Orgel: Pfeifen, Musik, Instrument, spielen, singen
- Abendmahl: essen, Brot, Wein, Traubensaft, Jesus

WORTWOLKEN/BIBELCLOUDS

Wortwolken zeigen die Häufigkeit von Wörtern in einem Text an. Bibelclouds zeigen übersichtlich, worum es in einem biblischen Buch geht.

Kategorie: Digitales Arbeiten; Text	**Anspruch für die Leitung:** 3
Thema: Bibel	**Anspruch für die Gruppe:** 3
Zeitaufwand: 60 Minuten	**Aufwand:** 2
Gruppengröße: bis 10, 10 – 20	**Sozialform:** Partnerarbeit, Gruppenarbeit, Plenum
Alter: ab 12	

Material: Bibelclouds als Plakat, 1 Computer, 1 Beamer, Plakate, Stifte, Papier, Kleber

Beschreibung
Das Prinzip der Wortwolken stammt aus dem Internet: Je häufiger ein Wort vorkommt, desto größer wird es dargestellt.
Vorgefertigte Wortwolken erlauben einen Überblick über große Textmengen. Mithilfe von Onlinetools wie https://praxistipps.chip.de/word-clouds-kostenlos-online-erstellen-die-besten-webseiten_30199 oder www.tagxedo.com lassen sich in kleineren Gruppen eigene Wortwolken erstellen. Für die Offline-Nutzung empfiehlt sich das Freeware-Programm Wordaizer.

Anwendungsbeispiel
Ideal ist es, wenn man einen mit dem Internet verbundenen Laptop und Beamer zur Verfügung hat. Die 66 Bibelclouds zu allen biblischen Büchern werden vorher im Raum so ausgelegt, dass man sie gut betrachten kann.

1. Vorführung, wie man eine Wordcloud erstellt bzw. wie man sie liest.
   Dafür eignet sich gut ein aktueller Songtext.
2. Auswahl einer Lieblingsbibelcloud in Gruppen von drei bis vier Personen.
3. Kurzvorstellung der Bibelcloud. Eine/einer aus jeder Gruppe stellt die Lieblings-Cloud der Gruppe vor, indem sie/er fünf markante Worte vorliest und die Cloud zeigt.
   Impulse: „Was hat euch an dieser Cloud besonders gefallen?
   Welches Buch der Bibel könnte das sein?“
4. Gruppenarbeit (45 Minuten). Impuls: „Ihr habt jetzt die Aufgabe,
   den anderen euer biblisches Buch schmackhaft zu machen und es so vorzustellen, dass sie Lust bekommen, darin zu lesen. Gestaltet dafür ein einladendes Werbeplakat.“ Danach: Präsentation und Abstimmung über die gelungenste Bibelbuch-Lese-Werbung

(Nach: www.bibelclouds.de/methode; www.thomas-ebinger.de/wp-content/uploads/Bibelclouds_mit_Konfis_Thomas_Ebinger.pdf.)

ZAHLENSTRAHL

Schnelle und gute Darstellungsmöglichkeit der eigenen Position.

Kategorie: Einstieg; Abschluss, Feedback, Kennenlernen
Thema: Alle Themen
Zeitaufwand: 10 Minuten
Gruppengröße: bis 10, 10 – 20, 20+
Alter: ab 6
Anspruch für die Leitung: 1
Anspruch für die Gruppe: 1
Aufwand: 1
Sozialform: Plenum

Material: 1 Seil, Kreppband, Kreide, Thesenpapier, 1 Digitalkamera/Handykamera

Beschreibung

Der Zahlenstrahl kann entweder mit Kreide, einem Seil oder Kreppband markiert werden. Es empfiehlt sich, die volle Raumlänge auszunutzen, damit die Jugendlichen sich differenziert positionieren können. Es können Fragen, die eine Ja-Nein-Antwort erfordern (z. B. „Hättet ihr euch so verhalten, wie der barmherzige Samariter?"), aber auch Fragen wie „Wer ist heute wann aufgestanden?" gestellt werden. Die jeweiligen Anfangs- und Endpunkte der Fragstellungen müssen klar benannt werden (z. B. Ja = rechts, Nein = links, alles dazwischen sind individuelle Positionierungsnuancen). Die Jugendlichen sollen sich auf dem Zahlenstrahl anordnen. Dann wird das entstandene Bild als solches kurz wahrgenommen und seine Eigenheiten eventuell kommentiert. Die Jugendlichen können sich, wenn sie das möchten, zu ihrer Positionierung äußern.

Variante

Ein Zahlenstrahl mit der identischen Fragestellung könnte am Anfang (Sicherung durch Foto) und am Ende einer Einheit gestellt werden, um die Ergebnisse dann miteinander zu vergleichen.

Anwendungsbeispiel

Für jede Gelegenheit anwendbar.

ZEUGE, ZWEIFLER UND ICH?

Rollendiskussion und eigenen Standpunkt finden.

Kategorie: Spiritualität; Gespräch	**Anspruch für die Leitung:** 3
Thema: Bibel, Jesus Christus	**Anspruch für die Gruppe:** 2
Zeitaufwand: 90 Minuten	**Aufwand:** 1
Gruppengröße: bis 10	**Sozialform:** Einzelarbeit, Gruppenarbeit, Plenum
Alter: ab 12	

Material: 1 Bibeltext pro Person, Rollenbeschreibungen

Beschreibung

Sechs Personen, welche auf verschiedene Art und Weise die Geschichte mitbekommen haben, unterhalten sich über ihre Wahrnehmung und ihre Deutung. Die verschiedenen Rollen werden kurz vorgestellt: der naturwissenschaftliche Skeptiker, der Enthusiastische, der Zweifler (nicht anwesend), der beteiligte Zuschauer, der Pharisäer, der Suchende. Jede/jeder zieht eine Rolle und bekommt die entsprechende Rollenbeschreibung. Je nach Gruppengröße kann es auch sinnvoll sein, Rollen doppelt zu vergeben. Es folgt eine kurze Vorbereitungszeit, danach stellen sich alle in ihrer Rolle und Sichtweise vor. Nun kommen die Jugendlichen in ihren Rollen über die Geschichte miteinander ins Gespräch. Die Leitung unterbricht dieses Gespräch nach Bedarf, um sie z. B. in ihre Rolle zurückzuführen oder sie nach ihrer Gefühlslage zu fragen.

Alle treten wieder aus ihrer Rolle heraus. Im Anschluss findet ein Auswertungsgespräch statt: Was hat mir gefallen? Mit welcher Äußerung konnte ich überhaupt nichts anfangen? Hat sich meine Sichtweise verändert?

Anwendungsbeispiel

Für diese Methoden bieten sich konfliktträchtige Geschichten an (z. B. Ährenraufen am Sabbat, Heilung des Gelähmten, Sturmstillung).

ZUCKERKREIDEN-MALEREI

Mit Kreide, die in Zuckerwasser eingelegt wurde, entstehen leuchtkräftige Kunstwerke.

Kategorie: Kreativ
Thema: Gott, Liebe
Zeitaufwand: 30 Minuten
Gruppengröße: bis 10, 10 – 20, 20+
Alter: ab 6

Anspruch für die Leitung: 1
Anspruch für die Gruppe: 1
Aufwand: 3
Sozialform: Einzelarbeit

Material: farbige Kreide, Zucker, Wasser, 1 Messbecher, 1 Schüssel, 1 Esslöffel, schwarzes Tonpapier, Fixierspray

Beschreibung

Malen reißt Jugendliche nicht unbedingt vom Hocker. Mehr Spaß macht es mit ungewöhnlicheren Farben wie der Zuckerkreide. Dafür werden farbige Kreidestücke etwa 10 Minuten in gezuckertes lauwarmes Wasser eingelegt (etwa zwei Esslöffel Zucker pro Viertelliter). Anschließend lässt man die Kreidestücke abtropfen, schon sind sie einsetzbar. Die Zuckerkreide lädt zum großflächigen, ausdrucksstarken Malen ein. Die Bilder können anschließend noch mit einem Fixierspray haltbarer gemacht werden. Das ist aber nur notwendig, wenn man sie aufeinandergelegt transportieren will.

Anwendungsbeispiel

Jede/jeder zeichnet – angeregt von Bibelversen – ein Bild, was für sie/ihn Liebe bedeutet. Jede/jeder malt ihr/sein Bild von Gott. Dafür kann man zur Inspiration vorher verschiedene Gottesbilder zeigen – abstrakte und konkrete.

Anhang

LITERATUREMPFEHLUNGEN

Braun, Dieter: Dialog-Prinzip. Wenn das Gespräch mit Jugendlichen die Predigt wird, buch+musik, Stuttgart ²2019.

Braun, Dieter / Schwarz, Stephanie (Hg.): Bibel Echt Jetzt. 40 x Alltag, buch+musik / Deutsche Bibelgesellschaft, Stuttgart ²2021.

Butt, Christian / Trenn, Olaf (Hg.): Einfach mal machen. Außergewöhnliche Ideen für die Arbeit mit Konfirmandinnen und Konfirmanden, Vandenhoek & Ruprecht ²2020.

Conrad, Jörg / Ebinger, Thomas / Hinderer, Martin / Wildermuth, Bernd: Anknüpfen – Praxisideen für die Konfirmandenarbeit, Calwer Verlag, Stuttgart ²2013.

Ebinger, Thomas (Hg.): Pause mit Himmel. 77 Andachten für die Konfi- und Jugendarbeit, buch+musik, Stuttgart ²2020.

Ebinger, Thomas / Böhme, Thomas / Hempel, Matthias / Kolb, Herbert / Plagentz, Achim: Handbuch Konfi-Arbeit, Gütersloher Verlagshaus, Gütersloh 2018 (darin besonders: Ebinger, Thomas: Methoden in der Konfi-Arbeit, S. 161 ff.).

Edler, Jan / Liebmann, Tobi: testify. Dein Leben bezeugt Jesus, buch+musik, Stuttgart 2022.

Flohrer, Katja u. a. (Hg.): Hörst du mich? Gott zum Mitreden – 82 Methoden zum kreativen Gebet, Neukirchener/Brunnen/buch+musik, Neukirchen-Vluyn 2014.

Freitag-Parey, Michael / Pinkert, Christoph / Vogel, Sarah (Hg.): gewagt. Frieden und Freiheit gestalten – 110 Anstöße für Jugendliche und Erwachsene, buch+musik, Stuttgart 2022.

Gilsdorf, Rüdiger / Kistner, Günter: Kooperative Abenteuerspiele 1-3. Eine Praxishilfe für Schule, Jugendarbeit und Erwachsenenbildung, Kallmeyer, Seelze 1995/2000/2013.

Götz, Birgit: Ansichtssachen. Es ist nicht alles Banane – 60 Andachten für Jugendliche über Gegenstände, buch+musik, Stuttgart 2021.

Götz, Birgit: Ansichtssachen 2. Es ist immer noch nicht alles Banane – 60 Andachten für Jugendliche über Gegenstände, buch+musik, Stuttgart 2023.

Graf, Ulrich / Ilg, Wolfgang: Sinnbildbox. 60 Bildmotive, die tiefer blicken lassen – für Gespräche nicht nur in der Schüler-, Konfi- und Jugendarbeit, buch+musik, Stuttgart ⁵2023.

Graf, Ulrich / Ilg, Wolfgang: Sinnbildbox 2.60 Bildmotive für Gespräche, die tiefer blicken lassen, buch+musik, Stuttgart 2020.

Großer, Achim / Lohrer, Jörg / Oberländer, Rainer: Sinn gesucht – Gott erfahren. Erlebnispädagogik im christlichen Kontext, buch+musik, Stuttgart ^{4}2020.

Hahn, Klaus: Methoden in der Konfirmandenarbeit. In: Elsenbast, Volker (Hg.): Handbuch für die Arbeit mit Konfirmandinnen und Konfirmanden, Gütersloher Verlagshaus, Gütersloh 1998, S. 227 – 250 (Titel vergriffen).

Hähnel, Miriam / Rouwen, Katrin: Actionbound. Smartphone-Abenteuer in der Praxis mit Kindern und Jugendlichen – Grundlagen mit 10 fertigen Bounds, buch+musik, Stuttgart 2022.

Haller, Judith: ungefiltert. Wie gut kennst du dein Gegenüber? 225 Fragen für Jugendarbeit und Schule, buch+musik, Stuttgart 2021.

Haußmann, Annette / Dömland, Dorin (Hg.): Warum wohin? Mit Jugendlichen auf Sinnsuche gehen – 6 Lebensthemen methodisch ausgearbeitet, buch+musik, Stuttgart 2017.

Hirschmüller, Henrike / Link, Mirjam: Über sich selbst hinaus. Ehrenamtliche durch Mentoring begleiten, buch+musik, Stuttgart 2021.

Hüttmann, Karsten / Pfalzer, Bernd: Liest du mich noch? 69 Methoden zum Bibellesen mit Gruppen. Ein Ideenbuch für Mitarbeitende, Neukirchener / Born / buch+musik, Neukirchen-Vluyn / Kassel / Stuttgart 2021.

Ickler, Theresa / Karcher, Florian / Westhauser, Stefan: Sinn gesucht – Gott erfahren STEP OUT. Erlebnispädagogik als Brücke zum Glauben – 7 thematische Einheiten für junge Menschen, buch+musik, Stuttgart 2019.

Ickler, Theresa / Wendel, Nadine (Hg.): Open your Door. 52 Outdoor-Andachten für die Jugendarbeit, buch+musik, Stuttgart 2020.

Kargl, Marco: Heartbeads. Die Perlenmethode für Schule und Jugendarbeit, Don Bosco / buch+musik, München / Stuttgart 2017.

Keßler, Hans-Urlich / Nolte, Burkhardt: Konfis auf Gottsuche – Der Kurs. Handbuch für Unterrichtende, Gütersloh 2019 (darin besonders: Spiele in der Konfirmandenarbeit, S. 77 – 95; kostenlos downloadbar über http://konfisaufgottsuche.de).

Klein, Tanja / Wustrau, Christian: Abenteuer City Bound. Spielideen für soziales Lernen in der Stadt, Kallmeyer, Seelze 2014.

Koppelsberger Spielekartei, 212 Übungen und Spiele zur Förderung der Gemeinschaft, Ev. Nordkirche 2009, Bestelladresse: www.koppelsberger-spielekartei.de (auch als App für Android und iOS verfügbar).

Lohrer, Jörg / Oberländer, Rainer / Wiedmayer, Jörg: Sinn gesucht – Gott erfahren 2. Erlebnispädagogik im christlichen Kontext, buch+musik, Stuttgart [4]2020.

Mattes, Wolfgang: Methoden für den Unterricht. Kompakte Übersichten für Lehrende und Lernende, Schöningh, Paderborn 2011.

Müller, Christoph / Renken, Katharina (Hg.): Praystation. 99 Gebetsstationen für die Arbeit mit Jugendlichen und in der Gemeinde, buch+musik, Stuttgart [2]2020.

Müller, Ingo: Unbelievable stories 2. 88 spannende Rätsel aus der Bibel, buch+musik, Stuttgart 2018.

Müller, Ingo / Nöh, Timo / Sander, Simon / Stöhr, Michael: Der geheimnisvolle Raum. 7 Live Escape Games zur Bibel. Ein Raum. Ein Team. Eine Aufgabe. Eine Stunde, buch+musik, Stuttgart [9]2023.

Müller, Ingo / Nöh, Timo (Hg.): Der geheimnisvolle Raum 2. 13 Live Escape Games zur Bibel in 8 Spielformaten, buch+musik, Stuttgart 2020.

Niehl, Franz W. / Thömmes, Arthur: 212 Methoden für den Religionsunterricht, Kösel, München [3]2020.

Oligschlaeger, Annedore / Otto, Alexander / Otto, Wiebke / Völkner, Almut: One Paper Stories. Strich für Strich: eine biblische Geschichte in einem Bild erzählen, buch+musik, Stuttgart 2019.

Oligschlaeger, Annedore / Otto, Alexander / Otto, Wiebke / Völkner, Almut: One Paper Stories 2. Strich für Strich: eine biblische Geschichte in einem Bild erzählen, buch+musik, Stuttgart 2020.

Otto, Alexander / Otto, Wiebke / Weiland, Merle / Weiland, Nils: One Paper Escape Games. 10 biblische Escape Games aus einem Blatt Papier für die Jugendarbeit, buch+musik, Stuttgart 2023

PTZ Stuttgart und RPI Baden (Hg.): anKnüpfen – Impulse für die Konfirmandenarbeit, update 2.x, jährliche Zeitschrift.

Schwaderer, Ulrich / Wiedmayer, Jörg / Wöhrbach, Simon (Hg.): Sinn gesucht – Gott erfahren 3. Erlebnispädagogik in zeitbegrenzten Räumen mit christlichem Kontext, buch+musik, Stuttgart 2018.

Schweiker, Wolfhard: Arbeitshilfe Religion inklusiv. Basisband: Einführung, Grundlagen und Methoden, Calwer Verlag, Stuttgart 2012.

Thiele-Petersen, Astrid / Franke, Rainer: Mein Leben und die Bibel. Lebensrelevante Konfi-Arbeit mit erfahrungsorientierten Methoden, Vandenhoek & Ruprecht, Göttingen 2019.

Threlfall-Holmes, Miranda / Threlfall-Holmes, Noah: Mein Gebete-Experimentierbuch. 18 Ideen, mit Gott zu reden, buch+musik / Neukirchener, Stuttgart / Neukirchen-Vluyn 2021.

Tölgyesi, Miriam: Bildgespräche. 20 visuelle Coaching-Tools, buch+musik, Stuttgart 2021.

Tölgyesi, Miriam: Meinungsbilder Reflexion, buch+musik, Stuttgart 2019.

Tölgyesi, Miriam: Meinungsbilder Teamrollen, buch+musik, Stuttgart 2019.

Törner, Günter: KU mit Hand und Fuß. Kreative Methoden zur Gestaltung der Konfirmandinnen- und Konfirmandenarbeit, Gütersloher Verlagshaus, Gütersloh 1998 (Titel vergriffen).

Ziener, Gerhard / Kessler, Mathias: Kompetenzorientiert unterrichten – mit Methode. Methoden entdecken, verändern, erfinden, Kallmeyer, Seelze 2012 (Titel vergriffen).

www.jugendarbeit.online

www.tool-pool.de

DIE HERAUSGEBERIN UND DIE HERAUSGEBER

Dr. Thomas Ebinger ist Gemeindepfarrer in Ostfildern-Kemnat, davor war er Dozent für Konfirmandenarbeit am Pädagogisch-Theologischen Zentrum der Evang. Landeskirche in Württemberg (ptz). Unter www.thomas-ebinger.de betreibt er einen eigenen Blog zu Themen rund um Kirche und Konfi-Arbeit. Er hat 108 Methoden beigetragen.

Judith Haller ist Pfarrerin im Schuldienst und war Studienassistentin am Pädagogisch-Theologischen Zentrum der Evang. Landeskirche in Württemberg (ptz). Dort war sie in der Ausbildung von Vikarinnen/Vikaren im Bereich Religionsunterricht und der Arbeit mit Konfirmandinnen/Konfirmanden tätig. Heute unterrichtet sie mit einem vollen Deputat an einer kaufmännischen Berufsschule und hat dort reichlich Gelegenheit, diverse Methoden live zu erproben sowie mit den Schülerinnen und Schülern neu zu erdenken und immer wieder neu methodisch herausgefordert zu werden. Sie hat 34 Methoden beigetragen.

Stephan Sohn ist Religions- und Gemeindepädagoge, Diakon sowie Erlebnispädagoge und als Jugendreferent im Kirchenbezirk Heilbronn tätig. Er ist nicht nur ständig mit Jugendlichen unterwegs, sondern bildet sie auch als Mitarbeiter/Mitarbeiterinnen aus und hat dafür schon viel ausgearbeitet, was in dieses Buch eingeflossen ist. Er hat 27 Methoden beigetragen.

DIE AUTORIN UND DIE AUTOREN

Tobias Kenntner ist im März 2023 im Alter von 50 Jahren unerwartet aus dem Leben gerissen worden. Gott lieben und Menschen lieben war seine Leidenschaft. Er brannte für die Arbeit mit Jugendlichen und hat immer wieder neue Formate ausprobiert, um sie auf Jesus Christus hinzuweisen. Er hat folgende Methode beigetragen: „Entdeckergruppe“. Wir werden ihn nicht vergessen und wissen ihn geborgen bei Gott.

Tobias Thiel ist Studienleiter für gesellschaftspolitische Jugendbildung an der Evangelischen Akademie Sachsen-Anhalt. Seine Schwerpunkte sind Jugendbeteiligung, Game-based Learning und politische Bildung mit Kindern. Mit dem Projekt „Bubble Crasher“ will er Akzente für eine Kommunikation jenseits von Filterblasen und Echokammern setzen. Er hat folgende Methoden beigetragen: „Bubble-Bingo“, „Du meinst also ...“, „Ego-Shooter offline“, „Mein Avatar“, „Meine Filter-Bubbles und ich“, „Perspektivwechsel per Bild“, „So will ich leben – Offline-Minecraft®“

Friederike Wenisch hat Unterrichtserfahrung in verschiedenen Bundesländern gesammelt. Sie ist Bloggerin und engagiert sich für die Entwicklung von OER. Sie ist aktiv auf Twitter und unterstützt dort aktiv die Netzwerkarbeit des #relichat-Netzwerkes. Derzeit ist sie Lehrerin am Albert-Einstein-Gymnasium (Reutlingen) und Dozentin für Digitalisierung im Bereich religiöser Bildung mit dem Schwerpunkt Religionsunterricht am PTZ Stuttgart-Birkach. Sie hat folgende Methoden beigetragen: „Der geheime Freund“, „Gruppenarbeiten in Videokonferenzen“, „Händehalten – Gemeinschaft in Videokonferenzen“, „Lebendiges Barometer“, „Logicals“, „Menschen-Memory®“, „Stimmenskulpturen“, „Warme Dusche“

Jan Witza arbeitet er als Referent für gesellschaftspolitische Jugendbildung für die Evangelische Jugend in Sachsen. Häufig versucht er dabei, Politik für junge Menschen zu interessieren und umgekehrt. So lässt er sich im Podcast „Sächsische Verhältnisse“ die besondere Situation im Freistaat von seinen Gästen erklären, trinkt Kaffee und ist leidenschaftlich gern Mensch. Bei Instagram ist er als @lebelieberlive zu finden. Er hat folgende Methoden beigetragen: „Der blinde Maler“, „Die Notwendigkeit eines Vertrages“, „Ein Schritt vor“, „Schneeflocke“, „Samen der Demokratie“ „Spitzer, Bleistift, Zettel“ „Stab ablegen“, „Worte und Wirkung“

Martin Hinderer, Bernd Wildermuth und Thomas Ebinger

ANKNÜPFEN – Meine Konfirmation

Herausgegeben vom Pädagogisch-Theologischen Zentrum, Stuttgart und dem Religionspädagogischen Institut, Karlsruhe

Das erfolgreiche Standardwerk ANKNÜPFEN – Meine Konfirmation für Konfirmandinnen und Konfirmanden ist Arbeitsbuch, Lerntextsammlung und Geschenkband in einem. Es stellt die zentralen Kernstücke des Glaubens vor, begründet in anschaulicher Weise deren Bedeutung und stellt Bezüge zur Lebenswelt der Jugendlichen her.

50 Seiten, durchgehend farbig gestaltet
gebunden, Format: 17 x 24,5 cm
ISBN 978-3-7668-4249-7

Tipp!

Kennenlern-Angebot: ANKNÜPFEN

bestehend aus:

Paket: ISBN 978-3-7668-4258-9

Meine Konfirmation – Geschenkband
50 Seiten, gebunden
Format: 17 x 24,5 cm
ISBN 978-3-7668-4249-7

Plakat – Jahresplan
A2 gefalzt auf A4
ISBN 978-3-7668-4285-5

PRAXISIDEEN – Handbuch mit CD-ROM
304 Seiten, broschiert
Format: 21 x 29,7 cm
ISBN 978-3-7668-4250-3

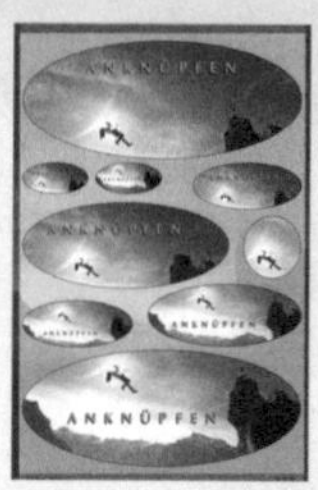

Aufkleber
10 Bögen mit 9 Aufklebern
ISBN 978-3-7668-4076-9

calwer

buch+ musik

Miriam Hähnel, Katrin Rouwen u.M.v. Karsten Müller

Actionbound

Smartphone-Abenteuer in der Praxis mit Kindern und Jugendlichen

Grundlagen mit 10 fertigen Bounds. Actionbound-Profis erklären die Welt der Actionbounds – digitale Schnitzeljagden mit dem Smartphone – für die Kinder- und Jugendarbeit von den Grundlagen bis zur Erstellung und Anpassung von Bounds. 10 erprobte Bounds ermöglichen einen leichten Einstieg – der Zugang ist inklusive.

176 Seiten, 16,5 x 23 cm, kartoniert, plus digitale Bounds

Michael Freitag-Parey, Christoph Pinkert, Sarah Vogel (Hg.)

gewagt

Frieden und Freiheit gestalten – 110 Anstöße für Jugendliche und Erwachsene

110 Gesprächsanstöße sensibilisieren und schaffen verschiedene Zugänge zur Thematik Frieden und Freiheit. Sie fördern eine eigene Meinung, machen sprachfähig und aus eigener Überzeugung handlungsfähig. gewagt ist ein Interaktions-Tool für Jugendarbeit, Schule, Erwachsenenbildung.

110 Spielkarten (59 x 91 mm), 8 Moderationskarten (DIN A6), in Stülpdeckelbox (124 x 156 x 21 mm), durchgehend farbig

Judith Haller

ungefiltert

Wie gut kennst du dein Gegenüber? 225 Fragen für Jugendarbeit und Schule

Bei ungefiltert geht es um das Kennenlernen und Einschätzen des Gegenübers. 225 Fragen mit drei Schwierigkeitsstufen haben das Potenzial, den Blick auf die Menschen hinter ihren „Filtern" zu öffnen. Ein Kennenlern-Tool mit Spielcharakter für Jugendarbeit, Freizeitarbeit, Schule.

220 Spielkarten, Anleitung, in Stülpdeckelbox (124 x 156 x 40 mm), durchgehend farbig, mit Download

Manuela Stückle-Gouget

AlltagsKonfetti

Gruppenprogramm-Planer, Andachten-Planer, Freizeitküchen-Planer

Die Notizblöcke „AlltagsKonfetti" unterstützen Mitarbeitende ganz praktisch, indem sie einen schön gestalteten Rahmen für die Planung bieten. Auch ein tolles Geschenk für Mitarbeitende!

Je 52 Blatt, 29,7 x 21 cm / 14,8 x 21 cm, zum Abreißen, Vorderseite farbig – Rückseite unbedruckt für weitere Notizen, mit Deckblatt und fester Rückseite

Björn Büchert, Katharina Haubold, Jan Schickle (Hg.)

Glaube fällt [NICHT] vom Himmel

Entdeckungsreise zwischen Biografie und Theologie

TheoLab Workbook. Dieses Workbook ist eine theoretische und praktische Entdeckungsreise, um den eigenen Glauben im Zusammenhang mit der eigenen Biografie besser zu verstehen. Es lädt zum Lesen, zur Auseinandersetzung und zur Reflexion ein. Ganz persönlich oder gemeinsam mit anderen.

128 Seiten, 16,5 x 23 cm, kartoniert, durchgehend farbig, mit Downloads

Tobi Liebmann

Sitzungsbox – Sitzung out of the box

inspirierend – interaktiv – effektiv

Die Sitzungsbox verändert Präsenz- und Online-Sitzungen nachhaltig und ermöglicht jedem Gremium Sitzungen out of the box: sie werden inspirierend, interaktiv, effektiv. Das leicht verständliche Material kommt direkt aus der Box, reicht für 10 Personen und ist dauerhaft einsetzbar.

14 Basis-Karten (21 x 14,8 cm), 50 Kommunikations-Karten (7 x 12 cm), 10 Holz-Aufsteller aus Buchen-Holz mit schräger Nut und gebrochenen Kanten (2,9 x 2,9 x 1,4 cm) und ein Handbuch mit 44 Seiten (14,8 x 21 cm) in Klappdeckel-Box mit Magnetverschluss (22 x 15,7 x 4,5 cm), außen mit Spotlack veredelt, durchgehend farbig, mit Downloads